学校消毒隔离操作图解

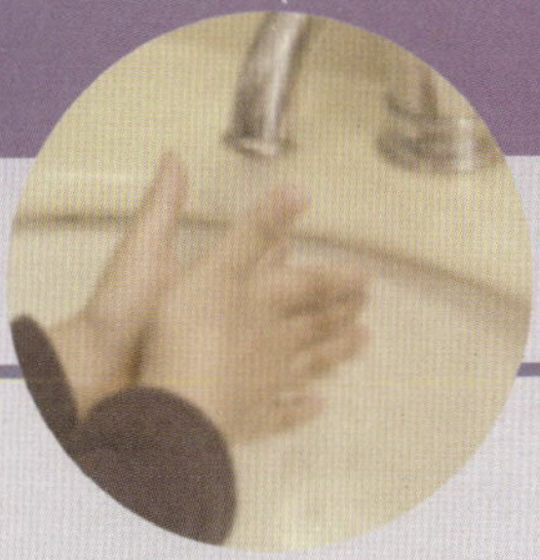

主 审 付 晨 张流波

主 编 朱仁义 沈 瑾 田 靓

副主编 吴寰宇 冯晓刚 范俊华

人民卫生出版社

·北 京·

图书在版编目（CIP）数据

学校消毒隔离操作图解/朱仁义，沈瑾，田靓主编
．—北京：人民卫生出版社，2021.7（2023.6重印）
ISBN 978-7-117-31777-1

Ⅰ.①学…　Ⅱ.①朱…②沈…③田…　Ⅲ.①学校卫生-消毒-图解　Ⅳ.①G478-64

中国版本图书馆 CIP 数据核字(2021)第 128937 号

学校消毒隔离操作图解
Xuexiao Xiaodu Geli Caozuo Tujie

主　　编：朱仁义　沈　瑾　田　靓
出版发行：人民卫生出版社(中继线 010-59780011)
地　　址：北京市朝阳区潘家园南里 19 号
邮　　编：100021
E - mail：pmph @ pmph.com
购书热线：010-59787592　010-59787584　010-65264830
印　　刷：北京顶佳世纪印刷有限公司
经　　销：新华书店
开　　本：787×1092　1/16　　印张：13
字　　数：316 千字
版　　次：2021 年 7 月第 1 版
印　　次：2023 年 6 月第 3 次印刷
标准书号：ISBN 978-7-117-31777-1
定　　价：79.00 元
打击盗版举报电话：010-59787491　E-mail：WQ @pmph.com
质量问题联系电话：010-59787234　E-mail：zhiliang @pmph.com

编　委（按姓氏笔画排序）

前　言

学校（包括托幼机构和中小学校）是幼儿和学生学习和活动的主要场所，长时间人员密集，人与人接触频繁，极易造成呼吸道和肠道传染病的暴发和流行。托幼机构幼儿和中小学校低年级学生由于身体发育不完善，免疫力低，对许多传染病均易感；加上年龄小，行为自制能力和卫生习惯依从性较差，是手足口病、水痘、流行性感冒、猩红热和流行性腮腺炎等常见传染病的高发人群，同时学校也是诺如病毒引起的感染性呕吐、腹泻的高发场所。近年来，这些传染病聚集性疫情在托幼机构和中小学校的发生屡见不鲜，一方面与国内传染病监测系统的不断完善，报告更及时、更灵敏相关，另一方面也与学校消毒隔离专业人员数量相对不足、消毒工作不到位等息息相关。

2019 年底被首次发现的新型冠状病毒，引起的疫情暴发及持续的全球大流行，对国内外民众的健康造成了重大影响。目前我国新型冠状病毒肺炎（以下简称新冠肺炎）疫情防控取得了阶段性成果，但在全球疫情仍处于蔓延流行的形势下，我国的疫情防控形势依然严峻。托幼机构和中小学校作为人员密切接触的场所，一旦有新冠肺炎疫情输入，极易造成暴发，是疫情防控的重点场所。

学校传染病防控工作是公共卫生工作的重要组成部分。通过培养幼儿和学生养成良好的卫生习惯，落实传染病防控的各项措施，有助于预防和控制学校传染病的传播，降低常见传染病的发病率，保障广大师生的身心健康。无论是新发的新冠肺炎，还是常见的手足口病、水痘、流行性感冒、猩红热等传染病，主要控制措施还是围绕传染源、传播途径和易感人群三个环节进行。消毒隔离作为控制传染源和切断传播途径的主要手段，在日常学校传染病预防和控制工作中起着十分重要的作用，因此，消毒隔离工作的质量直接决定了学校预防和控制传染病的能力。对学校传染病预防保健和消毒人员进行消毒隔离技术培训，使其正确掌握消毒隔离工作技能，尤其是操作工作要点，是保证学校消毒隔离工作质量的基础。为此，我们从学校的消毒隔离工作实用性和操作性角度出发，编写了这套贴近基层一线实际操作的消毒隔离操作图解。本图解以操作图册形式展示，既可以作为培训教材和作业指导书，又可以直接上墙作为现场作业示意图，知识内容丰富，操作指导性强。

本图解以学校消毒隔离操作人员的日常完整工作内容为主线，分为基础操作、隔离流程和要求、常见消毒方法和消毒药械的合理选用、消毒监测四个主体部分。基础操作部分主要对手卫生、个人防护、呼吸卫生与咳嗽礼仪进行了介绍和演示，这些操作涉及学校传染病预防的各个方面；隔离流程和要求部分对卫生室、保健室、隔离观察室、保育员操作间的设施设备、隔离要求，以及呼吸道传染病、肠道传染病的隔离流程进行了详细地介绍和说明；常见消毒方法和消毒药械的合理选用部分则主要讲解了消毒药械选购要求、消毒液的配制方法，并对常用消毒方法、常见消毒器械的使用进行了演示，对学校常见消毒对象的日常预防性清洁和消毒的具体流程和方法以及常见传染病的消毒作业流程做了详细演示；消毒监测部分则主要对消毒因子强度（浓度）、空气、手、物体表面及使用中消毒液等监测过程中的物品准备及采样方法进行了详细介绍。

本图解是一本介绍学校消毒、隔离、个人防护、监测、设备选购等学校日常传染病预防和控制全流程工作的完整操作图册，操作现场拍摄多取景于上海市、区示范幼儿园，相信会对全国托幼机构和中小学校的消毒隔离工作起到引领和示范的作用。此外，为 3 岁以下婴幼儿提供照护服务的托育机构亦可参照本图解开展消毒隔离工作。

期待本图解能够为全国的学校传染病预防和控制所开展的消毒隔离工作提供内容翔实、实操明晰的指导，为提高学校消毒隔离从业人员、保育人员专业素养，提高托幼机构和中小学校防病能力尽一份力，期待能够有助于预防和控制学校传染病，促进广大托幼机构和中小学校师生的身心健康。由于编写时间仓促，难免有不当之处，请予以指正。

编写组于上海
2021 年 1 月

目　录

基础篇

第一节　手　卫　生

一、手卫生设施

A　B

图 1-1-1　流动水水龙头

图 1-1-2　洗手液

A 干手毛巾　B 干手纸　C 烘干机

图 1-1-3　干手毛巾(纸)或烘干机

图 1-1-4　免洗手消毒剂

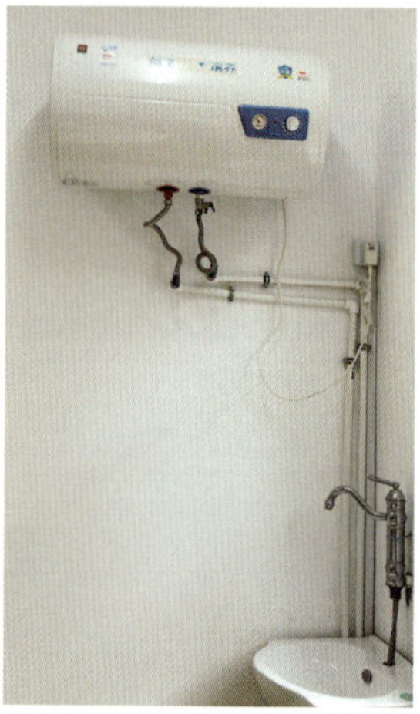

图 1-1-5　温水设施

二、手卫生指征

图 1-1-6　就餐饮水前

图 1-1-7　如厕后

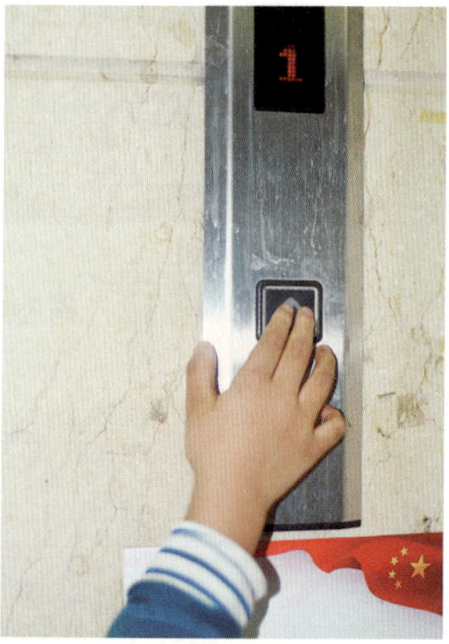

图 1-1-8　接触公共物品后，如楼梯扶手、电梯按钮、大门开关、交通工具公共部位等

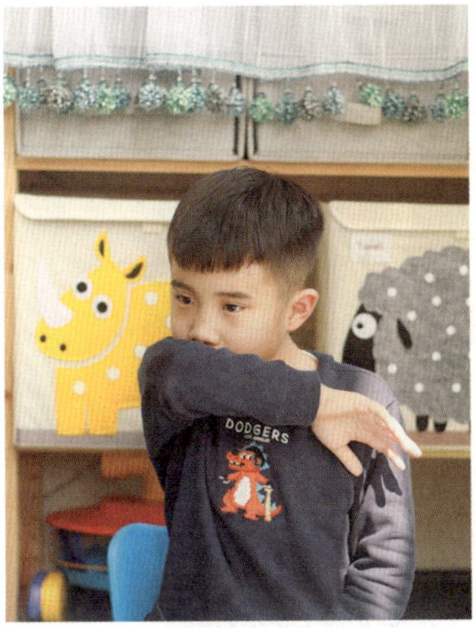

图 1-1-9　接触鼻涕、唾液后（没有纸巾的时候可用手肘掩住口鼻）

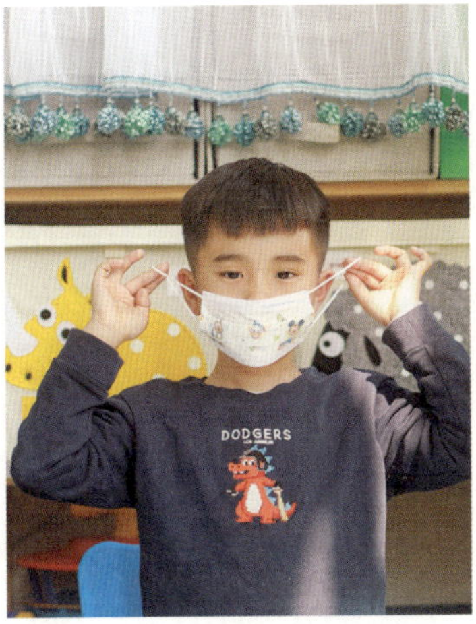

图 1-1-10　戴口罩前和脱口罩后

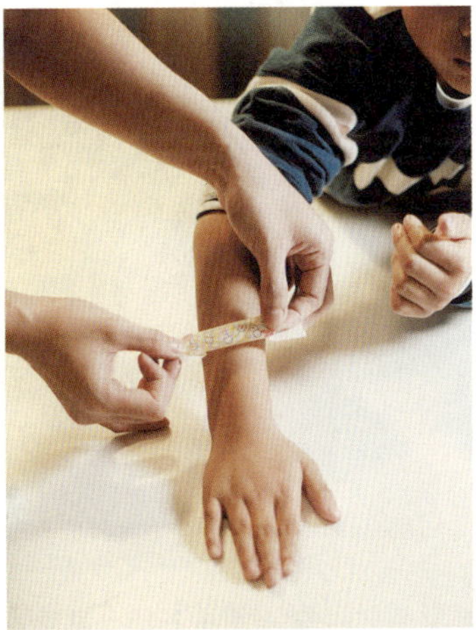
图 1-1-11　喂药、往伤口上涂抹药物之前

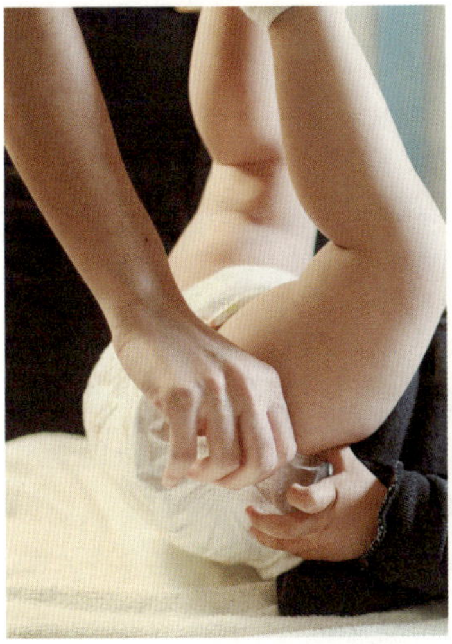
图 1-1-12　抱孩子及喂孩子食物前和处理婴儿粪便后

图 1-1-13　接触宠物之后

图 1-1-14　跟孩子游戏玩耍前和玩耍后

三、洗手的步骤

图 1-1-15　淋湿双手

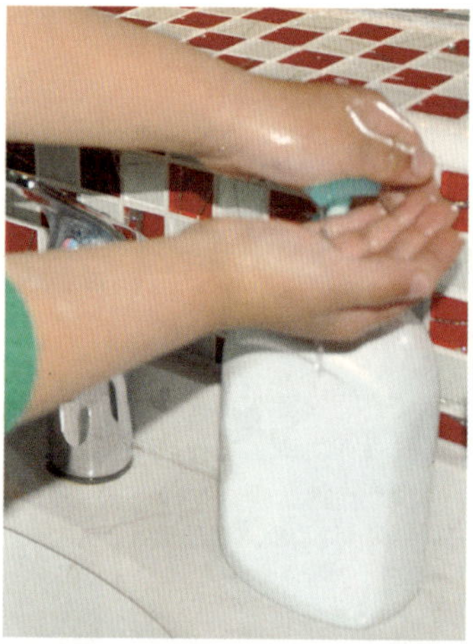

图 1-1-16　使用洗手液或肥皂

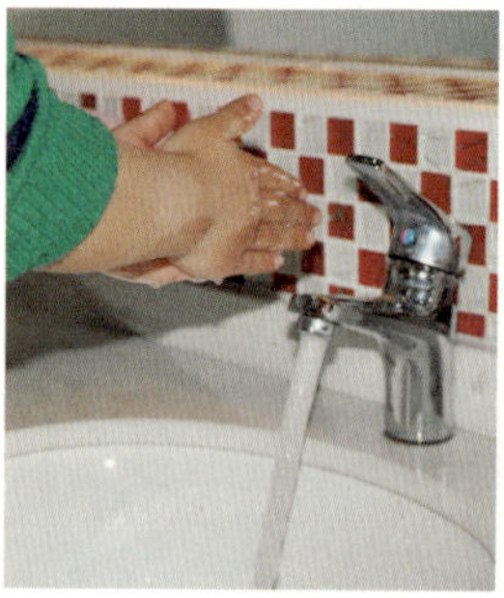

A 掌心相对揉搓

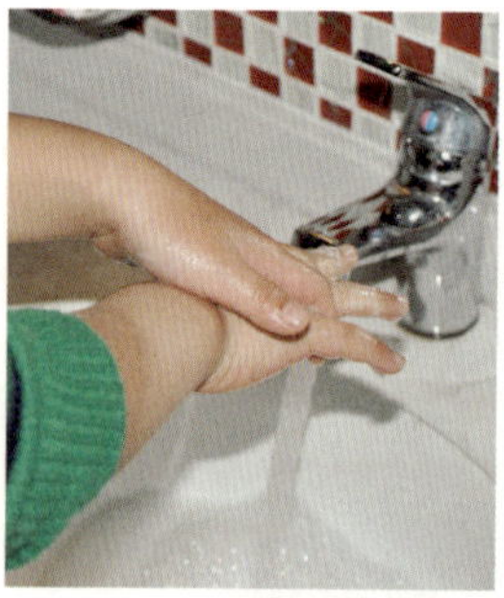

B 手指交叉,掌心对手背揉搓

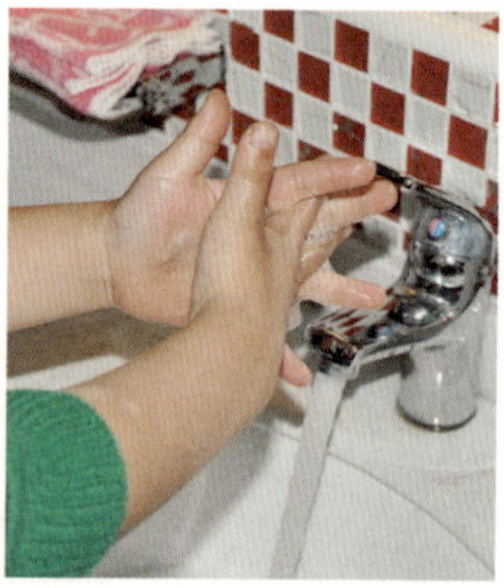

C 手指交叉,掌心相对揉搓

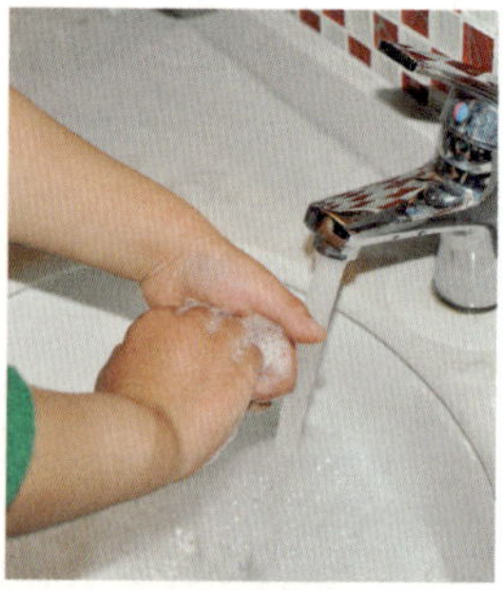

D 弯曲手指关节,在另一手掌心揉搓

E 拇指在掌中揉搓

F 指尖在掌心揉搓

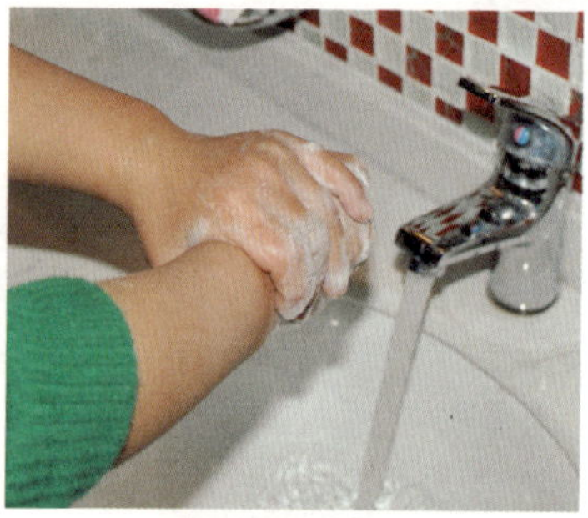

G 搓洗手腕

图 1-1-17　揉搓双手至少 15 秒(A~G)

图 1-1-18　用清水把手冲洗干净

图 1-1-19　用清水将水龙头冲洗干净，再关闭水龙头

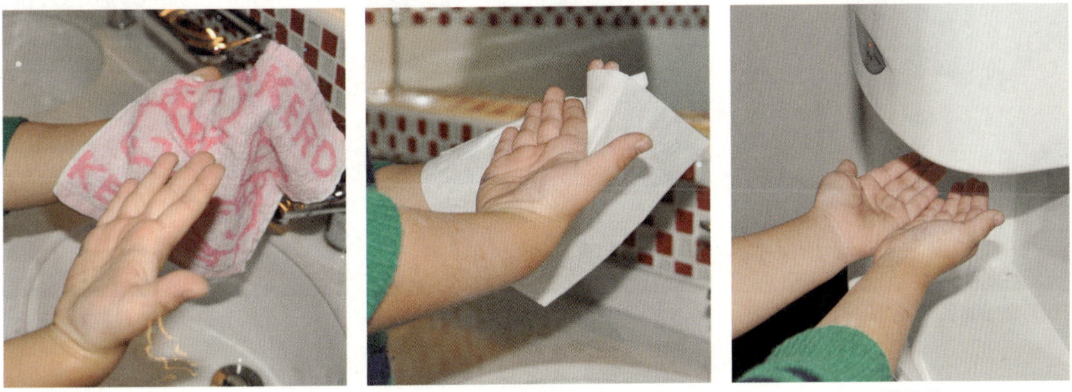

A 毛巾　　B 纸巾　　C 烘干机

图 1-1-20　用干净的毛巾、纸巾擦干或烘干机烘干

四、快速手消毒

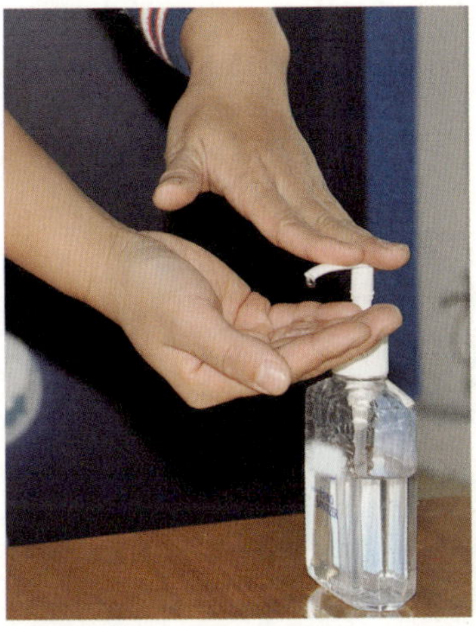

图 1-1-21　取适量的速干免洗手消毒剂于掌心，并涂满表面

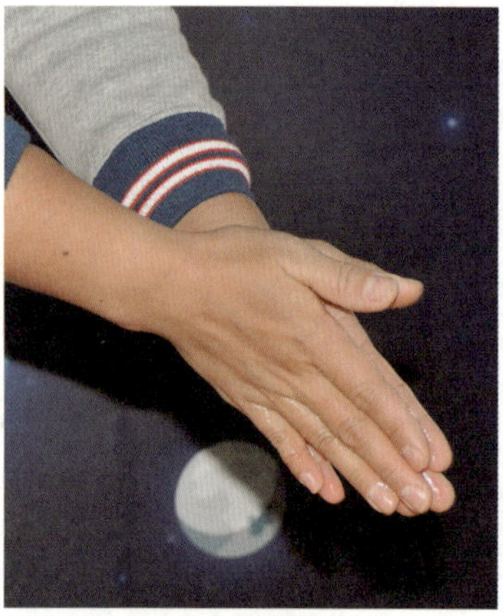

A 掌心相对揉搓

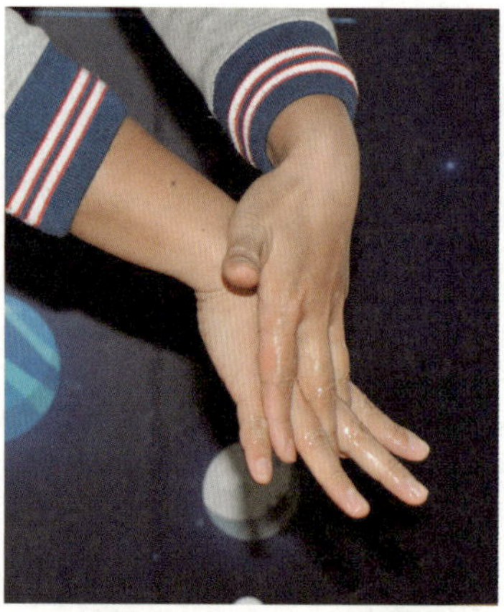

B 手指交叉，掌心对手背揉搓

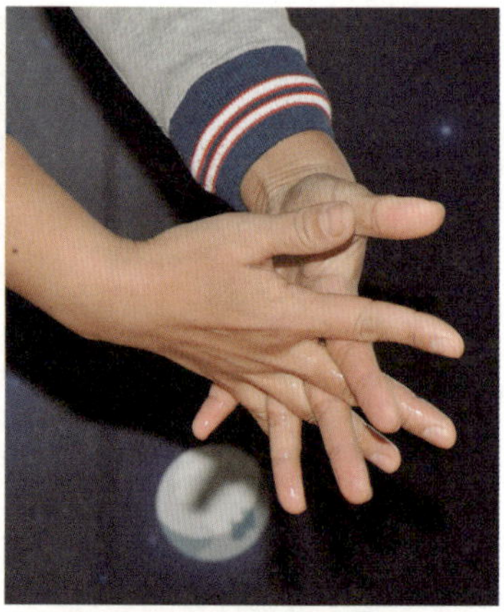

C 手指交叉，掌心相对揉搓

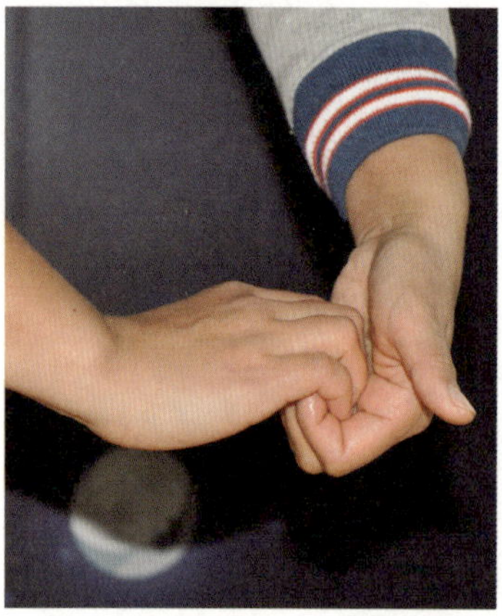

D 弯曲手指关节，在另一手掌心揉搓

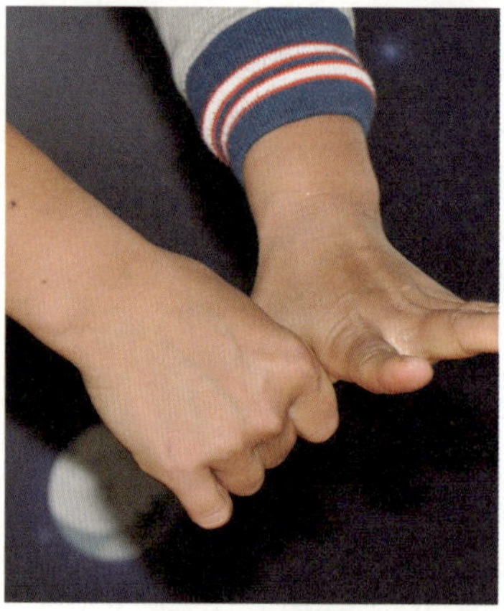

E 拇指在掌中揉搓

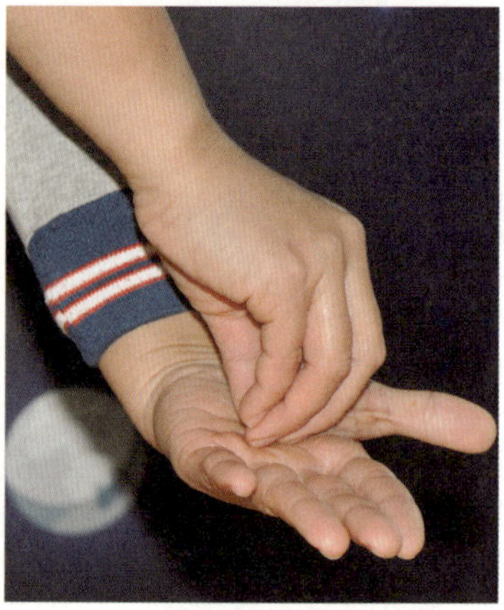

F 指尖在掌心揉搓

图 1-1-22 揉搓至少 15 秒（A~F），直至手部干燥

注意事项：①尽量选择流动水和洗手液进行洗手和手卫生。②幼儿慎用含醇类的免洗手消毒剂。

（田靓 江宁 吴寰宇 冯晓刚 孙力菁）

第二节 个 人 防 护

一、个人防护用品种类

（一）头面部防护用品

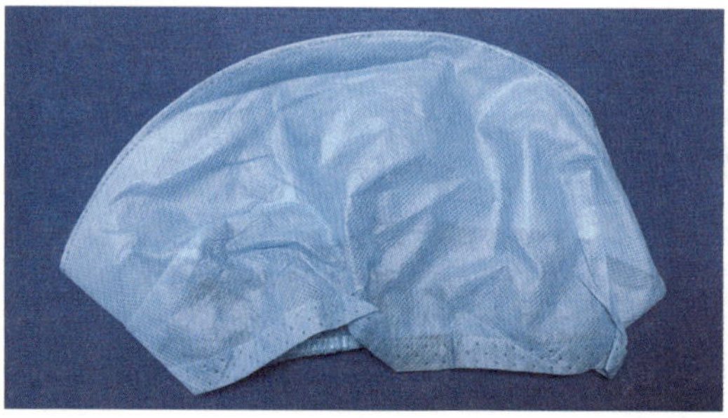

图 1-2-1 帽子

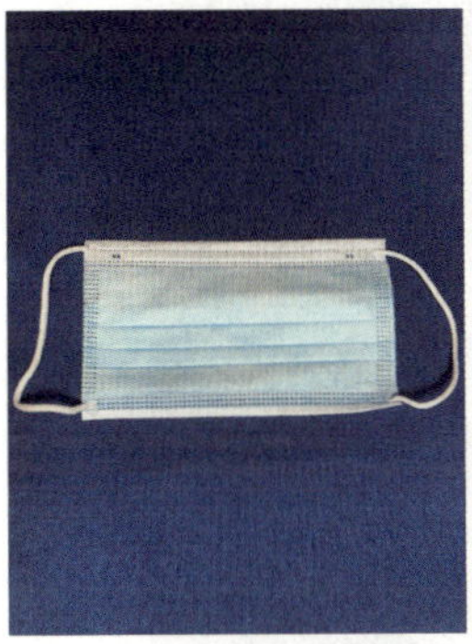

图 1-2-2　一次性使用医用口罩*

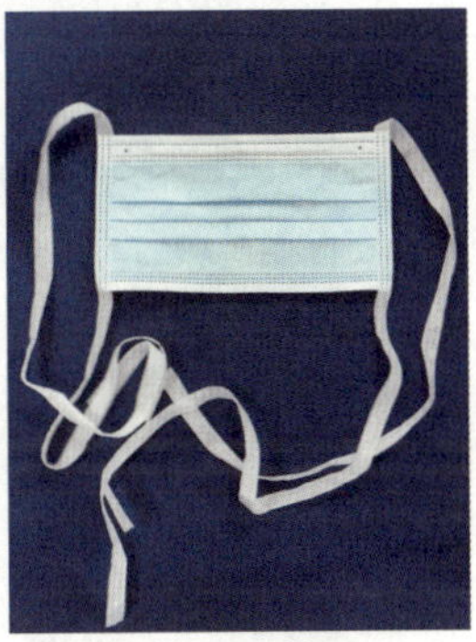

图 1-2-3　医用外科口罩**

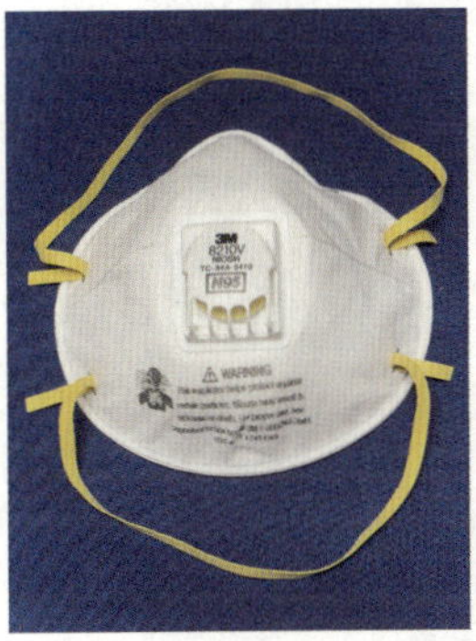

图 1-2-4　防颗粒物口罩

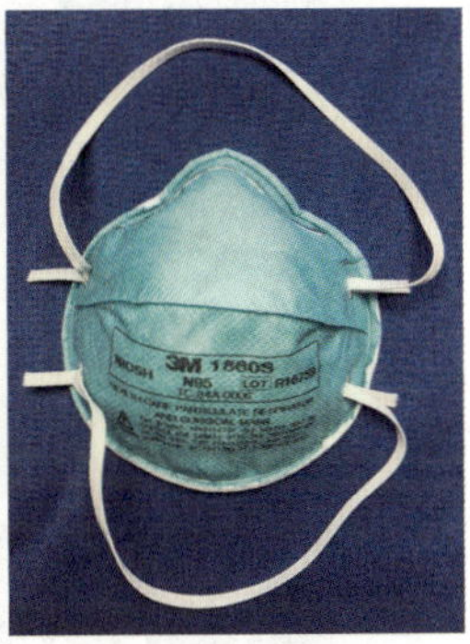

图 1-2-5　医用防护口罩

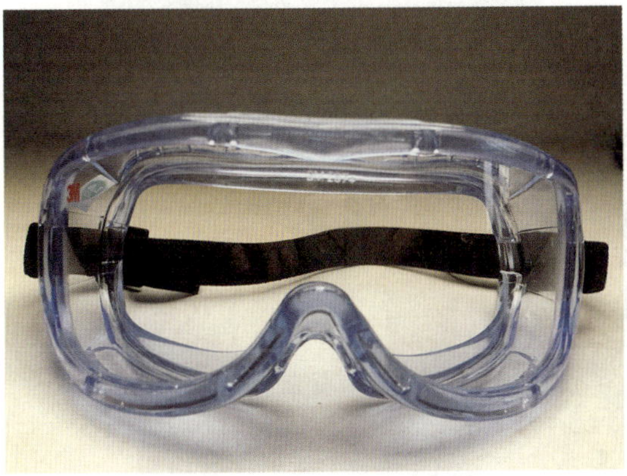

图 1-2-6　护目镜

图 1-2-7　防护面罩(屏)

* 一次性使用医用口罩执行标准《一次性使用医用口罩》(YY/T 0969)。

** 医用外科口罩执行标准《医用外科口罩》(YY 0469)。

(二) 躯干部防护用品

图 1-2-8　工作服(如白大褂)

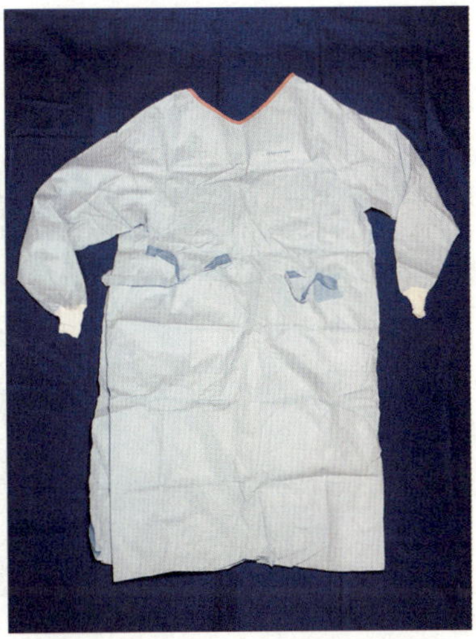

图 1-2-9　隔离衣

图 1-2-10　普通防护服

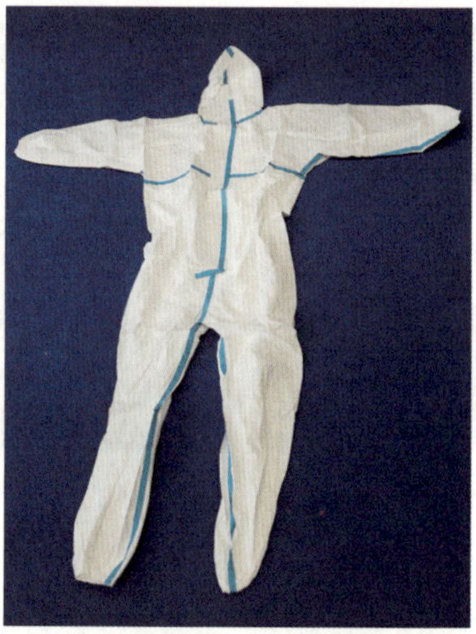

图 1-2-11　医用防护服

（三）四肢防护用品

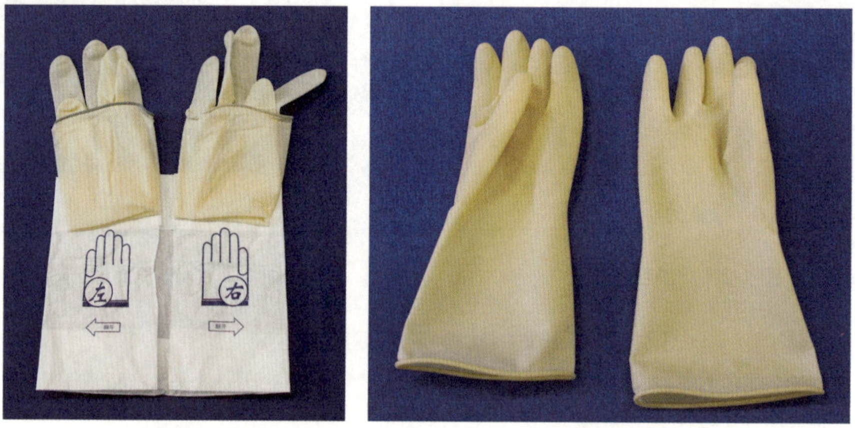

A 一次性乳胶手套　　B 厚橡胶手套

图 1-2-12　手套

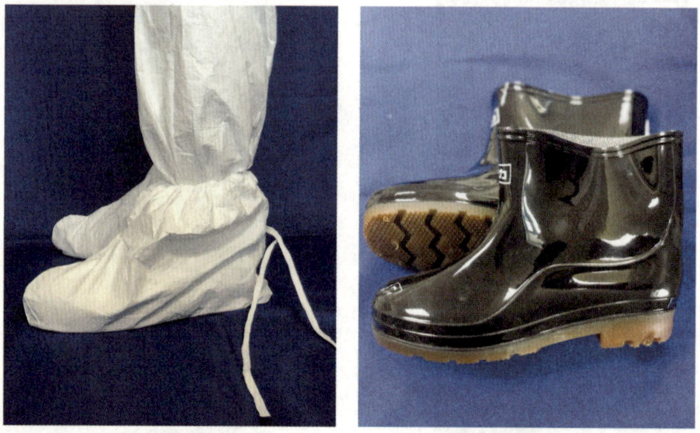

A 防护鞋套　　B 胶鞋

图 1-2-13　足部防护

二、个人防护用品的穿脱要点

（一）帽子戴脱要点

1. 戴帽子要点

图 1-2-14　整理头发，帽子有皮筋侧向后

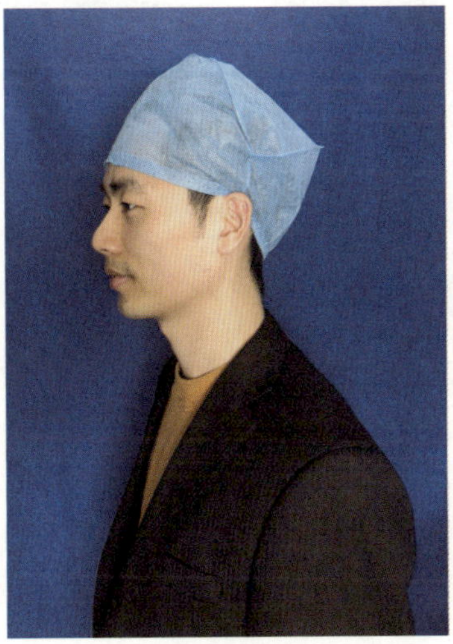

图 1-2-15　将头发全部包裹入帽子中

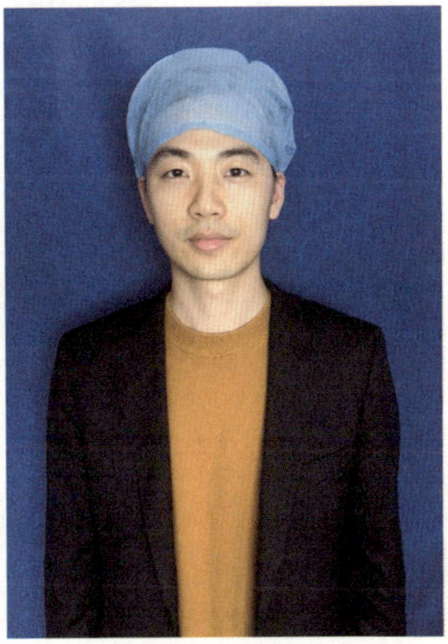

图 1-2-16　戴帽子完毕

2. 脱帽子要点

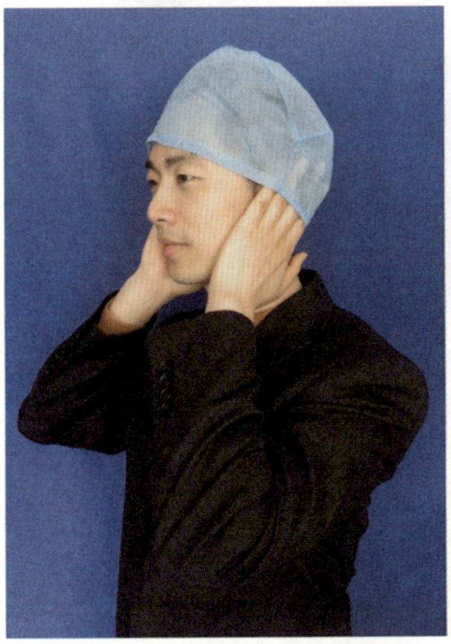

图 1-2-17　双手伸入帽子内

图 1-2-18　翻转帽子，使得里面朝外

图 1-2-19　丢弃帽子

（二）一次性使用医用口罩或医用外科口罩戴脱要点

1. 戴一次性使用医用口罩要点(挂耳式)

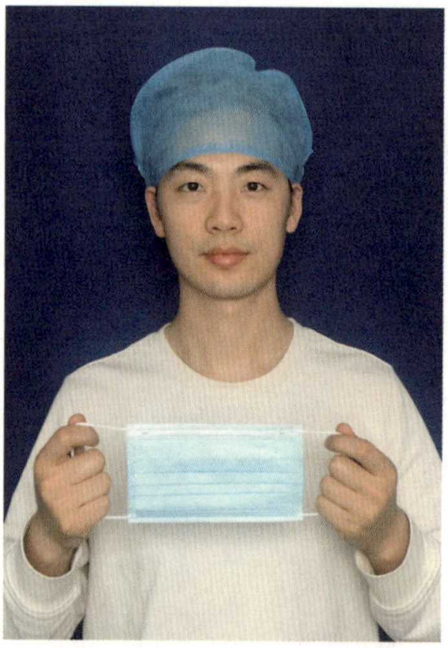

图 1-2-20　鼻夹侧应朝上、分清口罩内、外面

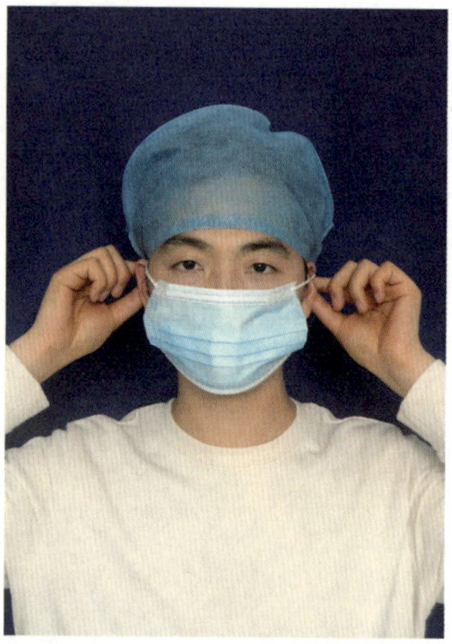

图 1-2-21　将两侧系带挂于耳上

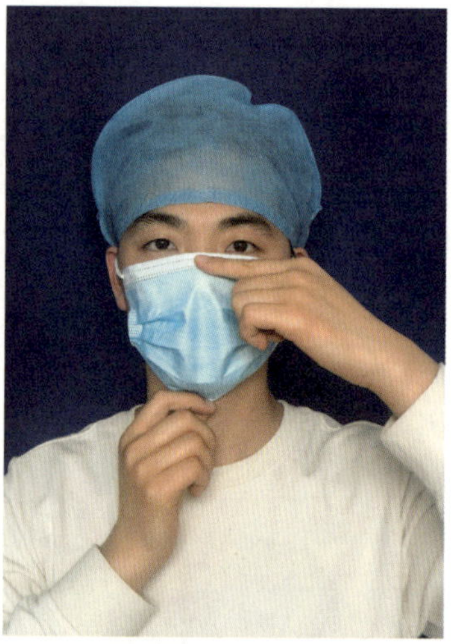

图 1-2-22　拉开口罩，将口罩罩住鼻、口及下颌并贴紧

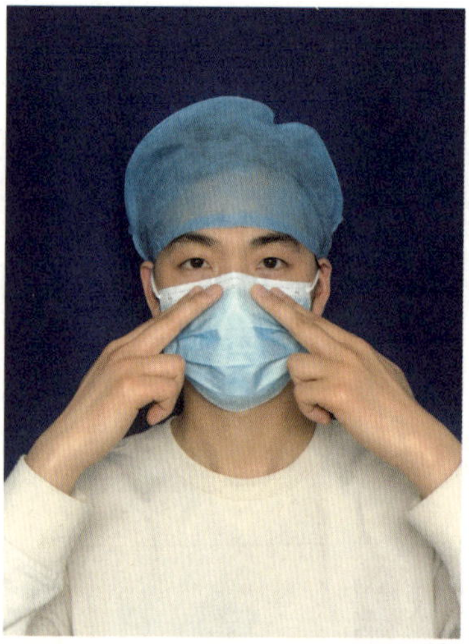

图 1-2-23　双手指尖向内按压鼻夹并向两侧移动，根据鼻梁形状塑造鼻夹

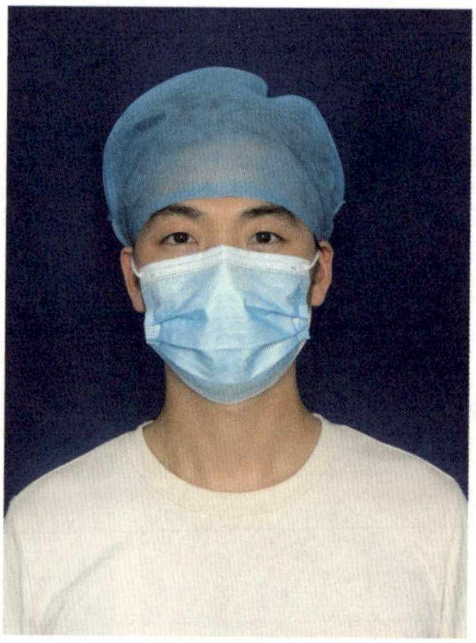

图 1-2-24　佩戴完毕

2. 脱一次性使用医用口罩流程要点(挂耳式)

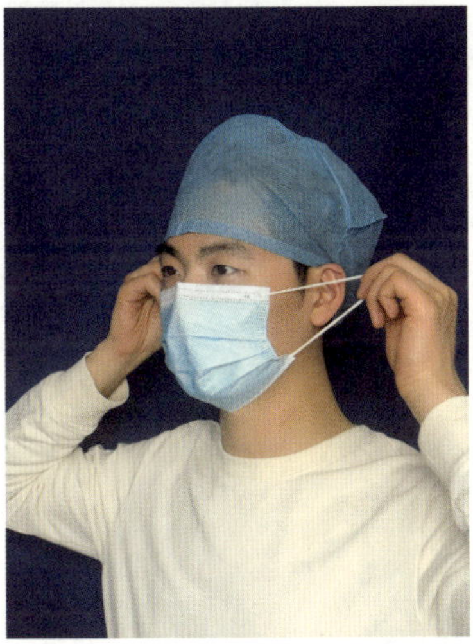

图 1-2-25　捏住口罩耳上方的两侧系带,脱下口罩

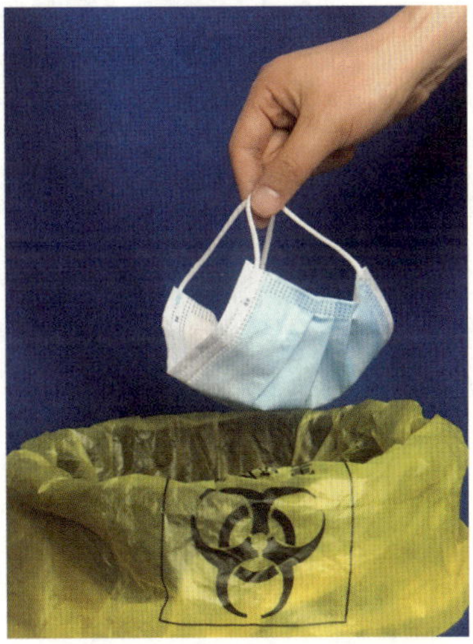

图 1-2-26　用手仅捏住口罩的系带,丢弃

3. 戴一次性使用医用外科口罩要点(系带式)

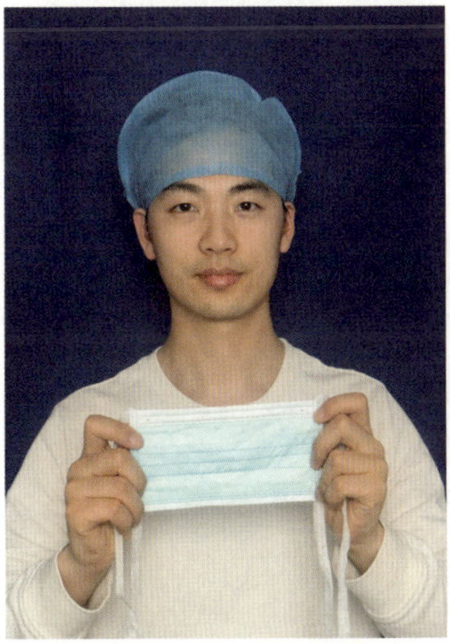

图 1-2-27　口罩鼻夹侧应朝上,口罩有颜色一面朝外

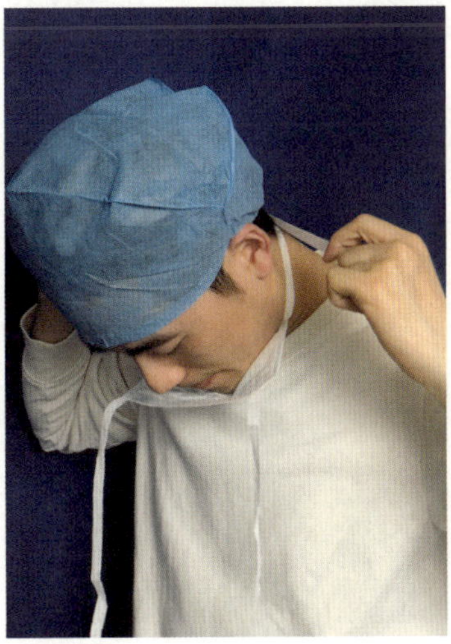

图 1-2-28　将下方系带系于颈后

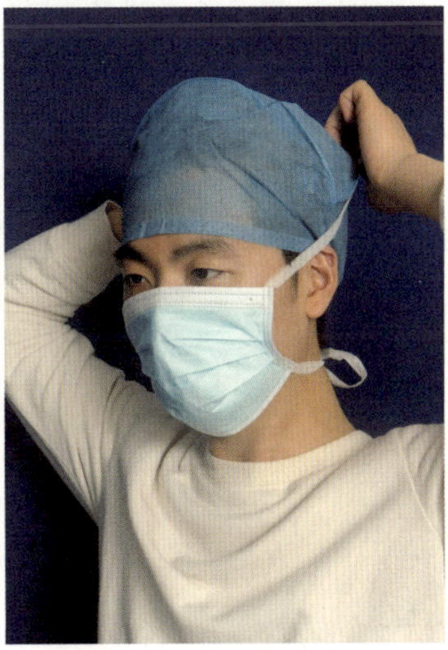

图 1-2-29　将上方系带系于耳上方头顶后部

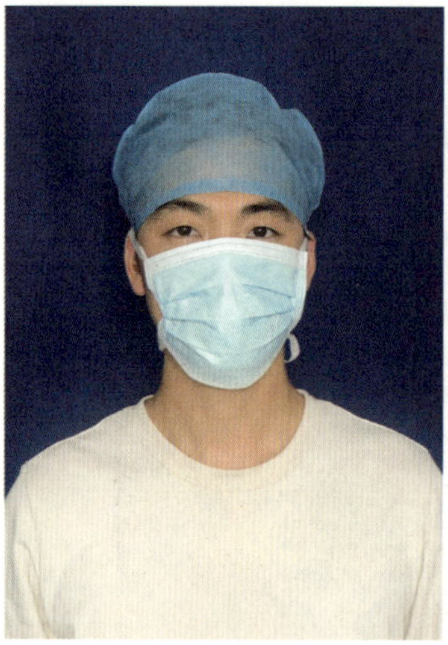

图 1-2-30　罩住鼻、口及下颌并贴紧

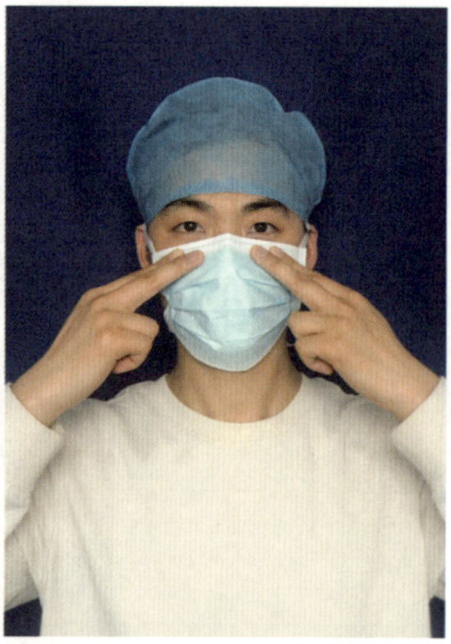

图 1-2-31　双手指尖向内按压鼻夹并向两侧移动，根据鼻梁形状塑造鼻夹

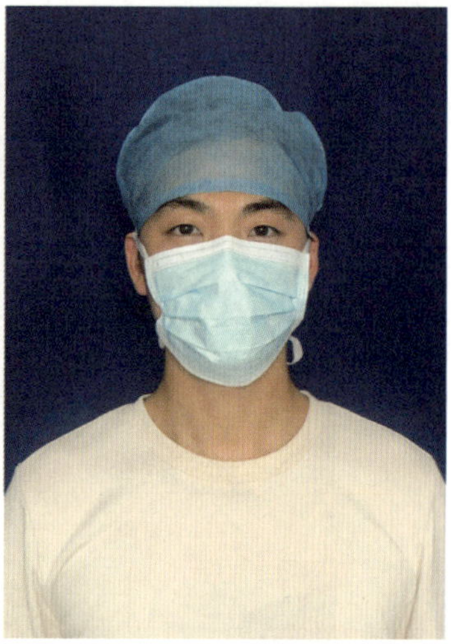

图 1-2-32　佩戴完毕

4. 脱一次性使用医用外科口罩要点（系带式）

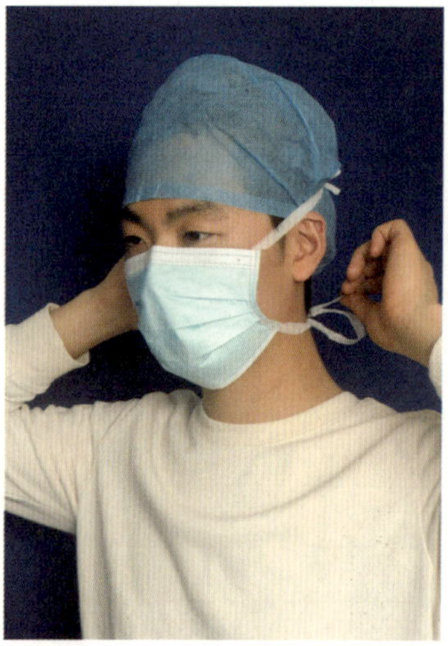

图 1-2-33　先将口罩下面颈后系带解开

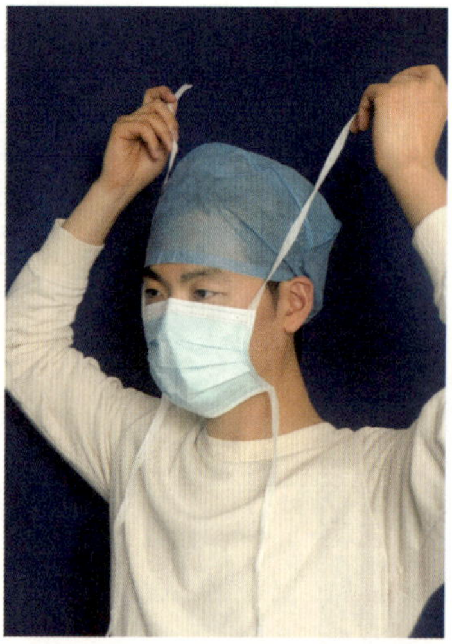

图 1-2-34　再将口罩耳上方的系带解开，拿着系带从前下方脱下

图 1-2-35　用手仅捏住口罩的系带，丢弃

注意事项：脱卸口罩时不要接触口罩前面（污染面）。

（三）医用防护口罩戴脱要点

1. 戴医用防护口罩要点

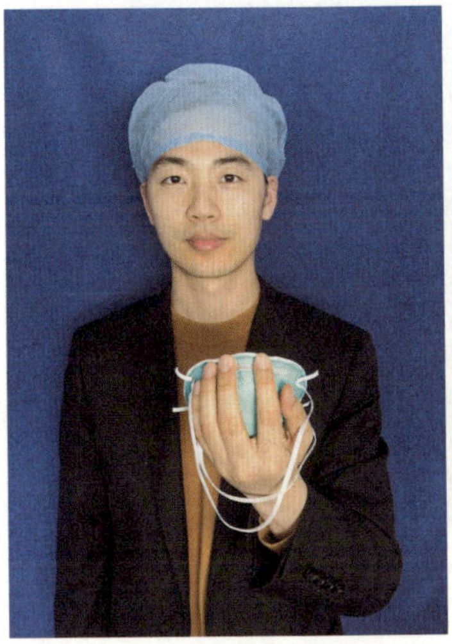

图 1-2-36　一手托住防护口罩，有鼻夹的一面背向外

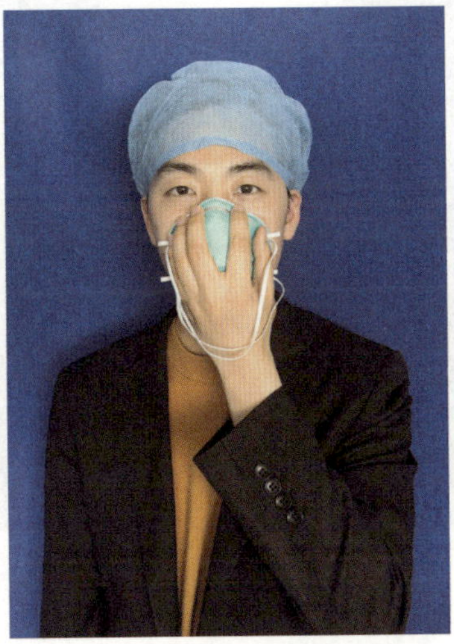

图 1-2-37　将防护口罩罩住鼻、口及下颌，鼻夹部位向上紧贴面部

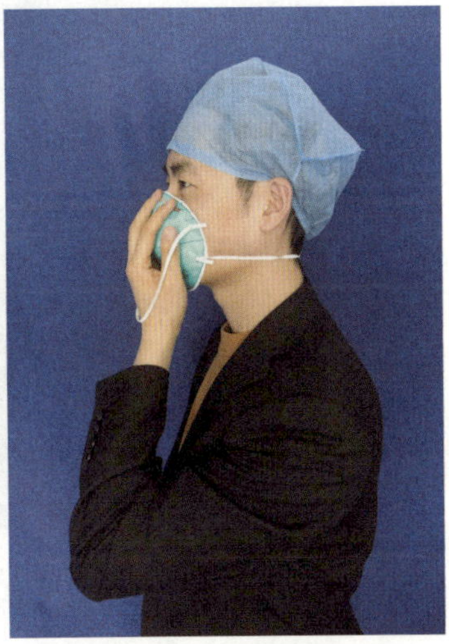

图 1-2-38　用另一只手将下方系带拉过头顶，置于耳下方颈部

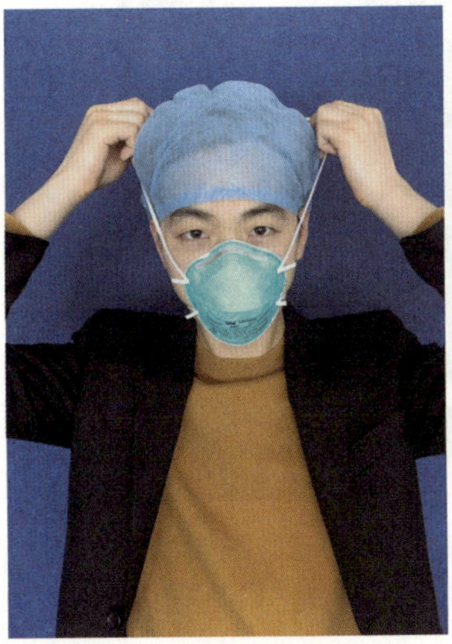

图 1-2-39　再将上方系带拉至耳上方头顶

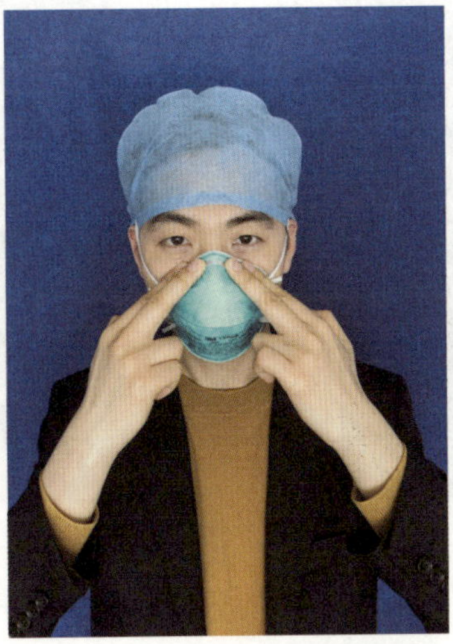

图 1-2-40　指尖向内按压鼻夹并向两侧移动，根据鼻梁形状塑造鼻夹

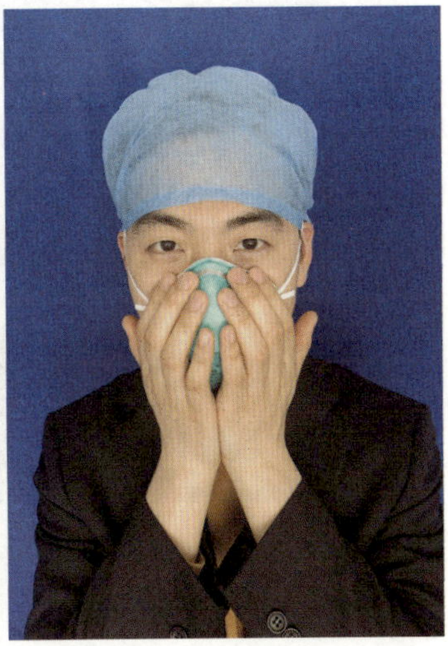

图 1-2-41　口罩密合性检查

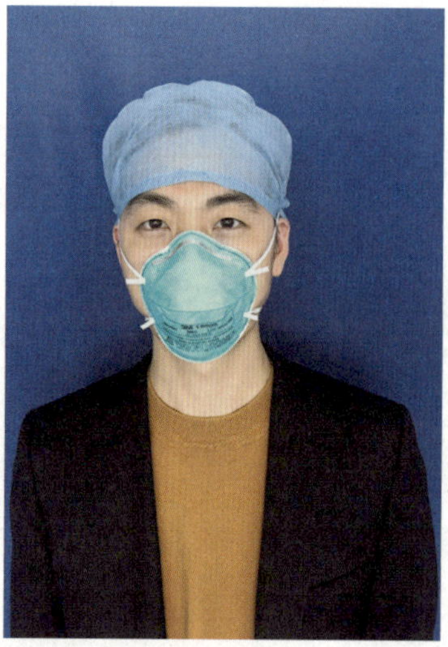

图 1-2-42　正确佩戴正面图

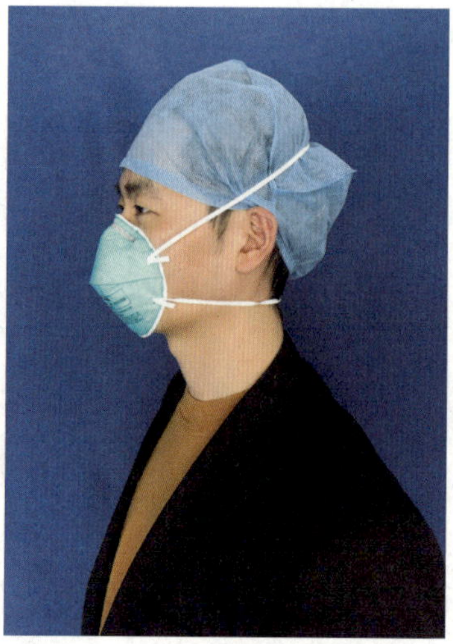

图 1-2-43　正确佩戴侧面图

2. 脱医用防护口罩要点

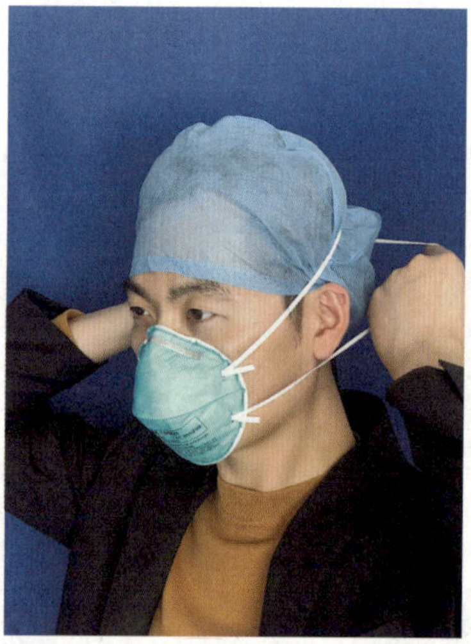

图 1-2-44　双手将下方系带拉过头顶松开

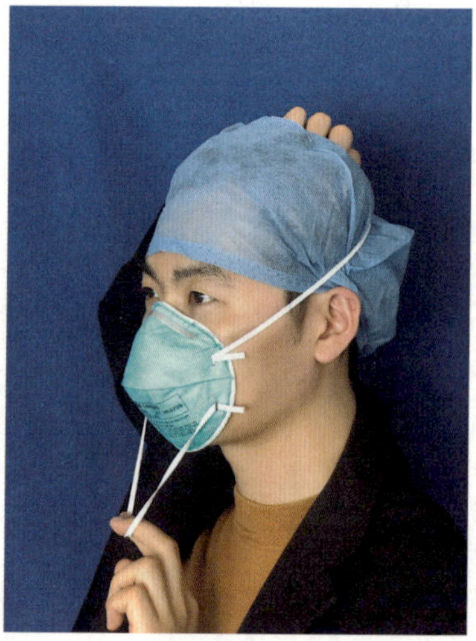

图 1-2-45　单手再将上方的系带拉过头顶，拿着系带从前下方脱下

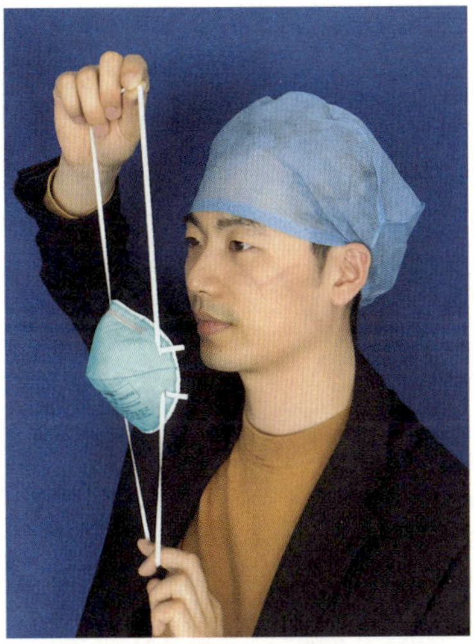

图 1-2-46　用手仅捏住口罩的系带

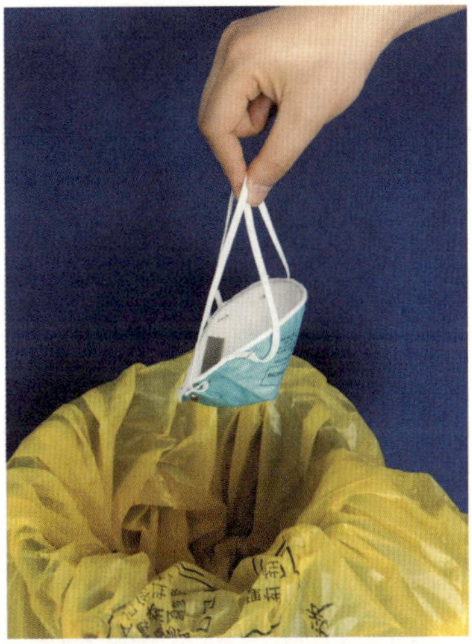

图 1-2-47　丢弃

注意事项：①每次佩戴医用防护口罩进入工作区域之前，应进行密合性检查。检查方法：将双手完全盖住防护口罩，快速地呼气，若鼻夹附近有漏气应调整鼻夹，若漏气位于四周，应调整到不漏气为止。②禁止接触口罩前面（污染面）。

（四）护目镜戴脱要点

1. 戴护目镜要点

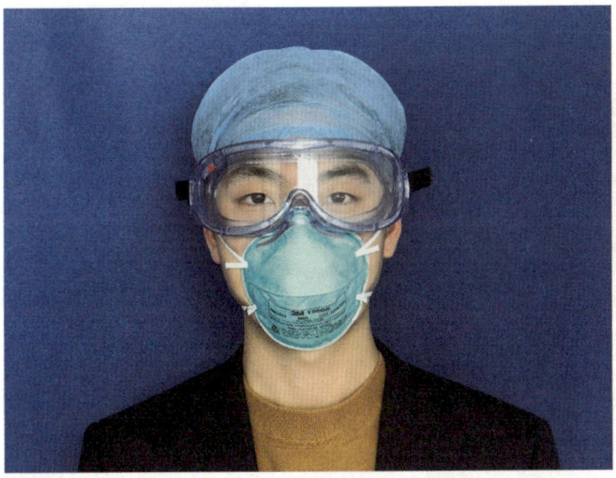

图 1-2-48　戴上护目镜，应紧贴面部

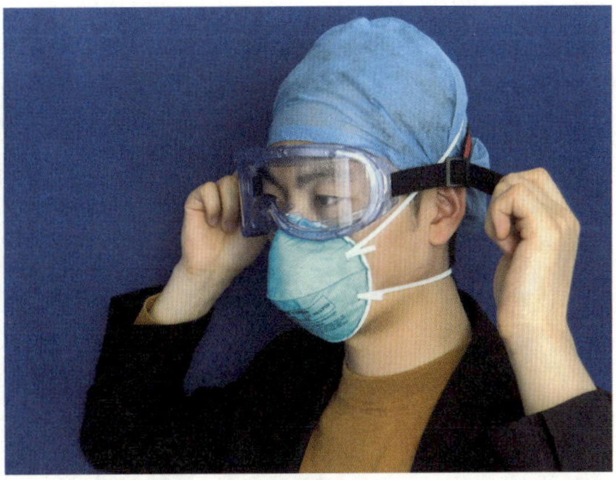

图 1-2-49　通过调节束带进行调整

2. 脱护目镜要点

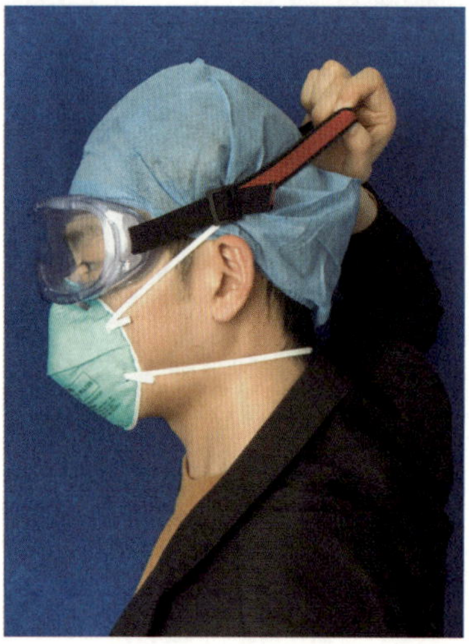

图 1-2-50 抓住护目镜后侧的外边缘向后向上提拉，将护目镜轻轻摘下

图 1-2-51 将护目镜放入消毒液中

注意事项：用于固定护目镜的头围是相对清洁部位，前面是污染部位。脱卸时抓住相对清洁部位。

（五）隔离衣穿脱要点

1. 穿隔离衣要点

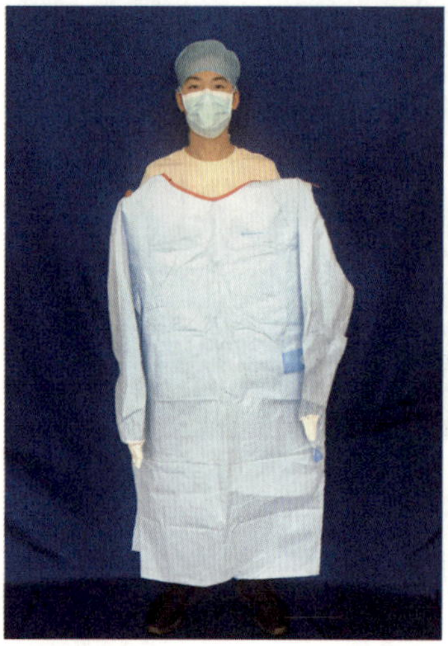

图 1-2-52 打开隔离衣

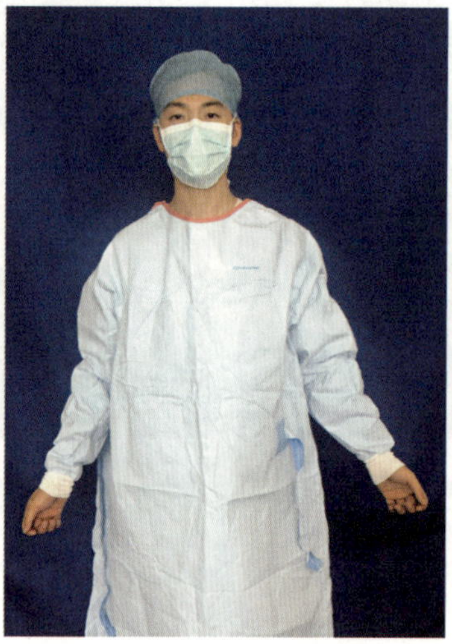

图 1-2-53 穿上隔离衣

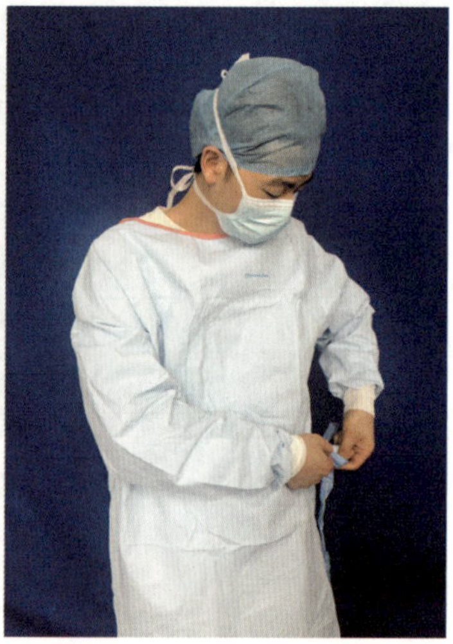

图 1-2-54 系好腰部系带

基础篇

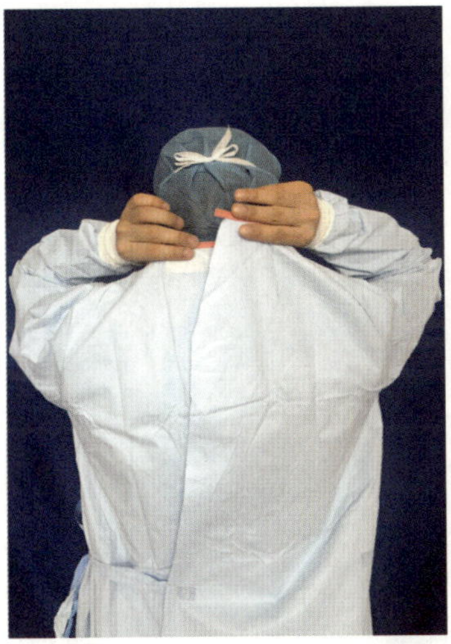
图 1-2-55　系好颈部系带

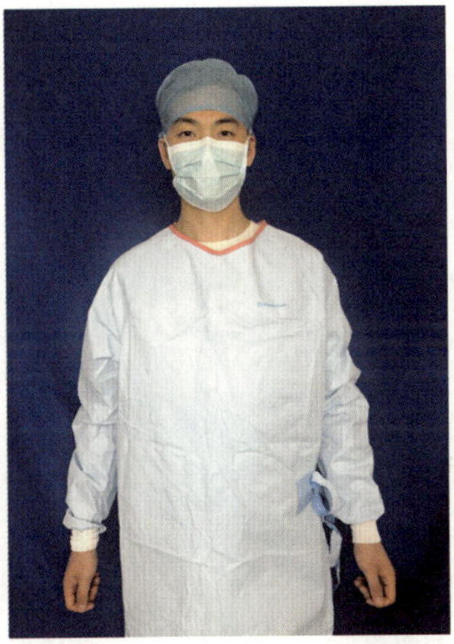
图 1-2-56　穿戴完毕正面图

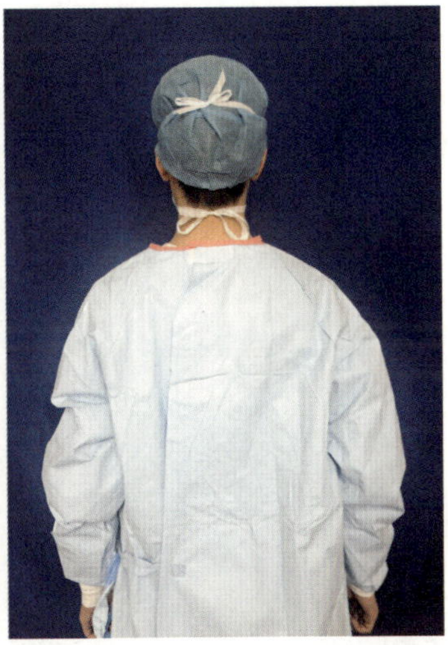
图 1-2-57　穿戴完毕背面图

2. 脱隔离衣要点

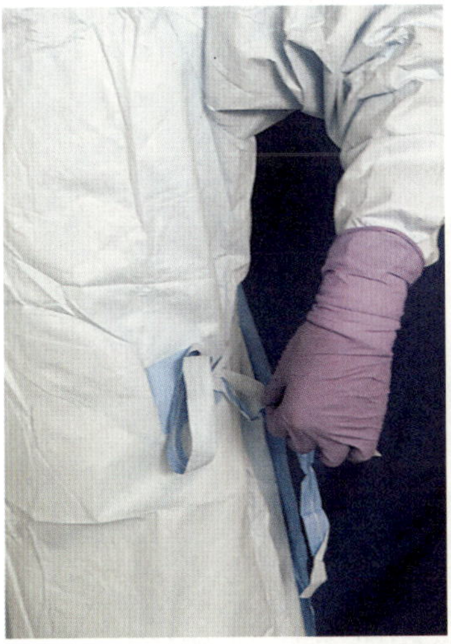
图 1-2-58　解开腰带(脱手套)

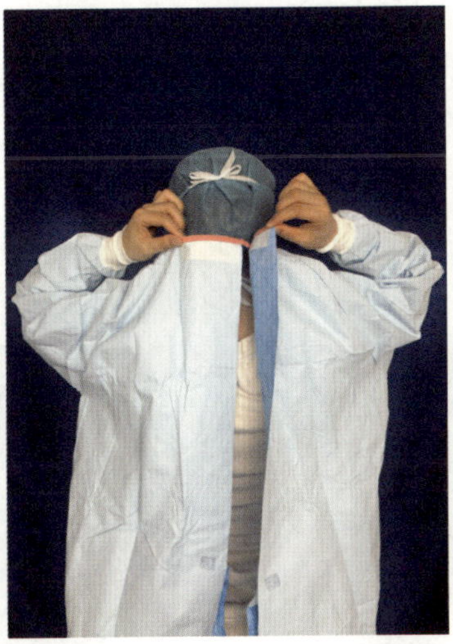
图 1-2-59　解开颈后带子

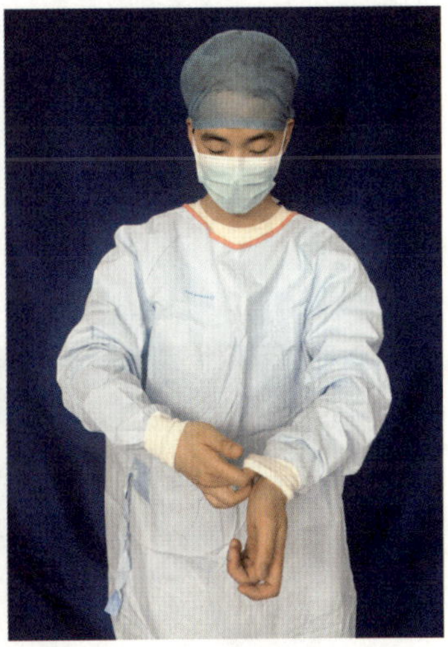
图 1-2-60　右手拉下左手袖子过手

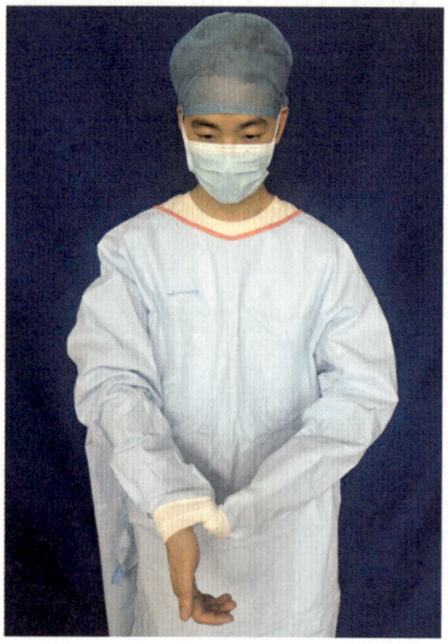

图 1-2-61　用遮盖着的左手握住右手隔离衣袖子的外面，拉下右侧袖子

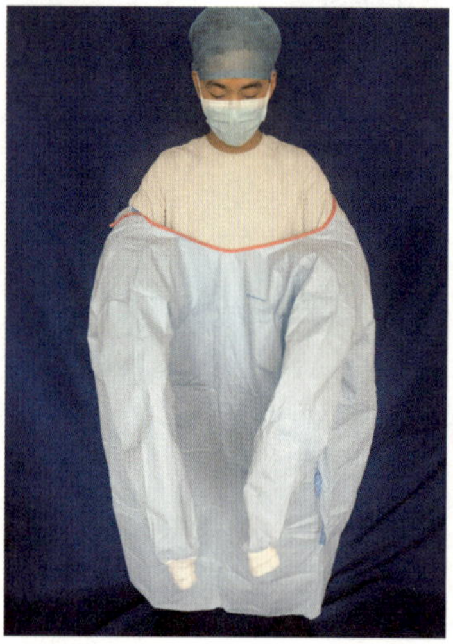

图 1-2-62　脱卸隔离衣袖子

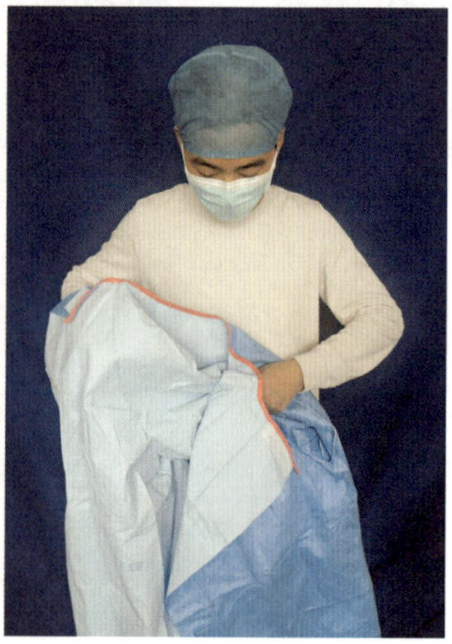

图 1-2-63　隔离衣污染面向内卷

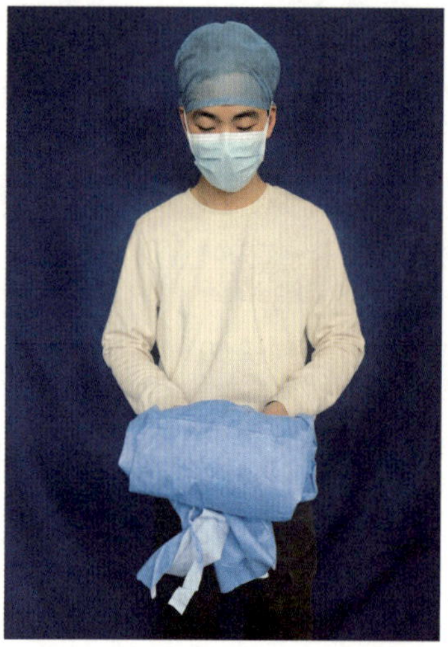

图 1-2-64　将隔离衣卷成包裹状

图 1-2-65　丢弃隔离衣(丢弃至专用垃圾桶)

（六）连体式防护服穿脱要点

1. 穿连体防护服要点

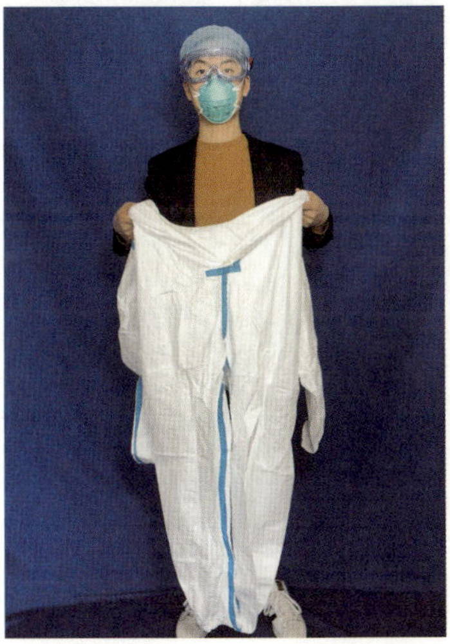

图 1-2-66　打开防护服

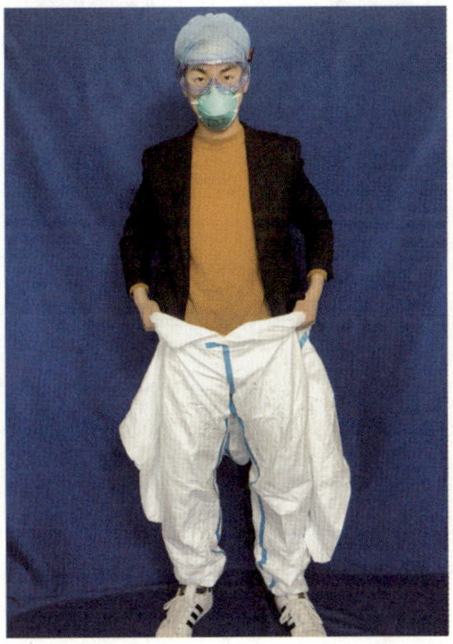

图 1-2-67　先穿下衣

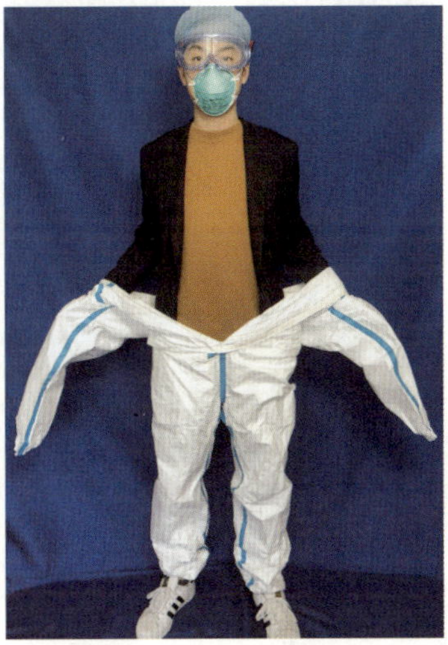

图 1-2-68　再穿上衣

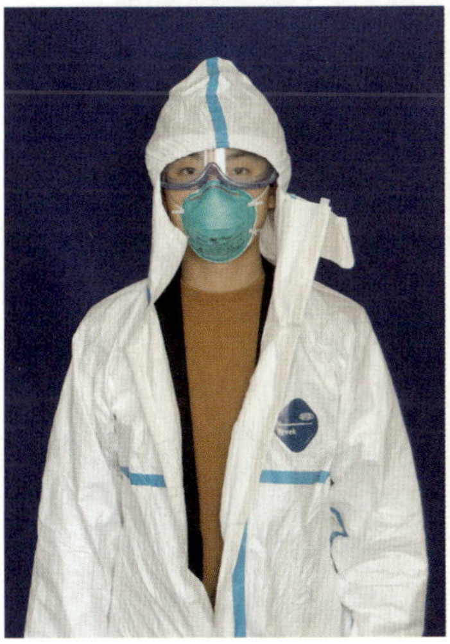

图 1-2-69　戴好帽子

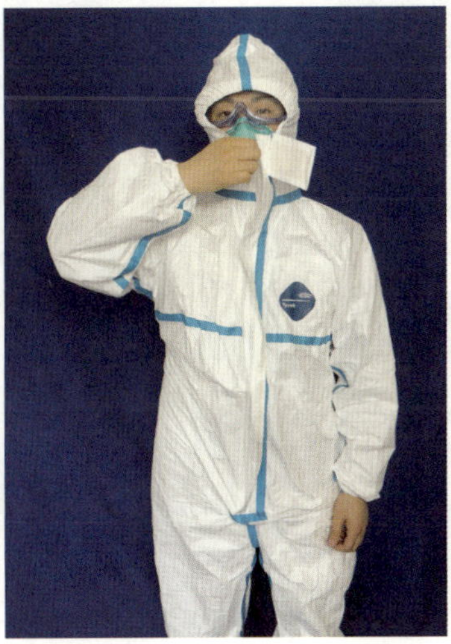

图 1-2-70　拉上拉链

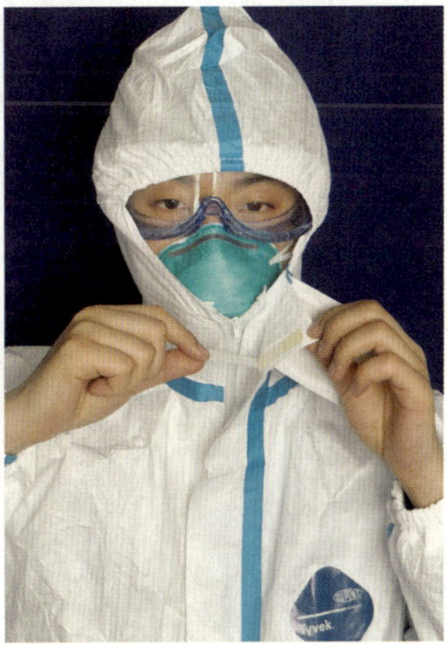

图 1-2-71　贴好胶条(a)

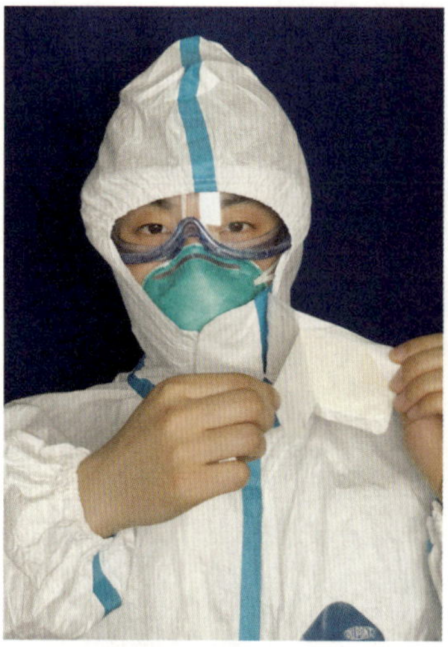

图 1-2-72　贴好胶条(b)

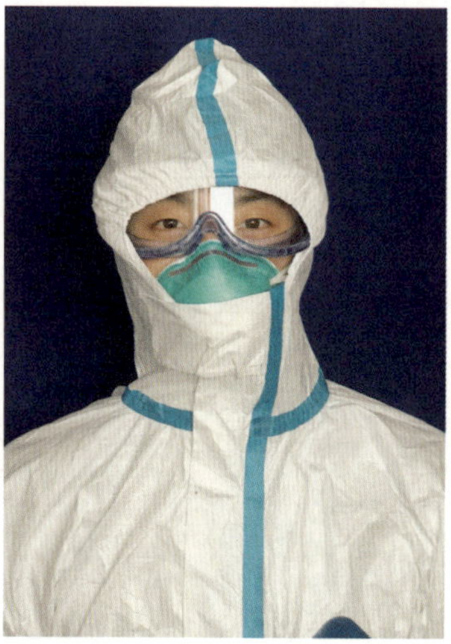

图 1-2-73　检查口罩与防护服结合部位的紧密性

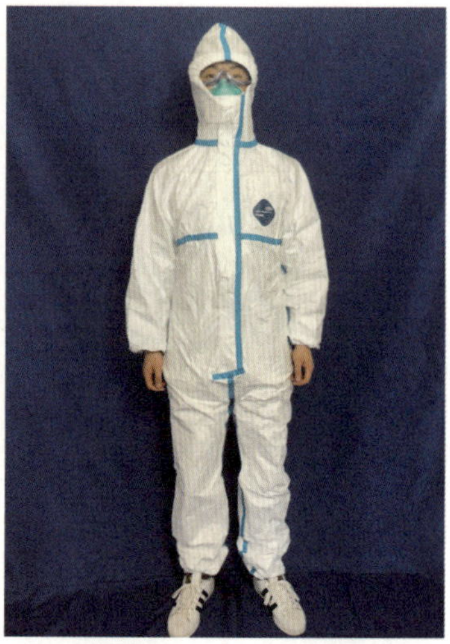

图 1-2-74　穿戴完毕

2. 脱连体防护服要点

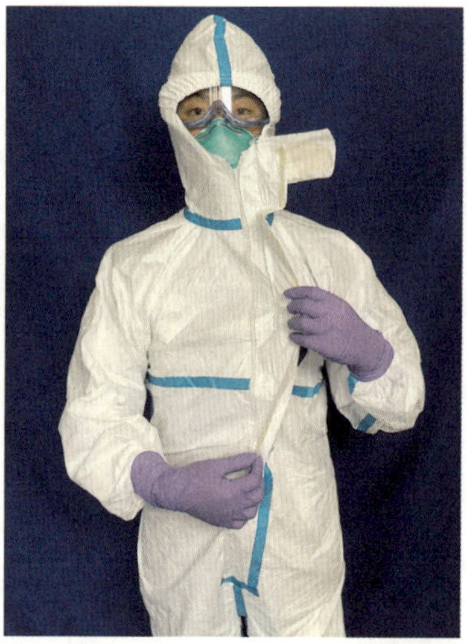

图 1-2-75　解开胶条(脱手套)

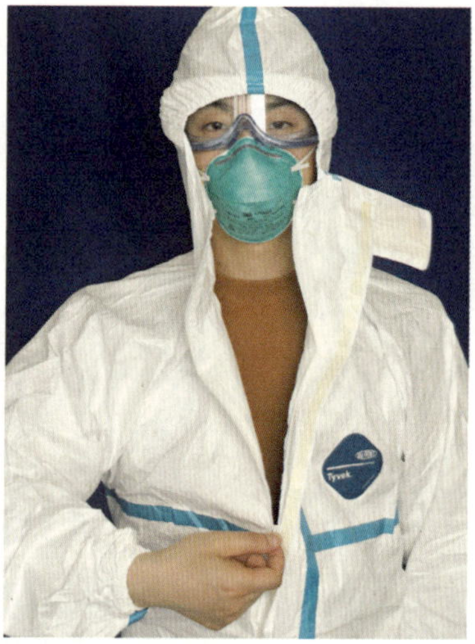

图 1-2-76　防护服拉链拉到底

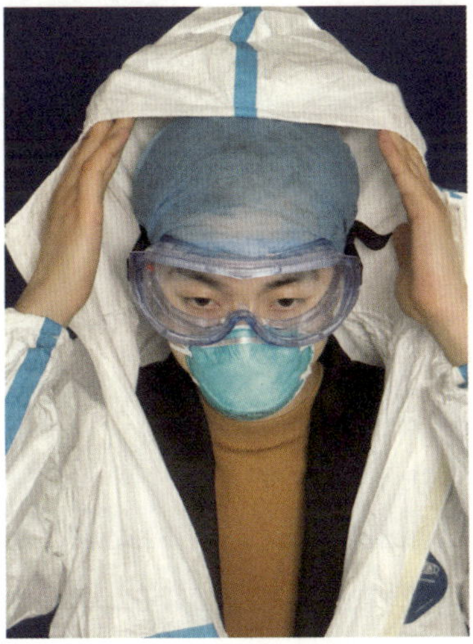

图 1-2-77　向上提拉帽子，使帽子脱离头部

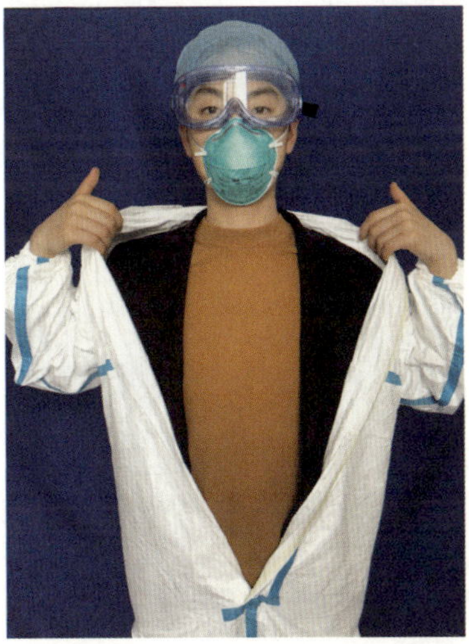

图 1-2-78　由上向下，将内面朝外边脱边卷连体防护服

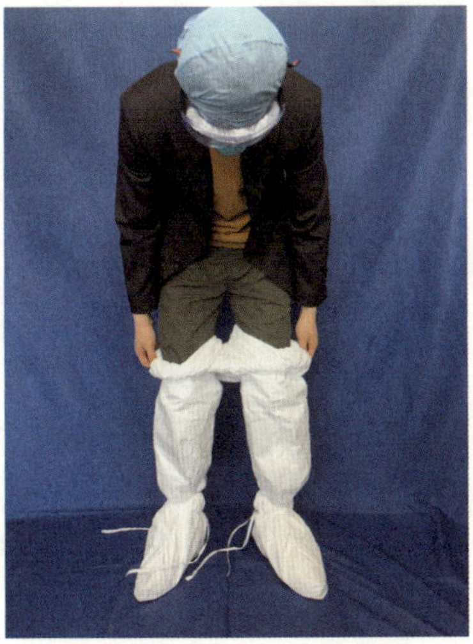

图 1-2-79　由内向外卷连体防护服至裤腿，连同鞋套全部脱下

图 1-2-80　卷成包裹状，丢弃至专用垃圾桶

基础篇

（七）手套戴脱要点

1. 戴手套要点

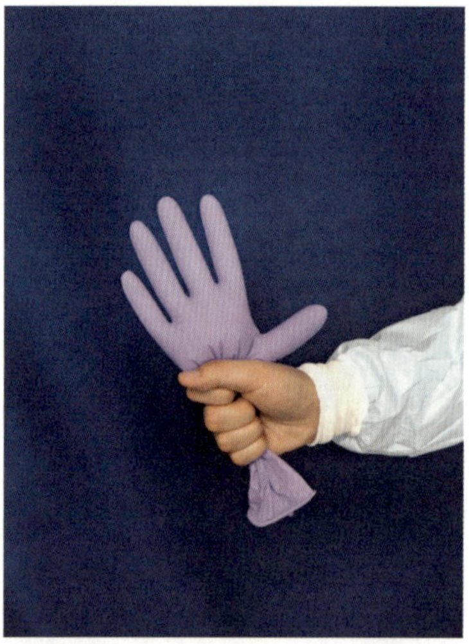

图 1-2-81　检查手套气密性

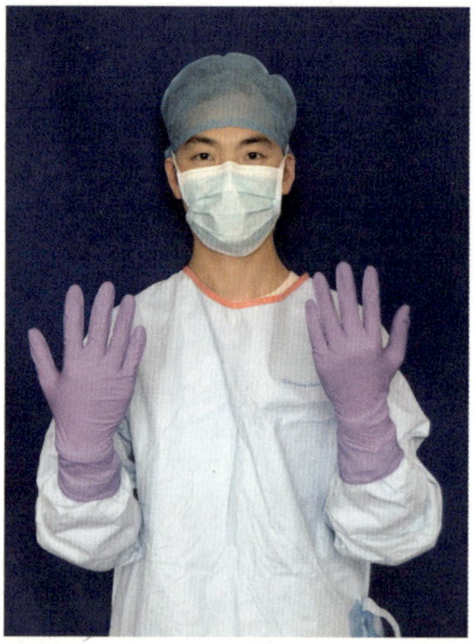

图 1-2-82　戴手套，将手套套在工作衣袖外面

2. 脱手套要点

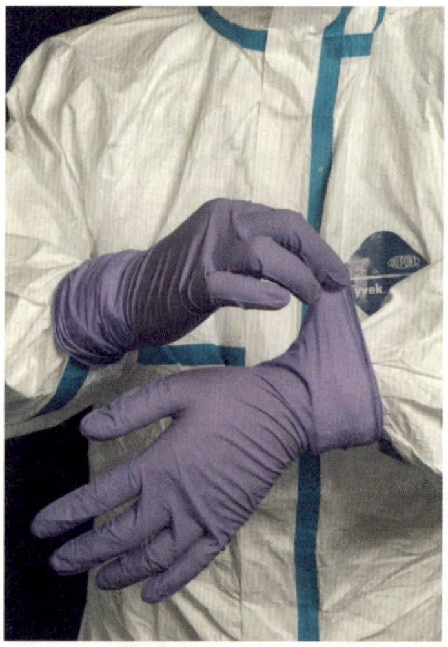

图 1-2-83　用戴着手套的手捏住另一只手套

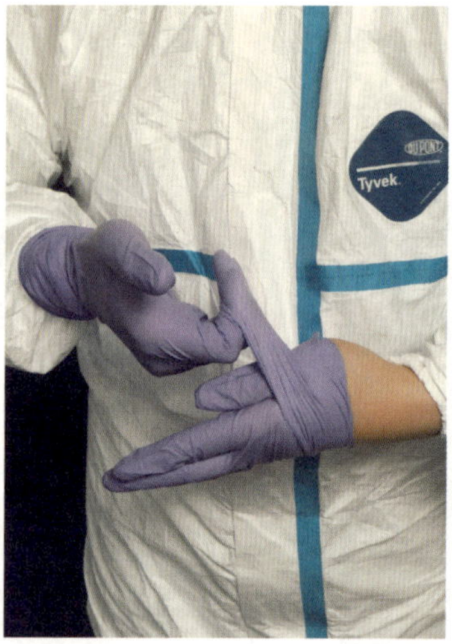

图 1-2-84　仅接触污染面，脱下一只手套

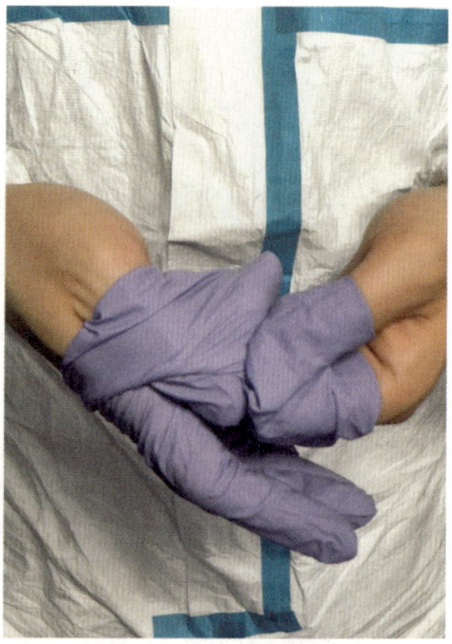

图 1-2-85　用脱下手套的手捏住另一只手套污染面的边缘将其脱下

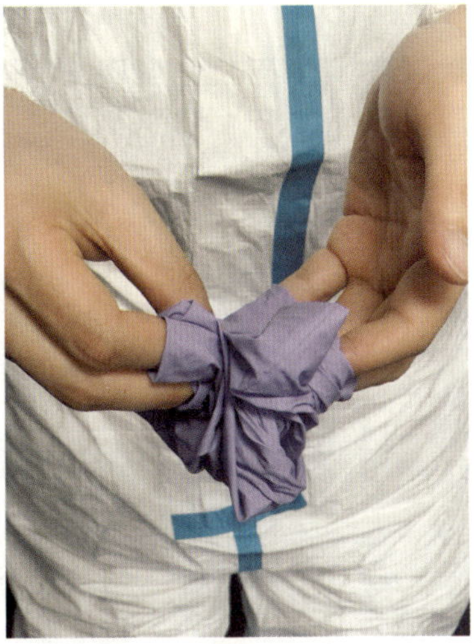

图 1-2-86　手套清洁面朝外，将两只手套一起脱下

图 1-2-87　用手捏住手套的里面，丢弃至专用垃圾桶

（八）鞋套穿脱要点

1. 穿一次性鞋套要点

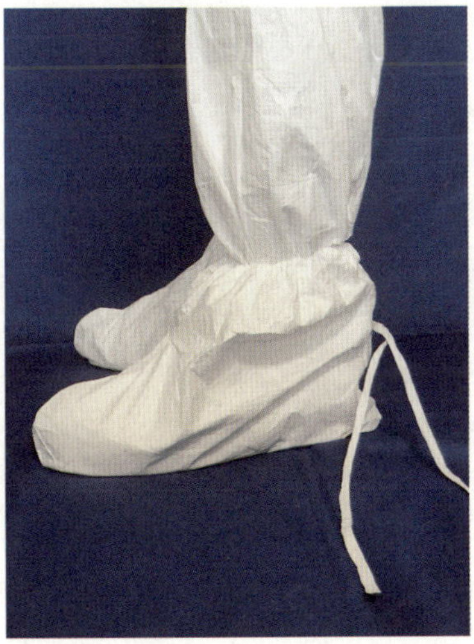

图 1-2-88　穿上鞋套，包裹住防护服裤腿

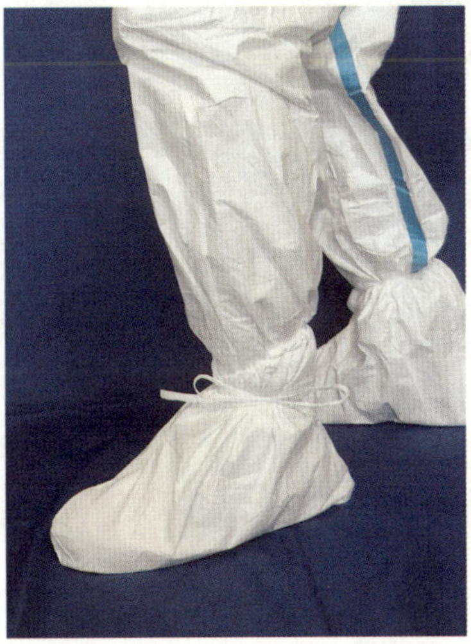

图 1-2-89　绕脚踝部，系紧鞋套绑带

2. 脱一次性鞋套要点

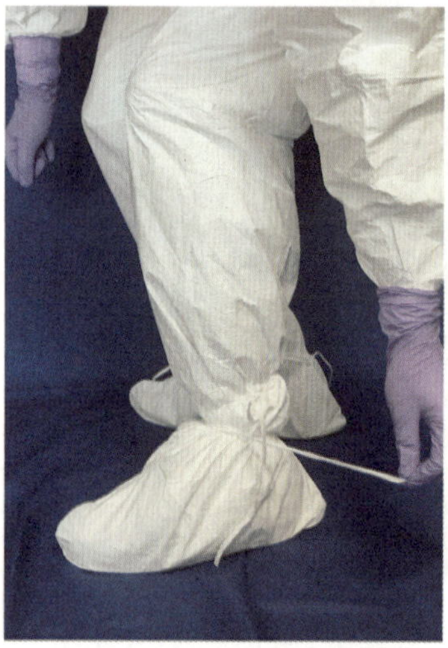

图 1-2-90　松开鞋套系带

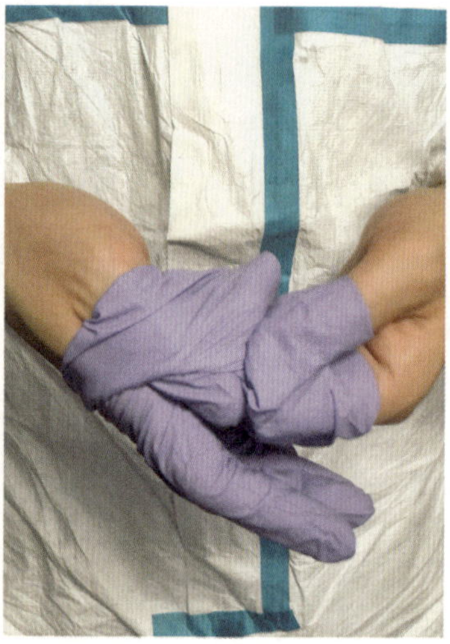

图 1-2-91　脱手套

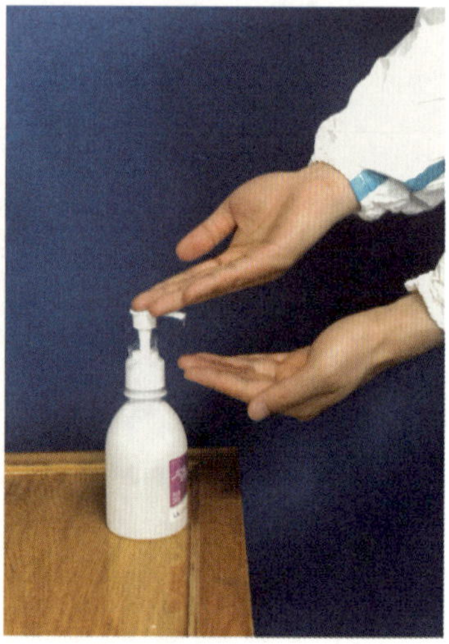

图 1-2-92　手卫生

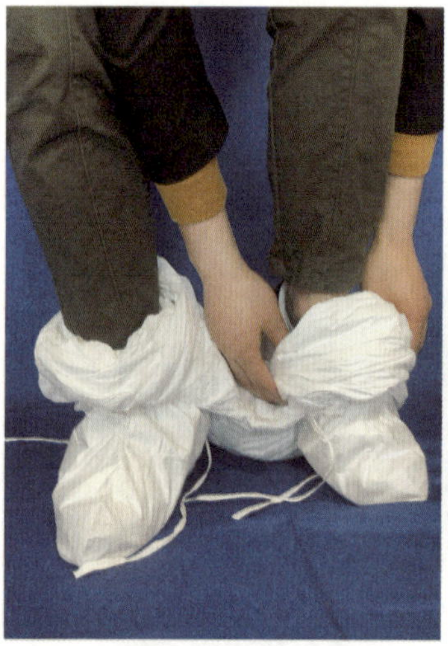

图 1-2-93　由内向外先脱一只鞋套

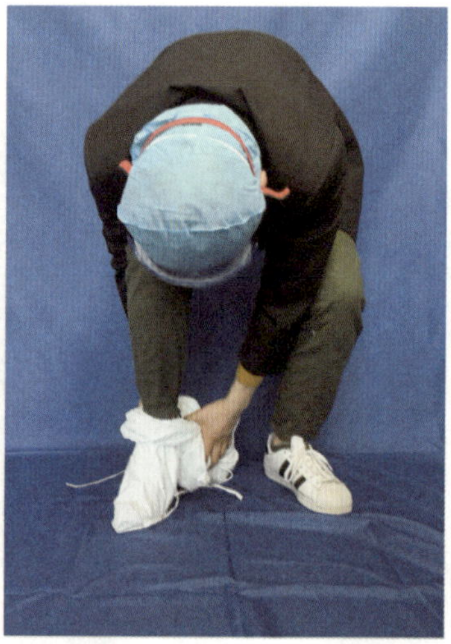

图 1-2-94　由内向外再脱另一只鞋套

图 1-2-95　卷成包裹状，丢弃至专用垃圾桶

三、个人防护用品穿戴顺序

（一）一级防护用品穿戴顺序

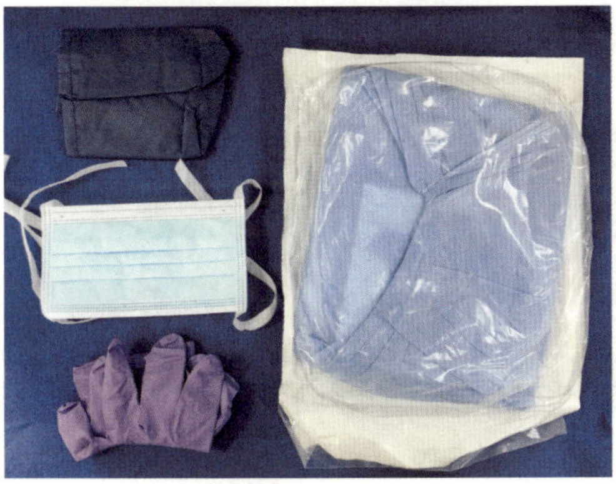

图 1-2-96　准备物品

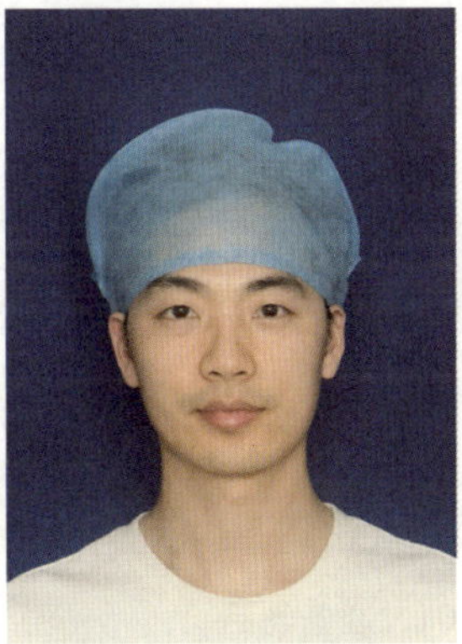

图 1-2-97　戴一次性帽子

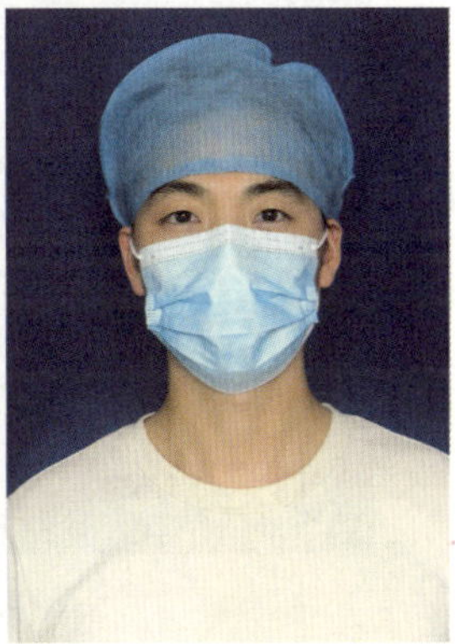

图 1-2-98　戴一次性使用医用口罩或医用外科口罩

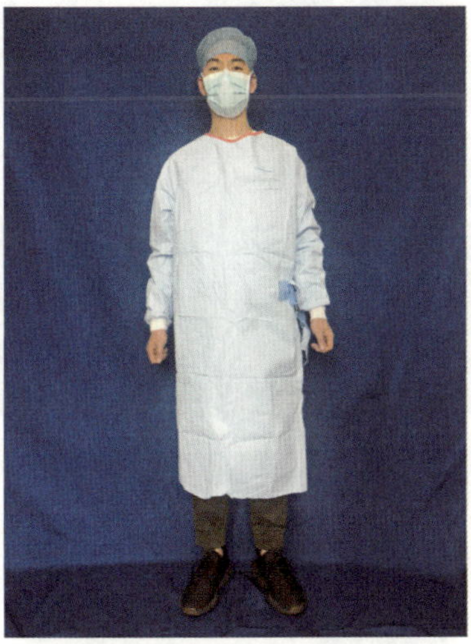

图 1-2-99　穿隔离衣

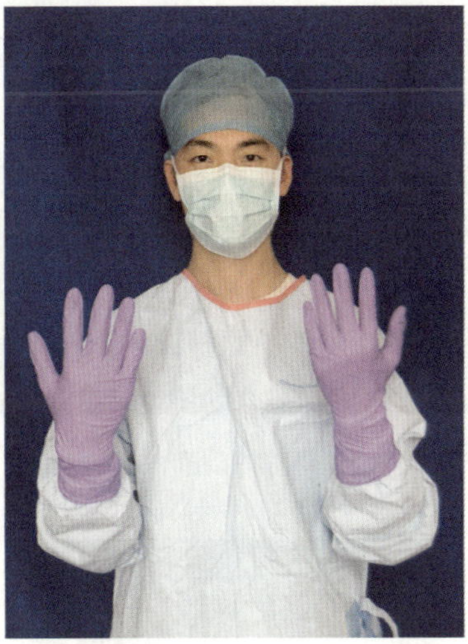

图 1-2-100　戴手套

（二）二级防护用品穿戴顺序

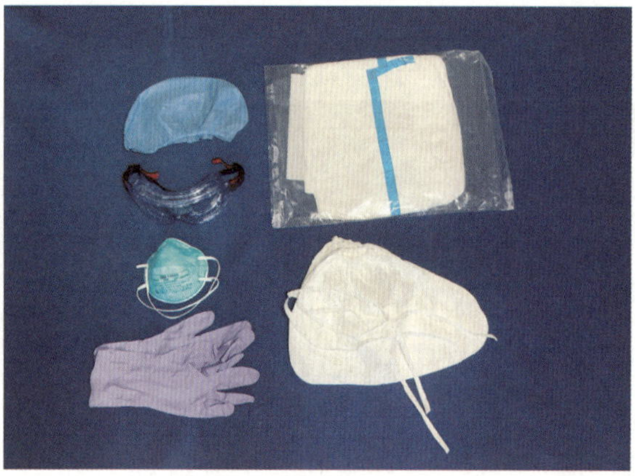

图 1-2-101　准备物品

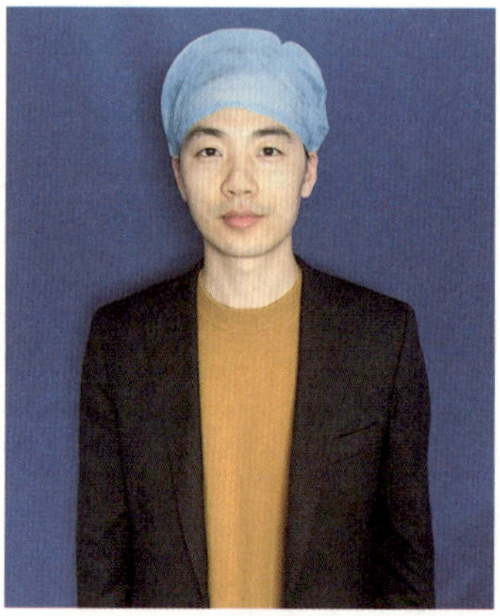

图 1-2-102　戴一次性帽子

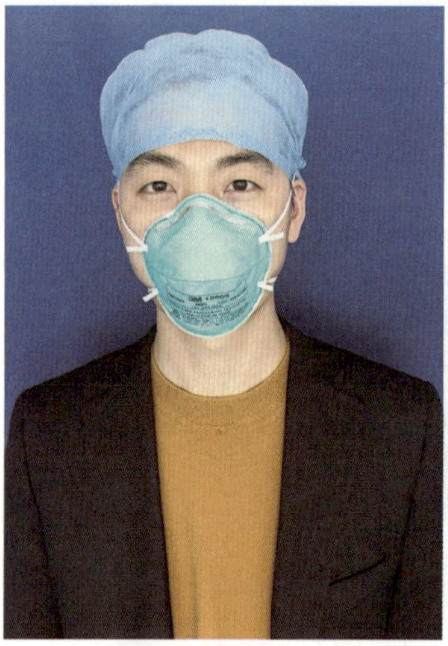

图 1-2-103　戴医用防护口罩

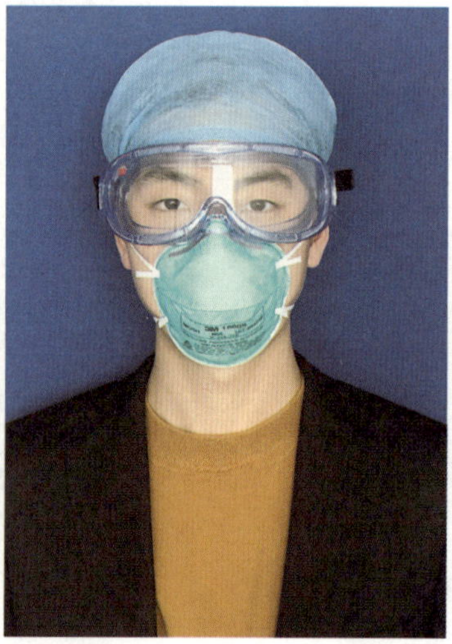

图 1-2-104　戴护目镜

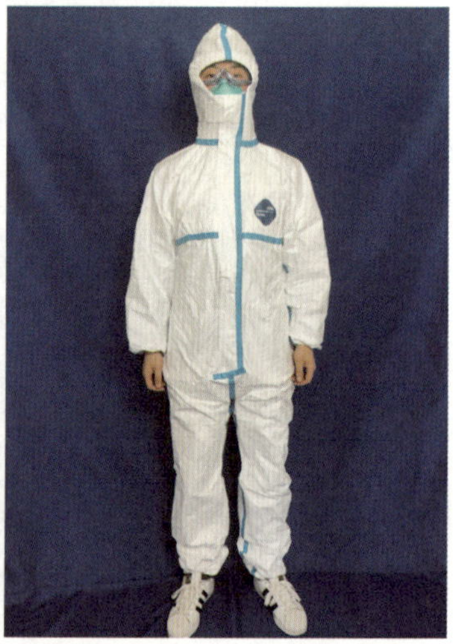

图 1-2-105　穿连体防护服

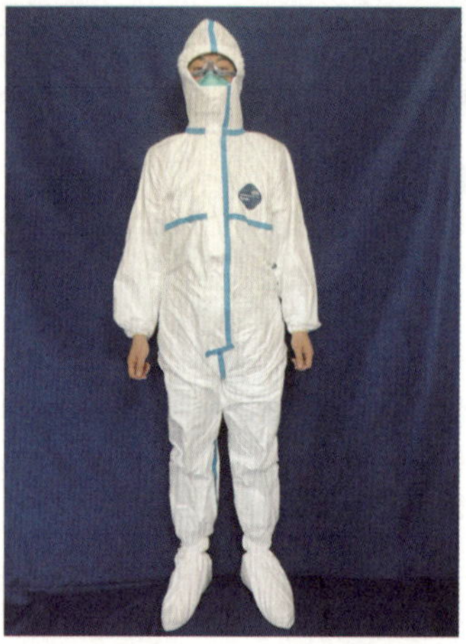

图 1-2-106　穿鞋套

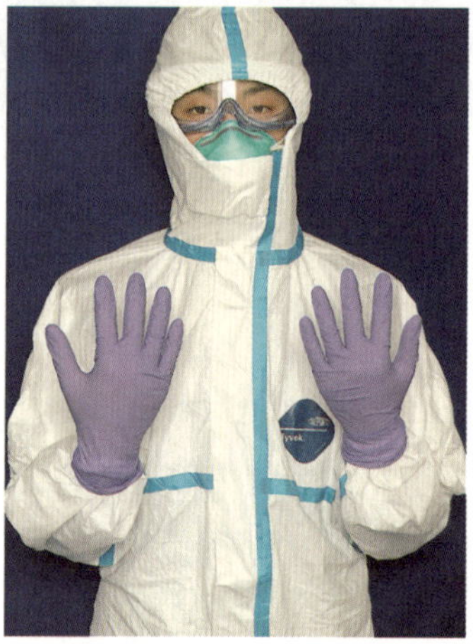

图 1-2-107　戴手套

四、个人防护用品脱卸顺序

（一）一级防护用品脱卸顺序

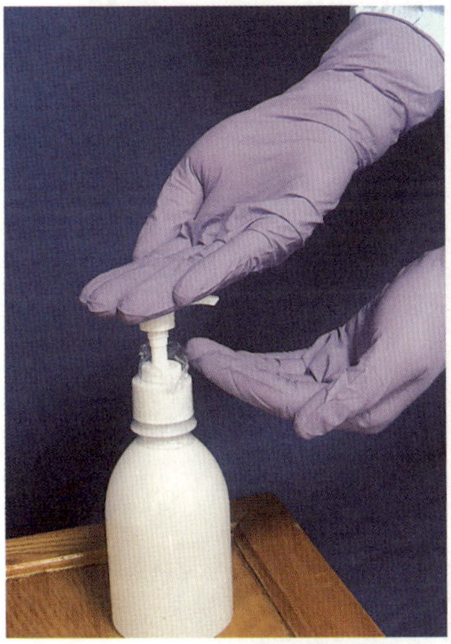

图 1-2-108　手卫生

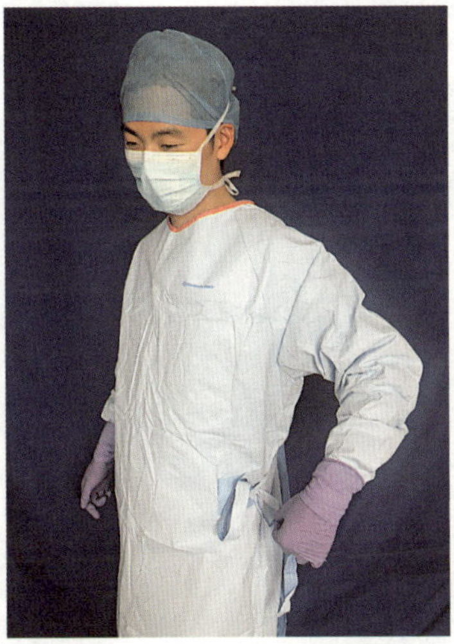

图 1-2-109　解开隔离衣腰部系带

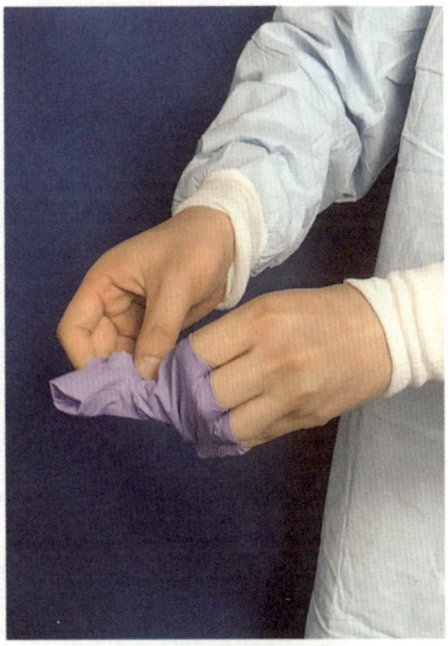

图 1-2-110　脱手套

图 1-2-111　手卫生

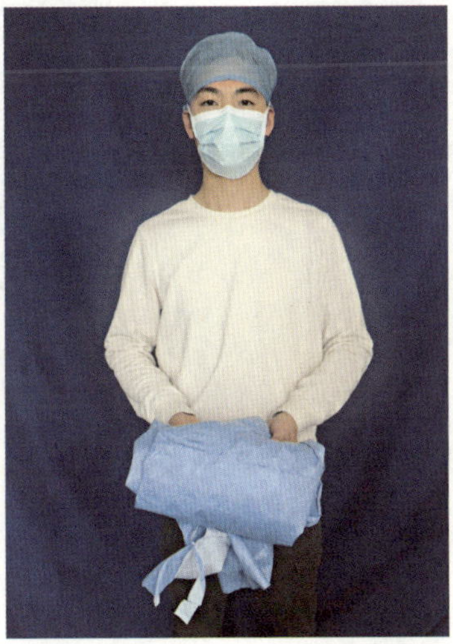

图 1-2-112　解开隔离衣颈部系带，脱隔离衣

图 1-2-113　手卫生

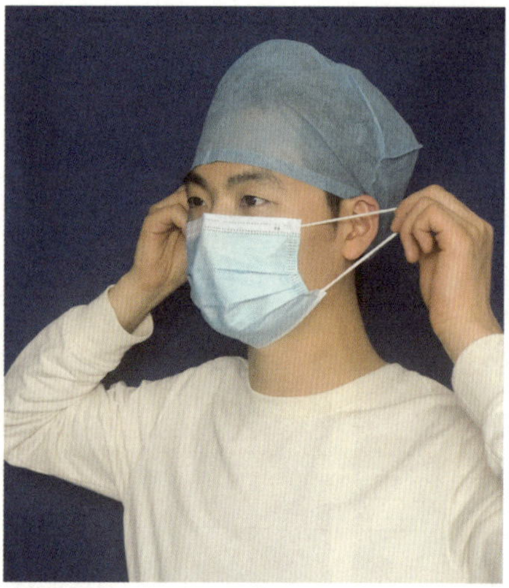

图 1-2-114　脱口罩

图 1-2-115　手卫生

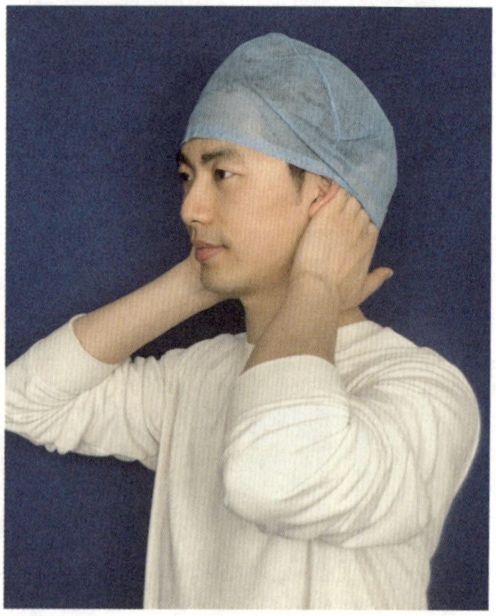

图 1-2-116　脱帽子

图 1-2-117　手卫生

（二）二级防护用品脱卸顺序

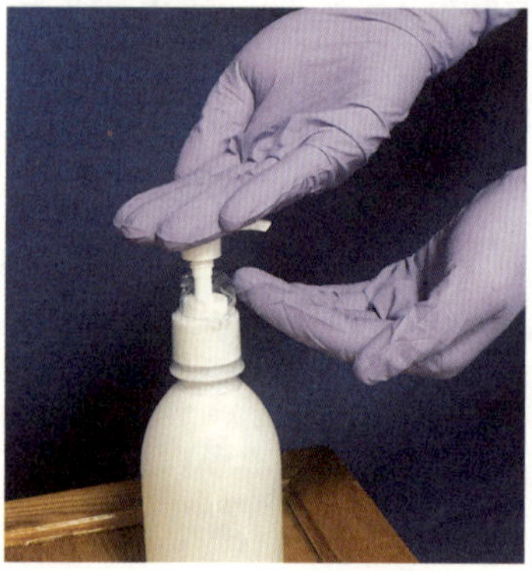

图 1-2-118　手卫生

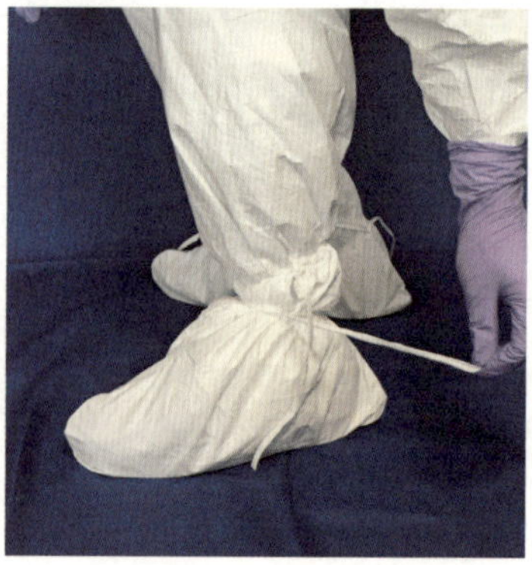

图 1-2-119　松开鞋套系带

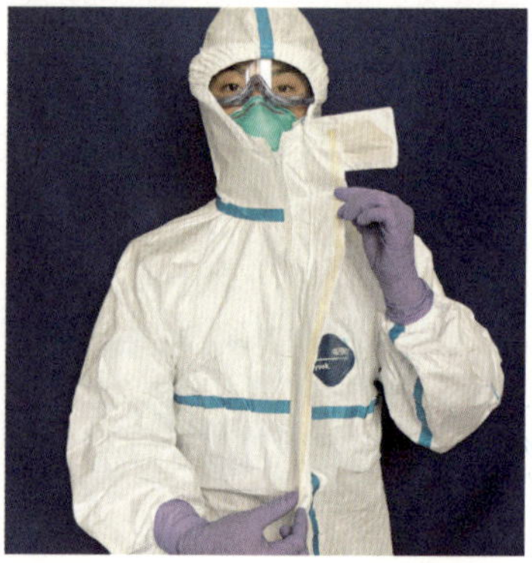

图 1-2-120　解开连体防护服胶条

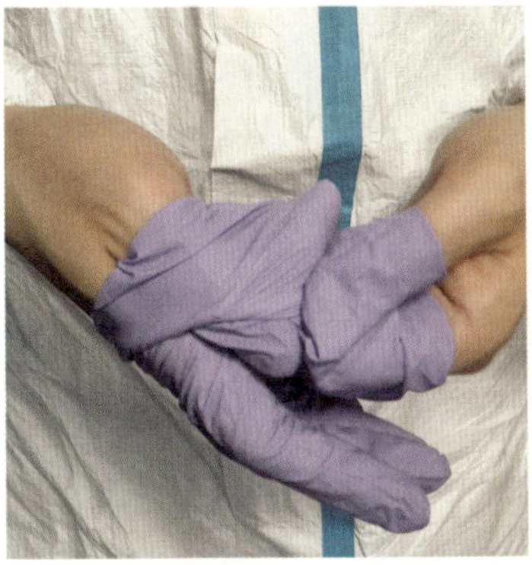

图 1-2-121　脱手套

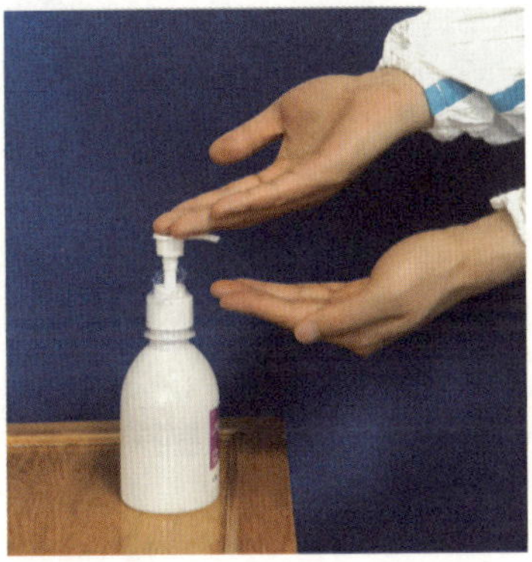

图 1-2-122　手卫生

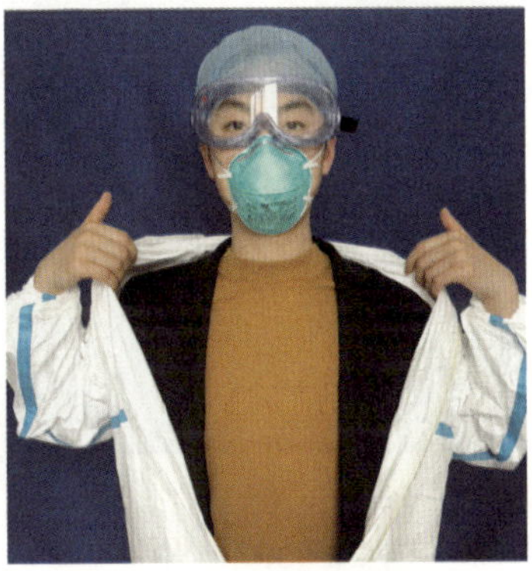

图 1-2-123　脱连体防护服

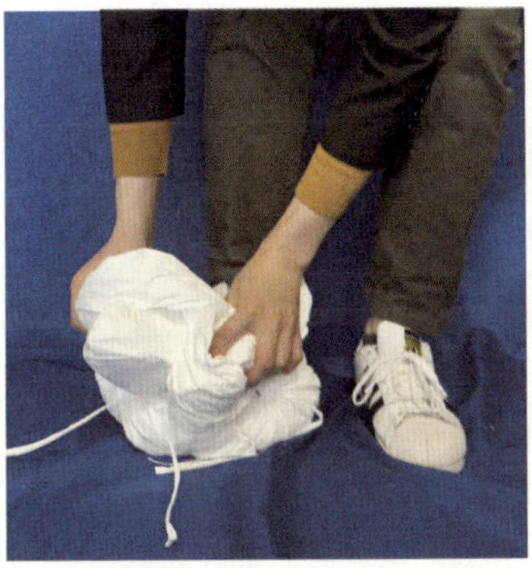

图 1-2-124　脱鞋套

图 1-2-125　手卫生

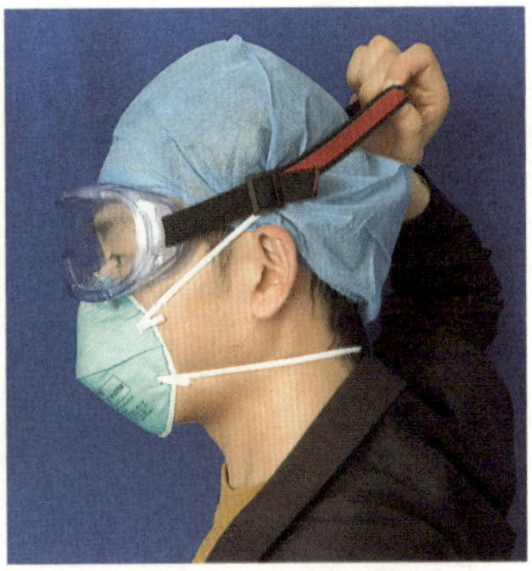

图 1-2-126　脱护目镜

图 1-2-127　手卫生

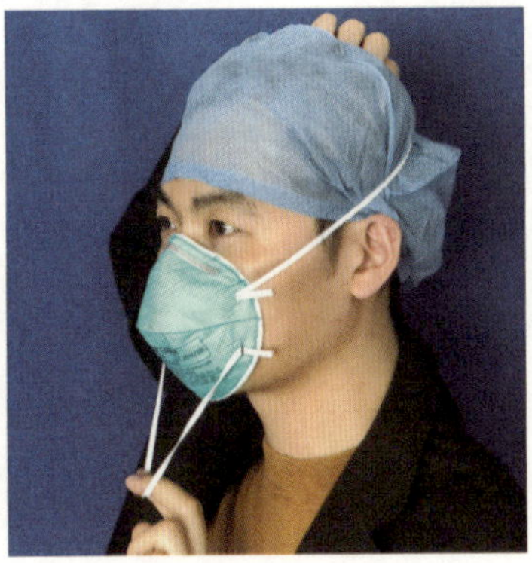

图 1-2-128　脱口罩

图 1-2-129　手卫生

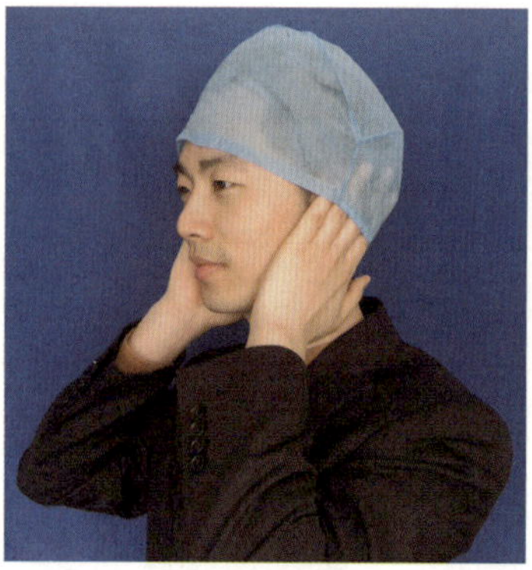

图 1-2-130 脱帽子

A 手消毒剂

B 流动水洗手

图 1-2-131 手卫生

五、常见情形下的防护用品使用

（一）保健老师防护用品使用

图 1-2-132 保健老师在岗期间，必须穿工作服

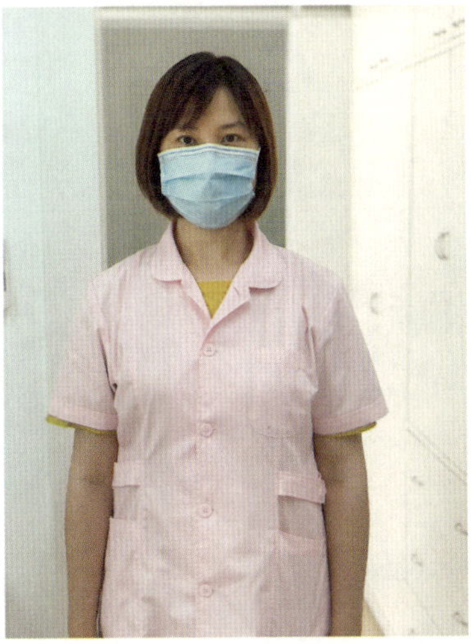

图 1-2-133　开展晨检等工作时穿戴工作服、一次性使用医用口罩

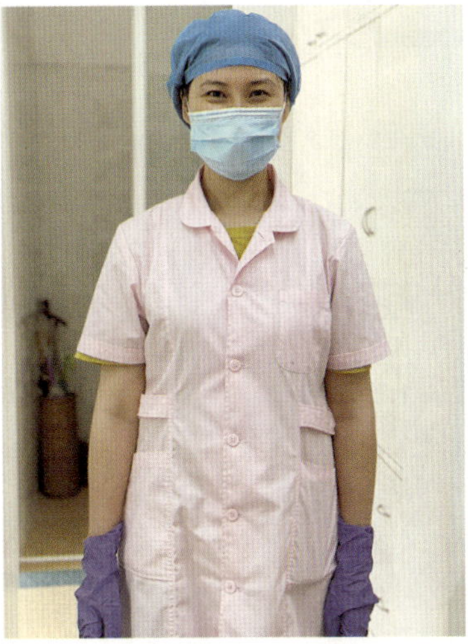

图 1-2-134　接触污染物或出现可疑症状的幼儿等情况时穿戴工作服、一次性使用医用口罩、手套、帽子

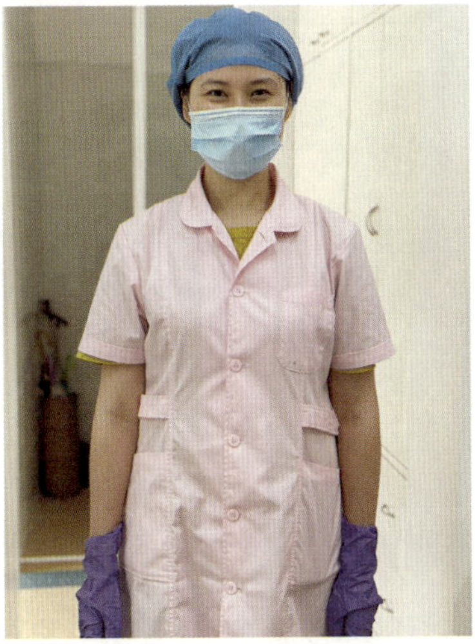

A 工作服、一次性使用医用口罩、手套、帽子、

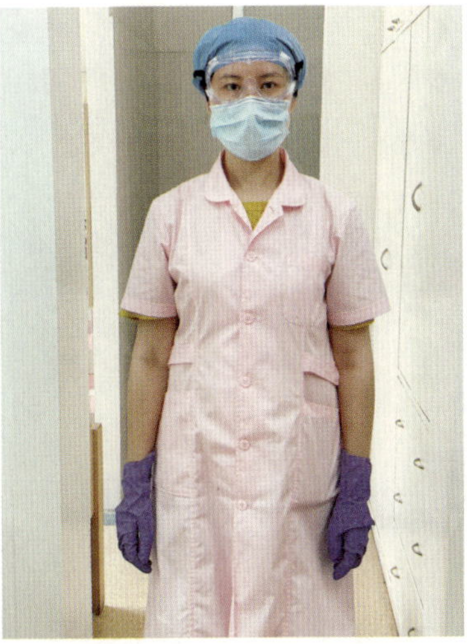

B 必要时(如接触高浓度、刺激性、挥发性的消毒剂时)加戴护目镜

图 1-2-135　配制消毒剂时的个人防护

（二）保育员消毒时防护用品的使用

1. 保育员擦拭消毒时

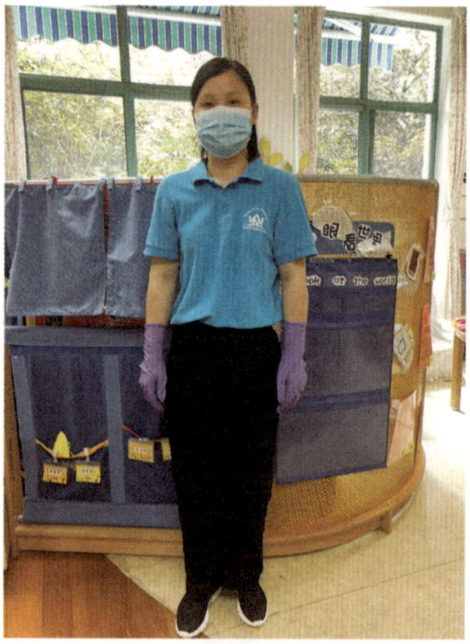
A 工作服、一次性使用医用口罩、手套

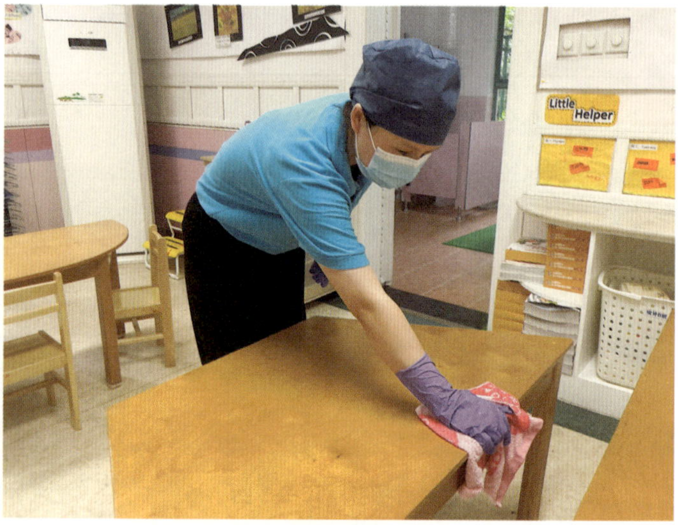

B 按需加戴帽子

图 1-2-136　擦拭消毒时个人防护

2. 保育员使用常量喷雾器喷洒消毒时

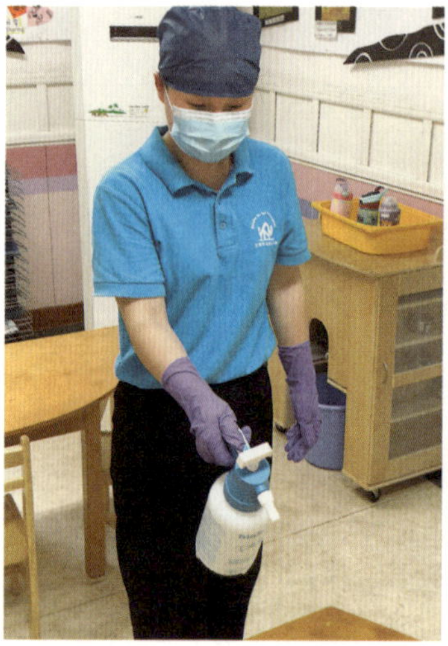

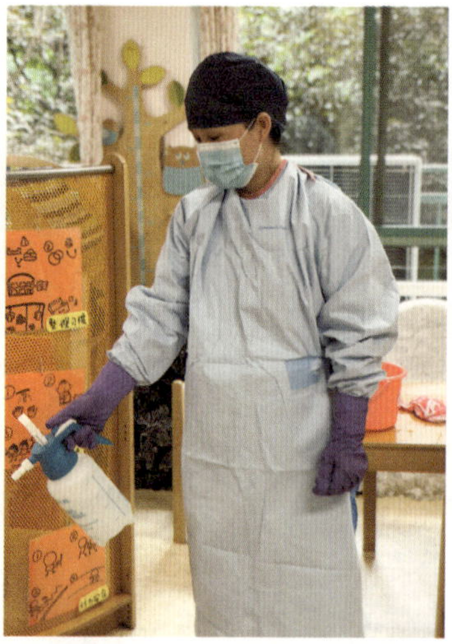
A 隔离衣、一次性使用医用口罩、帽子、手套

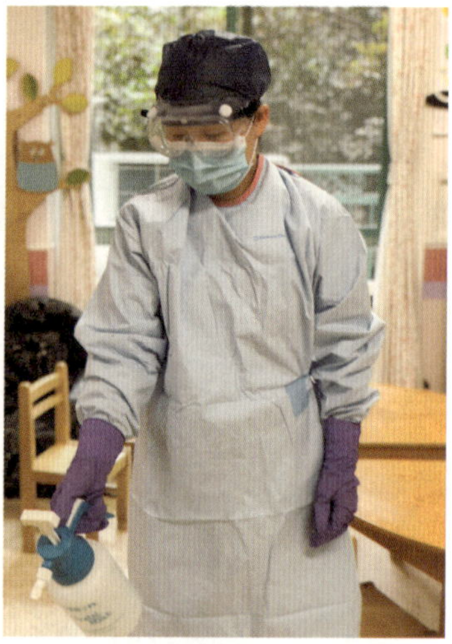
B 隔离衣、一次性使用医用口罩、帽子、手套,加戴护目镜

图 1-2-137　一般情况下穿戴工作服、一次性使用医用口罩、帽子、手套

图 1-2-138　必要时可将工作服更换为隔离衣（使用背负式喷雾器时），加戴护目镜（使用高浓度、高刺激性的消毒剂时）

3. 保育员使用气溶胶喷雾消毒时

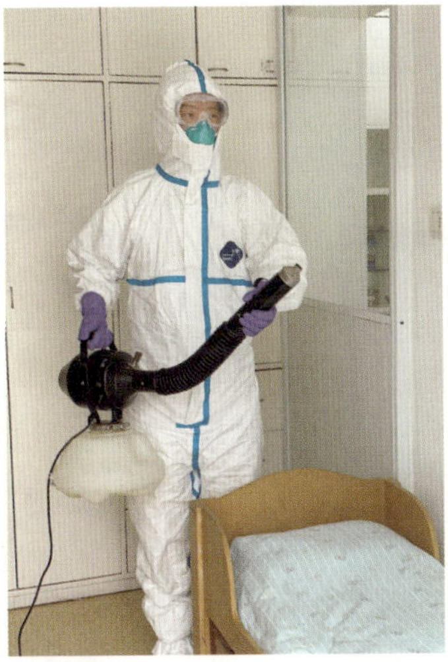

图 1-2-139　穿戴帽子、医用防护口罩、护目镜、医用防护服、鞋套（胶鞋）、手套

（朱仁义　张玉成　范俊华　季晓帆　张幸　张流波　沈瑾　王琰）

第三节　呼吸卫生与咳嗽礼仪

一、呼吸卫生

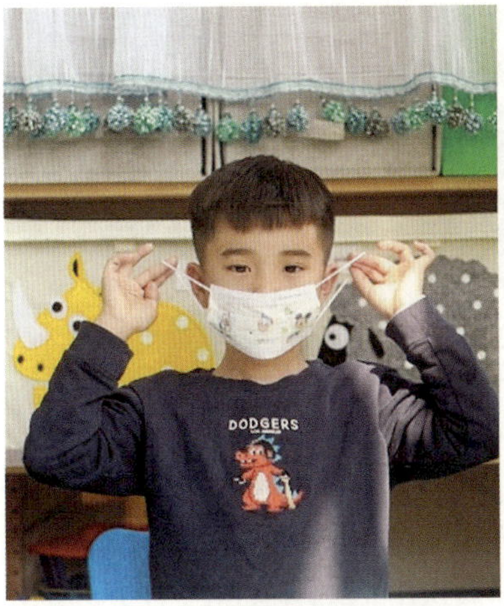

图 1-3-1　患有呼吸道疾病或症状的儿童外出时宜佩戴口罩

图 1-3-2　与他人保持 1 米以上社交距离

二、咳嗽礼仪

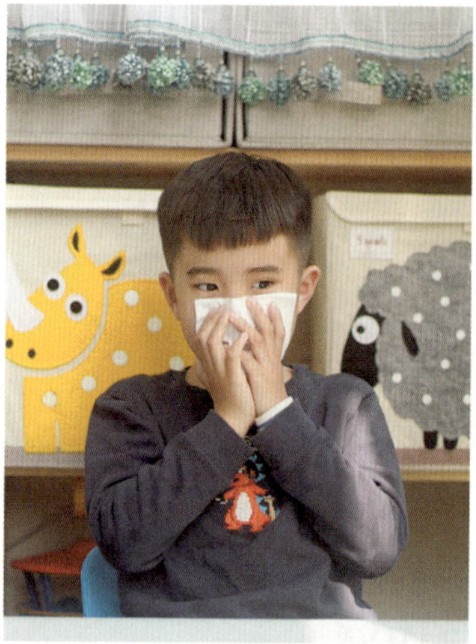

图 1-3-3　双手持纸巾置于口鼻部

图 1-3-4　弯曲手肘遮住口鼻部（无纸巾时）

图 1-3-5　使用后的纸巾丢弃至有盖垃圾桶内

图 1-3-6　清洗双手或进行手卫生

注意事项：①当你咳嗽或打喷嚏时，尽量避开人群，用纸巾或手绢捂住口鼻，防止唾液、鼻涕飞溅。②如果临时找不到手帕或纸巾，情急之下，可以用手肘衣袖来代替手捂住口鼻，弯曲手肘后，再靠近口鼻。③使用后的纸巾不要随便乱扔，要放到垃圾桶内。④咳嗽或打喷嚏后要立即清洗双手或进行手卫生。⑤如果患有呼吸道疾病外出时要佩戴口罩，同时与他人保持 1 米以上距离。说话语音不要过大，避免“吐沫横飞”。

（朱渭萍　王勇）

隔离篇

第一节　设施要求

一、卫生室和保健室

（一）保健室设置要求

图 2-1-1　保健室不得设在紧靠教室和营养室以及儿童容易到达的地方。保健室(含观察区域)房屋面积至少 12 平方米

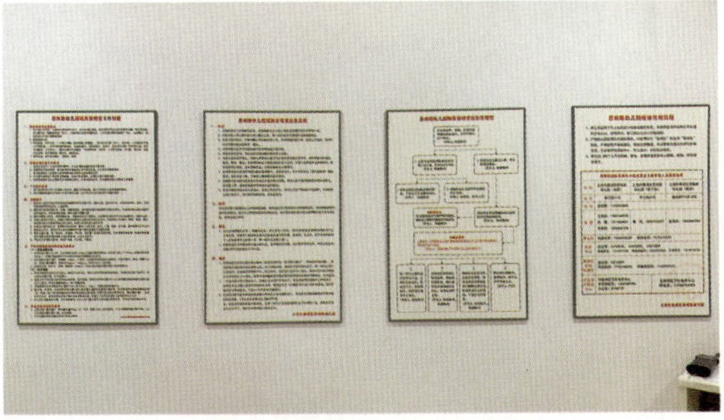

A 主要保健制度张贴在墙上

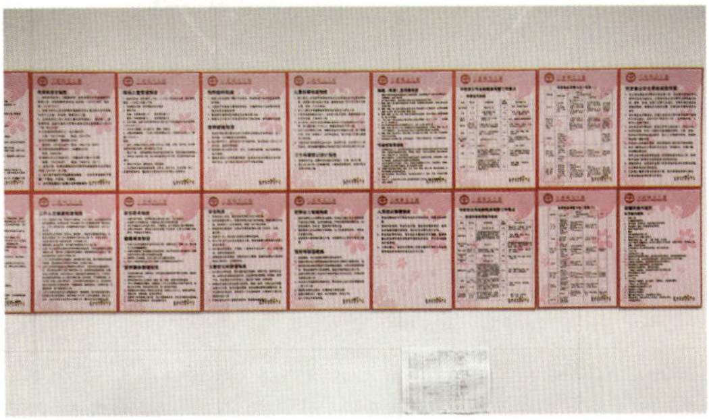

B 各类保健制度张贴在墙上

图 2-1-2　室内光线明亮,空气流通,保持整洁,专室专用,各项保健制度张贴在墙上

（二）保健室内配备物品或设施

图 2-1-3　儿童观察床、桌椅、洗手设施

图 2-1-4　资料柜

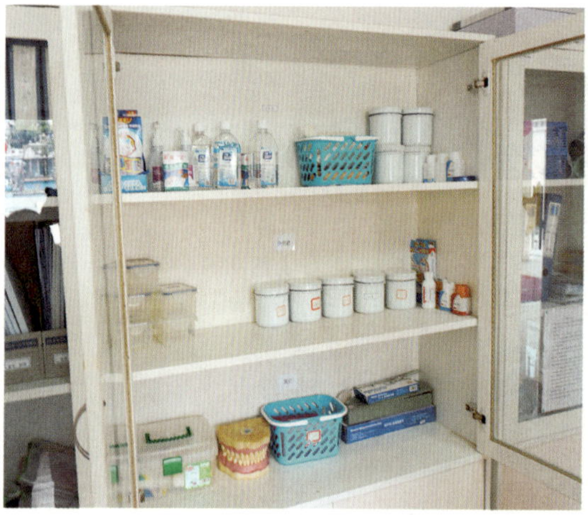

图 2-1-5　药品柜

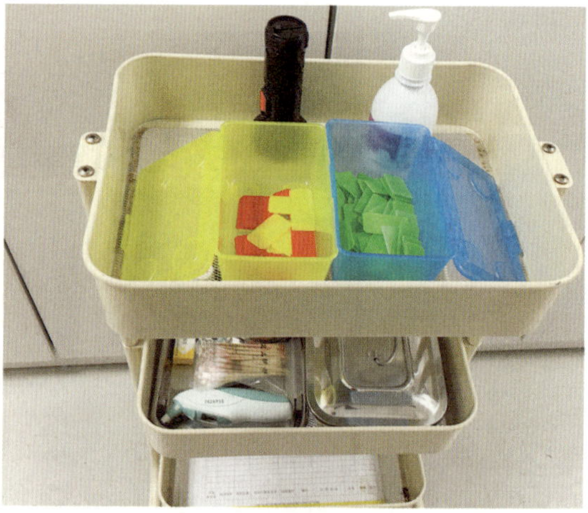

图 2-1-6　晨检设备：晨检牌、压舌板、体温计、免洗手消毒剂、手电筒等

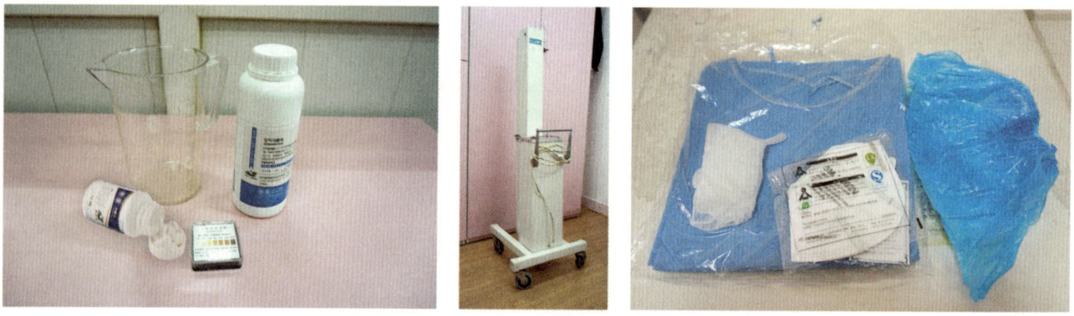

A 消毒剂　　B 移动式紫外线灯　　C 个人防护用品

图 2-1-7　消毒相关物资

二、隔离观察室

（一）隔离观察室设置

图 2-1-8　隔离观察室应相对独立，不得设置在紧靠教室、食堂及儿童易到达的场所；区域外应有明显的标志；应与保健室相邻，宜分门进出，通风良好

图 2-1-9　呼吸道传染病隔离室，用于隔离观察有呼吸道症状的患儿

图 2-1-10　肠道传染病隔离室，用于隔离观察有肠道症状的患者

（二）隔离观察室配备物品或设施

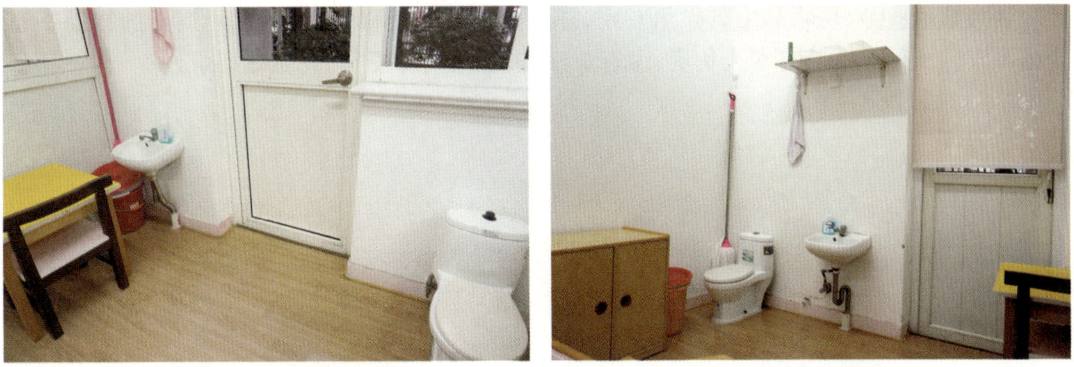

A 配有专用清洁用具、桌椅　　B 配有洗手设施

图 2-1-11　洗手设施、专用清洁用具、桌椅

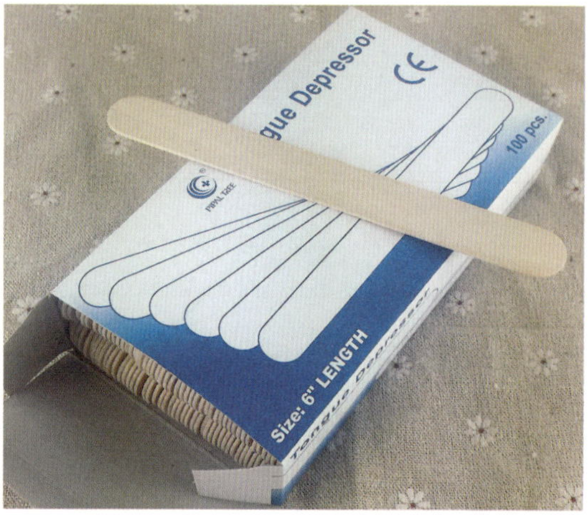

A 压舌板

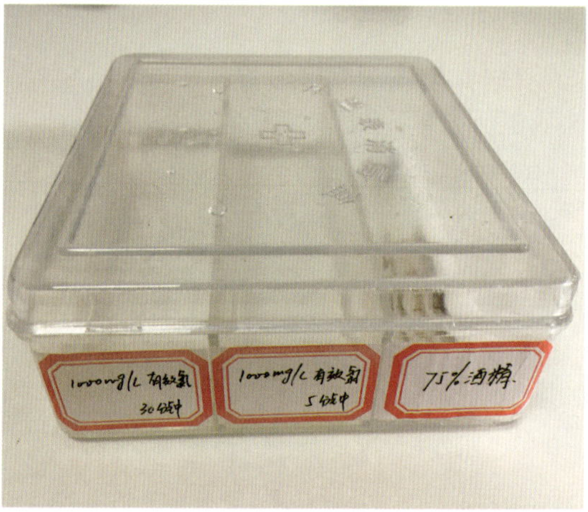

B 温度计

图 2-1-12　专用诊疗设备

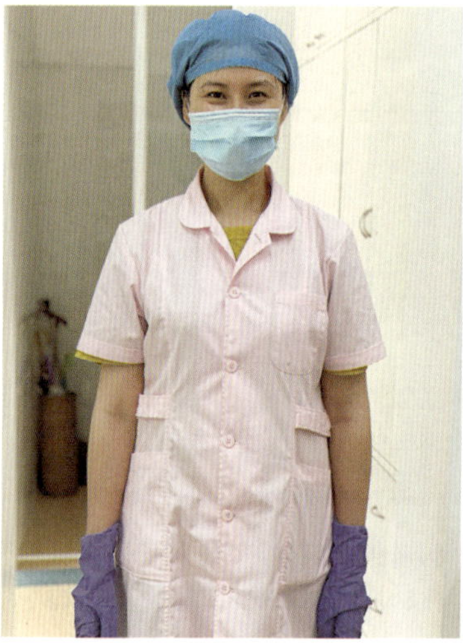

图 2-1-13　专用工作服

图 2-1-14　观察床

注意事项：①一切物品用具必须专用，并按要求进行消毒，使用后未经消毒的物品不得带出观察区域外。②应有专人负责，做好观察、护理及消毒工作，并做好记录。

三、保育员操作间/清洗消毒间

（一）设置要求

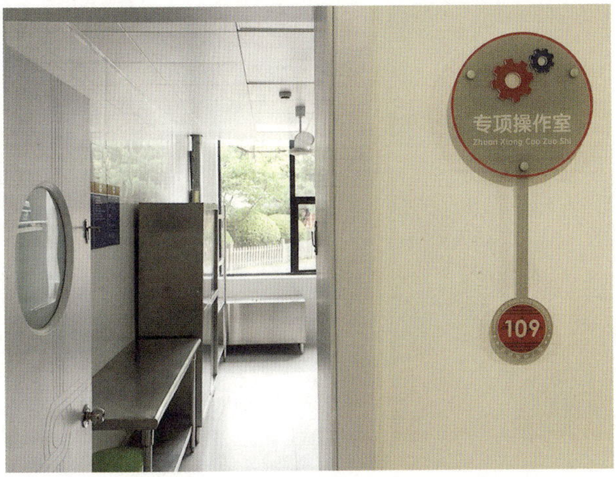

图 2-1-15　有独立的操作间，标识清楚；设置相对独立，远离厨房，且通风良好

图 2-1-16　有条件的设置传染病消毒专间，且配置齐全

A 清洗/消毒区

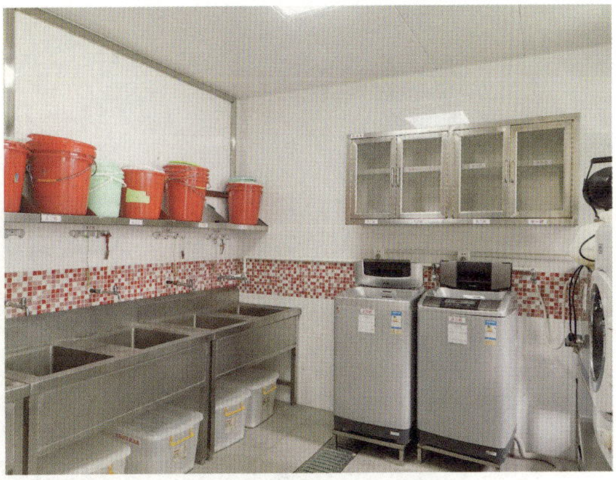

B 存放区

图 2-1-17　保育员操作室内部布局符合操作流程，清洗、消毒、存放有明显区域划分。未消毒物品、已消毒物品有明确放置位置，且标识清楚

（二）物品或设施

A

B

图 2-1-18　每班有独立使用的清洗水池

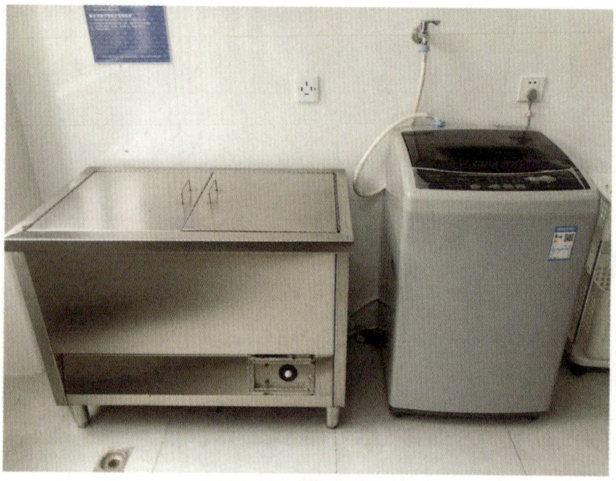

A 洗衣机+蒸汽消毒箱

B 织物清洗消毒机+烘干机

图 2-1-19　织物清洗消毒设备：洗衣机+蒸汽消毒箱或织物清洗消毒机+烘干机

A 已消毒物品　　　　B 待消毒物品

图 2-1-20　物品存放柜

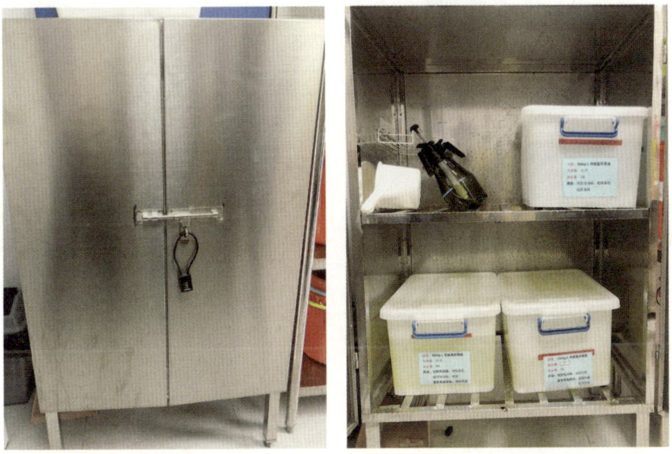

A 外部　　　　B 内部

图 2-1-21　上锁的消毒液存放柜

A 清洁、消毒桶　　　　B 污物水池　　　　C 其他工具

图 2-1-22　其他清洁消毒工具

（马士薇　张晶　冯晓刚　罗春燕）

第二节 隔离要求

一、出现可疑症状的隔离要求

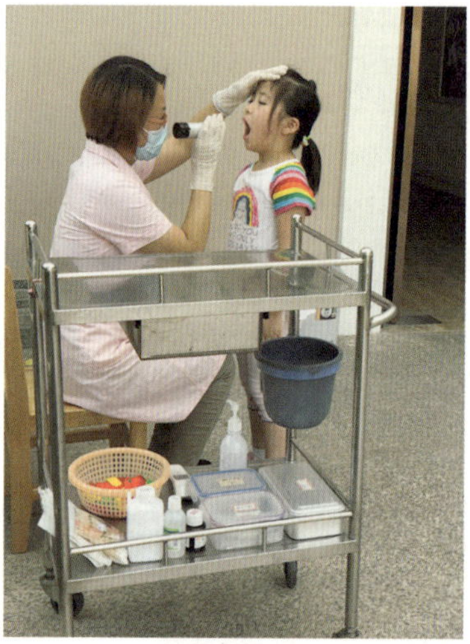

图 2-2-1 通过晨间健康检查、全日健康观察和健康巡检发现学生有异常症状和体征

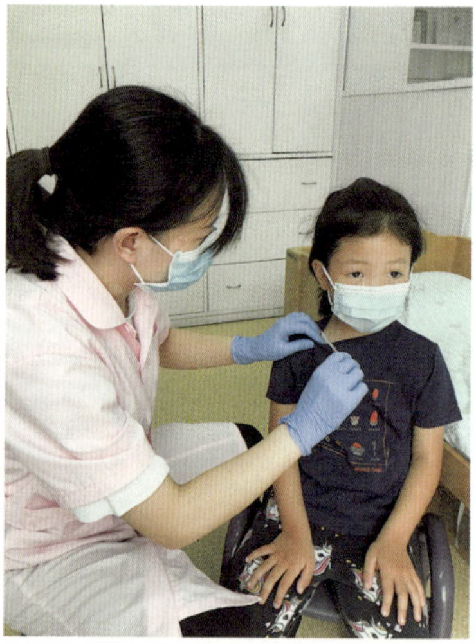

图 2-2-2 班级老师应及时联系保健老师对其进行疾病初步识别

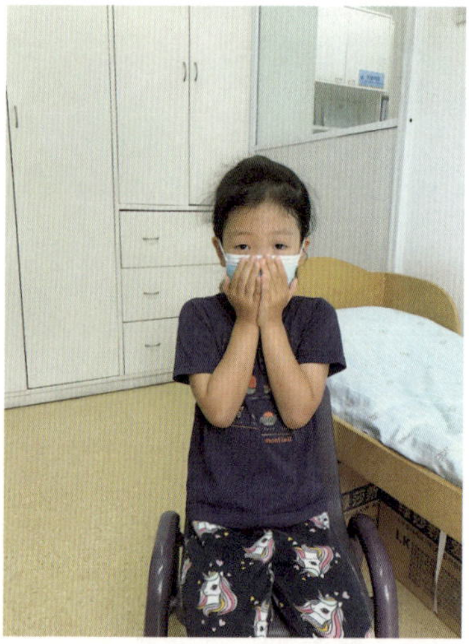

图 2-2-3 若怀疑为传染病的可疑病例，应对其进行隔离观察，暂时不参加班级活动，避免接触其他学生

图 2-2-4 通知家长带其离校就医

注意事项：保健老师处置可疑病例时，应做好个人防护。

二、班级医学观察要求

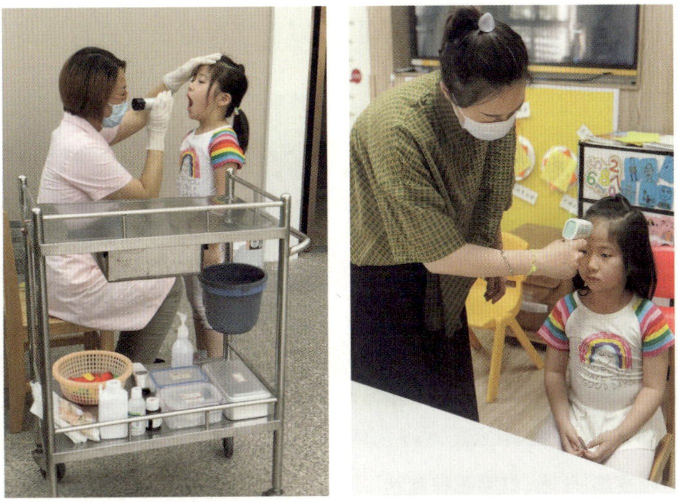

A 保健老师加强晨检　　B 班级老师加强全日健康观察

图 2-2-5　由保健老师负责班级医学观察

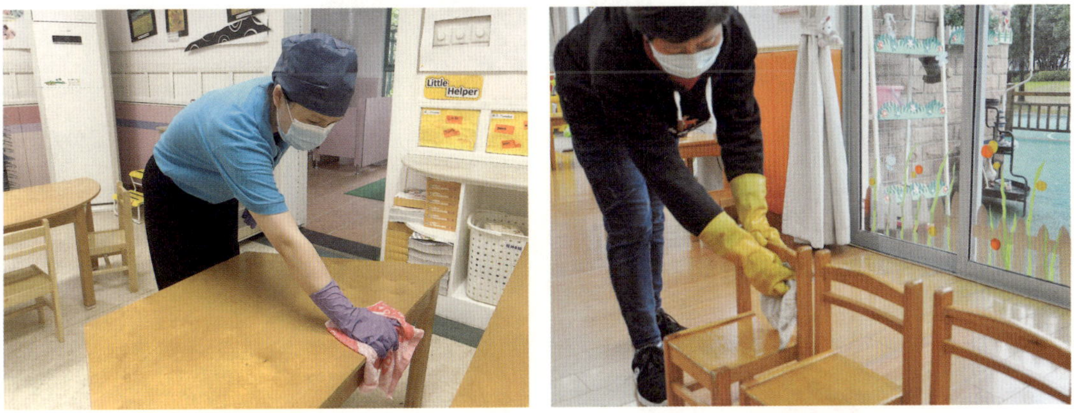

A 桌子消毒　　B 座椅消毒

图 2-2-6　保育员加强消毒

注意事项：①学生被诊断患传染病后，传染病病例所在班级需开展班级医学观察。②观察期间，病例所在班级应与其他班相对隔离；不得分班、并班或接收新生。③活动、就餐、如厕等应分开或错时。④如班级出现新病例，应从最后一例起重新计算观察期至期满。⑤新发或特殊传染病，以相关文件为准。

第三节　呼吸道传染病隔离流程

当学校内发现呼吸道传染病可疑病例时，按以下流程对患者进行隔离。

图 2-3-1　学生出现发热、咳嗽、打喷嚏等症状

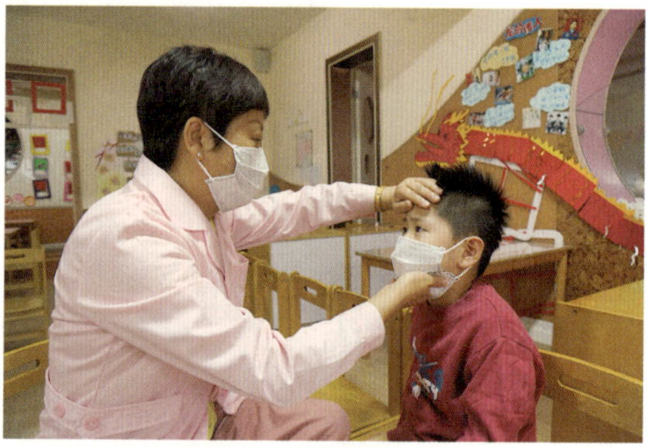

图 2-3-2　保健老师初步识别

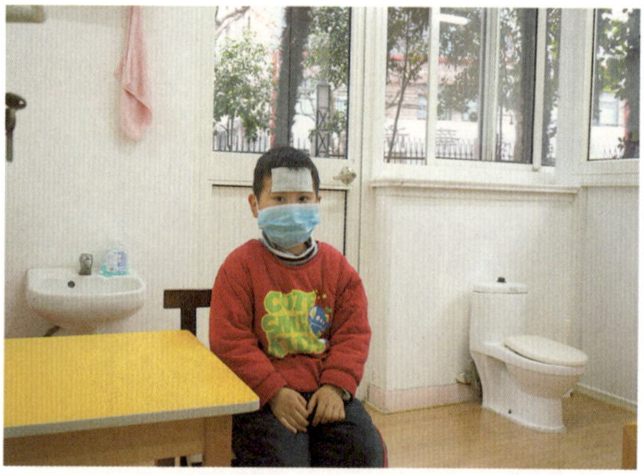

图 2-3-3　对症处理，并将学生安置到隔离室观察

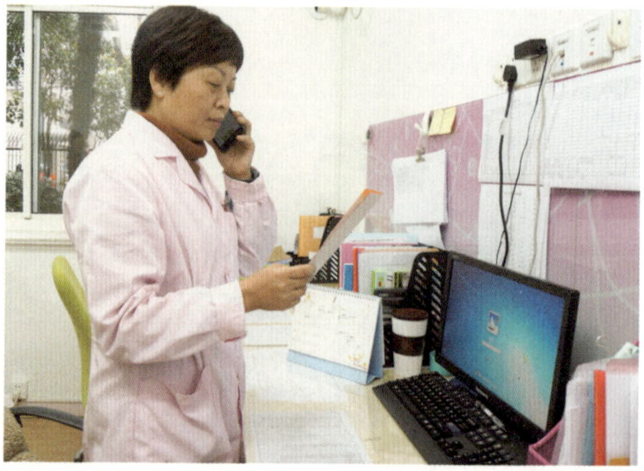

图 2-3-4　通知家长带学生到医疗机构就诊，并记录姓名、班级、主要症状，按要求上报信息

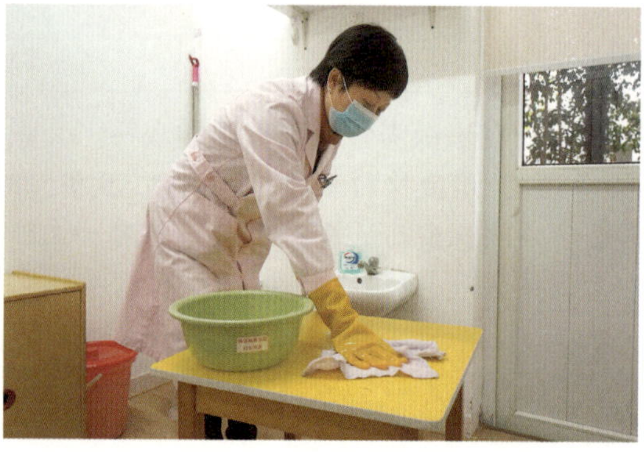

图 2-3-5　对隔离观察室开展终末消毒

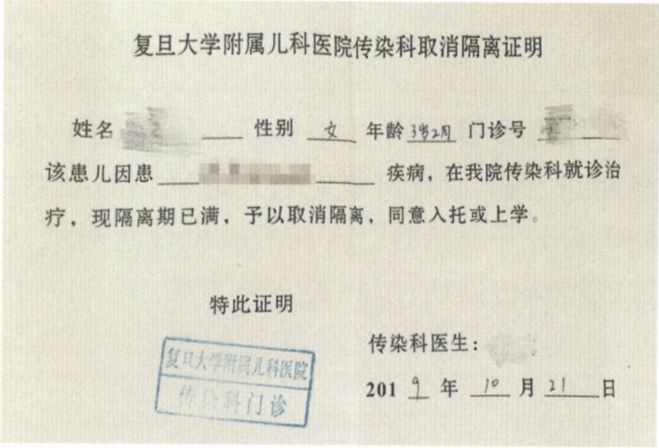

复旦大学附属儿科医院传染科取消隔离证明

姓名 ____ 性别 女 年龄 3岁2月 门诊号 ____

该患儿因患 ____ 疾病，在我院传染科就诊治疗，现隔离期已满，予以取消隔离，同意入托或上学。

特此证明

复旦大学附属儿科医院 传染科门诊

传染科医生：

201 9 年 10 月 21 日

图 2-3-6　隔离期满不再具有传染性后，学生返园（校），开具返园（校）证明

第四节　肠道传染病隔离流程

当学校内发现肠道传染病可疑病例时，按以下流程对患者进行隔离。

图 2-4-1　学生出现腹痛、呕吐、腹泻等症状

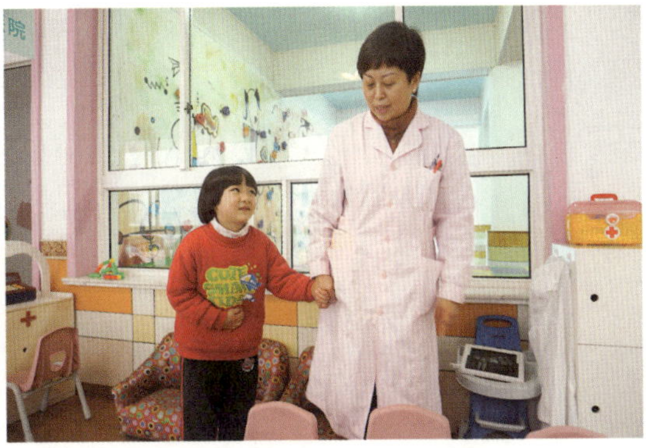

图 2-4-2　保健老师初步识别

图 2-4-3　对症处理，并将学生安置到隔离室观察

图 2-4-4　通知家长带学生到医疗机构就诊，并记录姓名、班级、主要症状，按要求上报信息

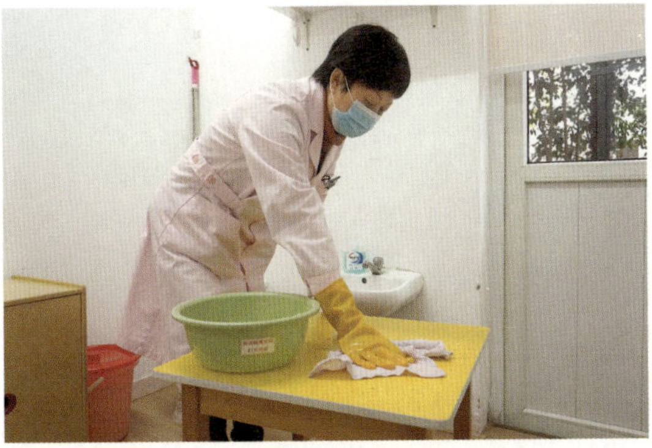

图 2-4-5　对隔离观察室开展终末消毒

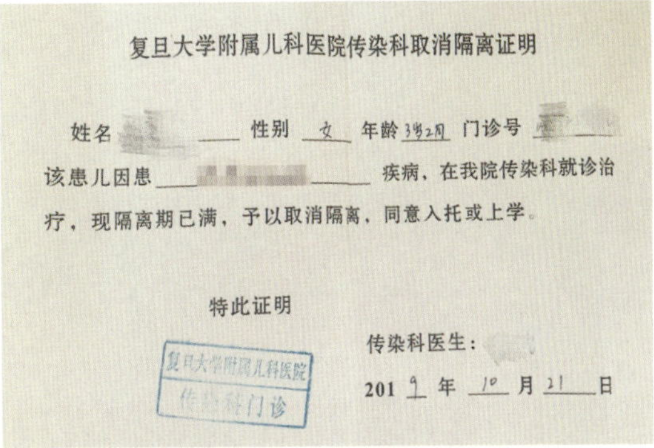

复旦大学附属儿科医院传染科取消隔离证明

姓名______ 性别 女 年龄 3岁2月 门诊号______

该患儿因患______疾病，在我院传染科就诊治疗，现隔离期已满，予以取消隔离，同意入托或上学。

特此证明

传染科医生：

201 9 年 10 月 21 日

复旦大学附属儿科医院 传染科门诊

图 2-4-6　隔离期满不再具有传染性后，学生返园（校），开具返园（校）证明

（陆珏磊　齐真真　唐毅　王琰）

消毒篇

第一节　消毒药械选购

一、消毒剂选购

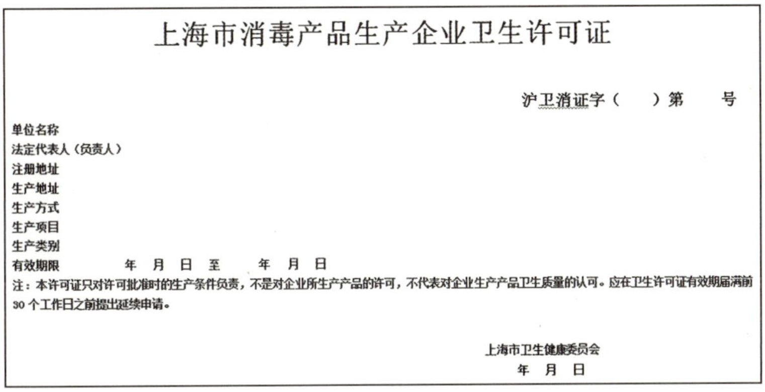
上海市消毒产品生产企业卫生许可证

沪卫消证字（　　）第　　号

单位名称
法定代表人（负责人）
注册地址
生产地址
生产方式
生产项目
生产类别
有效期限　　　年　月　日　至　　　年　月　日

注：本许可证只对许可批准时的生产条件负责，不是对企业所生产产品的许可，不代表对企业生产产品卫生质量的认可。应在卫生许可证有效期届满前30个工作日之前提出延续申请。

上海市卫生健康委员会
年　月　日

图 3-1-1　索取《生产企业卫生许可证》

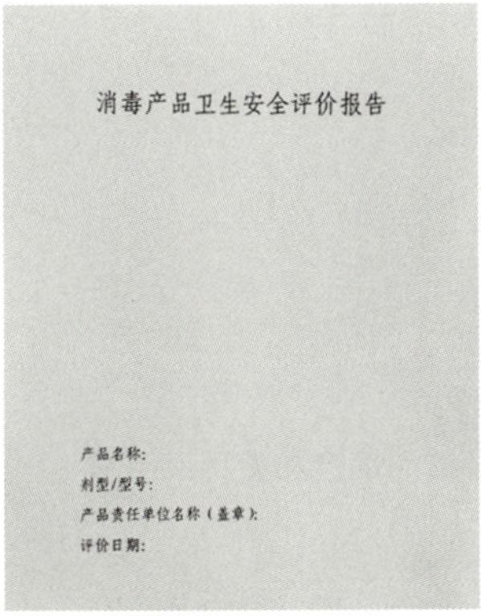
消毒产品卫生安全评价报告

产品名称：
剂型/型号：
产品责任单位名称（盖章）：
评价日期：

图 3-1-2　索取《安全评价报告》

图 3-1-3　登录备案平台网站，查询消毒剂是否已备案

A 免洗手消毒凝胶使用说明书　　B 过氧化氢消毒液注意事项　　C 过氧化氢消毒液使用范围和使用方法

图 3-1-4　详阅产品标签或使用说明书，关注使用范围、使用方法、注意事项等

注意事项：比对实际产品与备案网站上的产品标签和使用说明书的一致性。

二、消毒器械选购

使用的消毒器械应符合法定要求，并按照批准的用途和使用方法使用，仔细阅读注意事项。

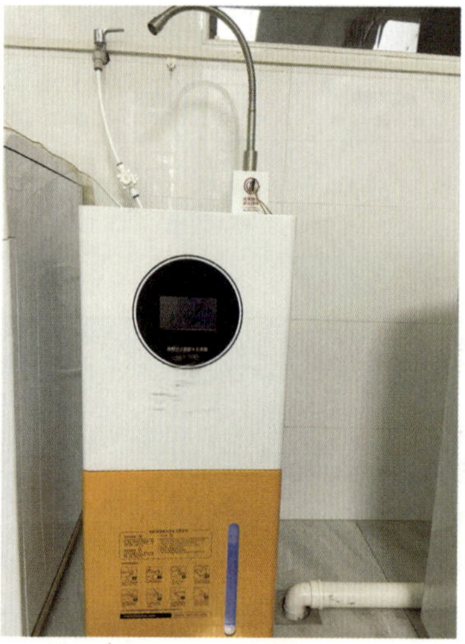

图 3-1-5　消毒器械举例：次氯酸水消毒机

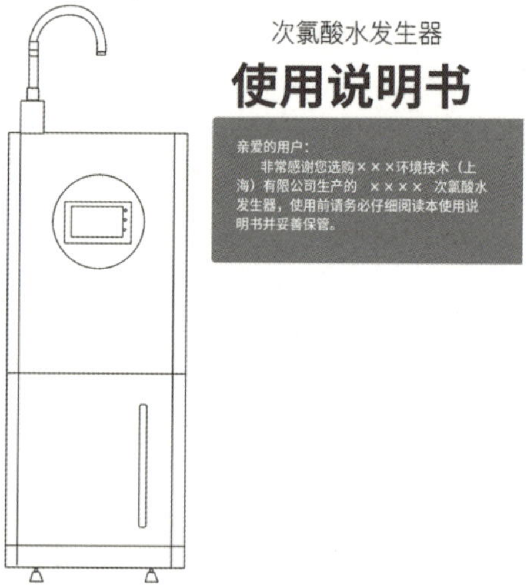

图 3-1-6　仔细阅读产品使用说明书

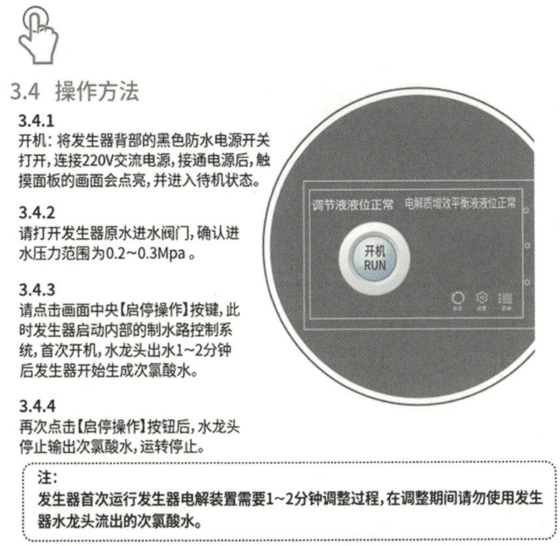

图 3-1-7　仔细阅读产品使用方法

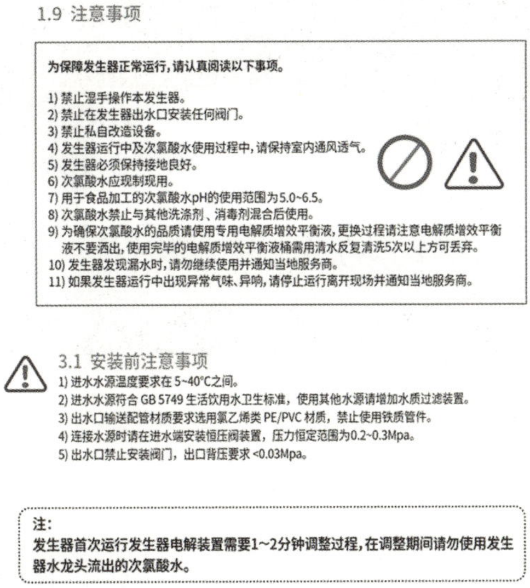

图 3-1-8　仔细阅读注意事项

注意事项：①使用的消毒剂应符合相应规定和标准。②消毒剂要在有效期内。③根据病原微生物种类使用有效的消毒剂。④预防性消毒首选季铵盐类、双胍类等中、低水平消毒剂。⑤发生传染病疫情时，选择含氯、含溴类及过氧化物类等高水平消毒剂。

第二节　常用消毒液配制方法

一、消毒片剂配制消毒液

（一）配制物品准备

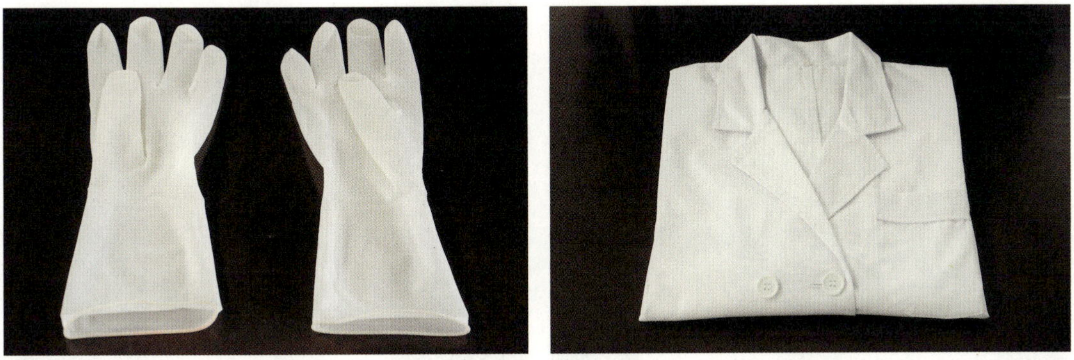

A 手套　　B 工作服

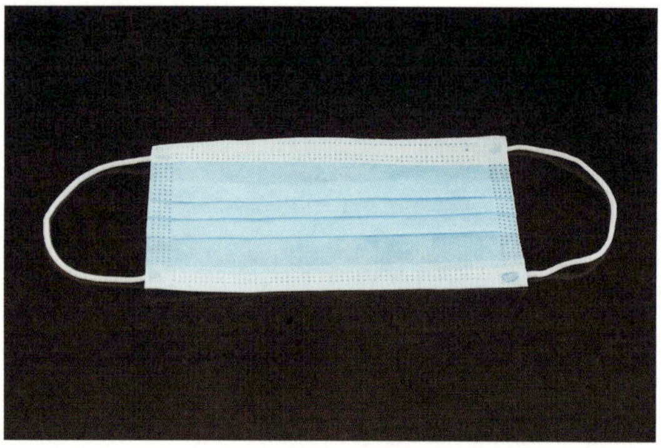

C 一次性使用医用口罩

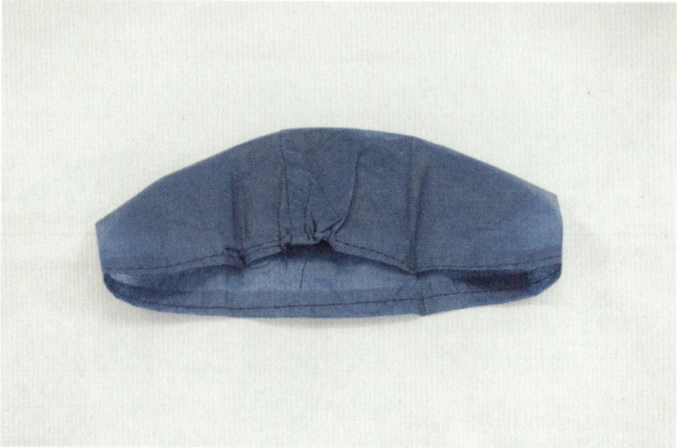

D 帽子

图 3-2-1　个人防护用品(A~D)

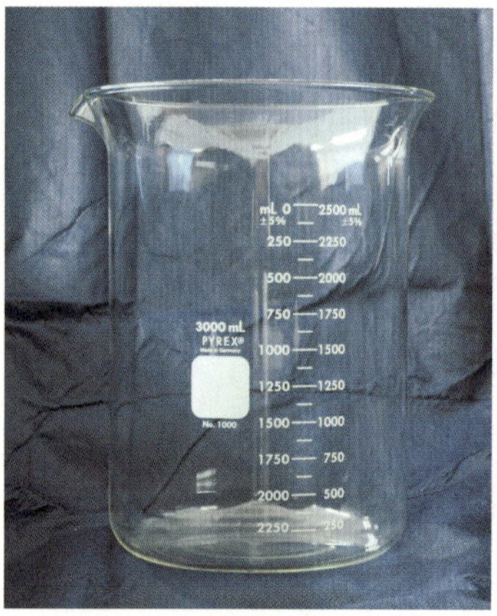

A 带刻度量杯

B 带盖容器

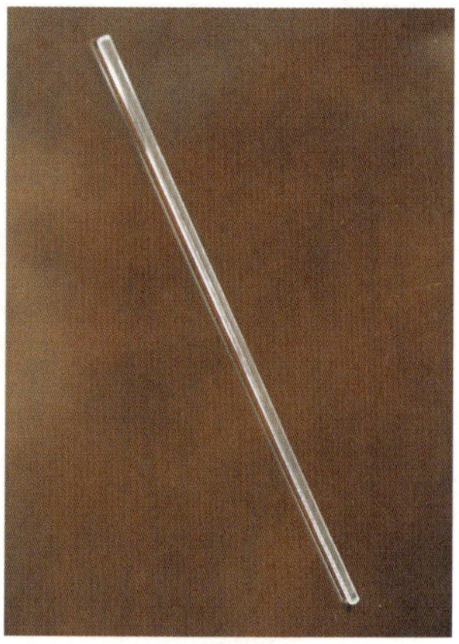

C 搅拌棒

图 3-2-2　配制用品(A~C)

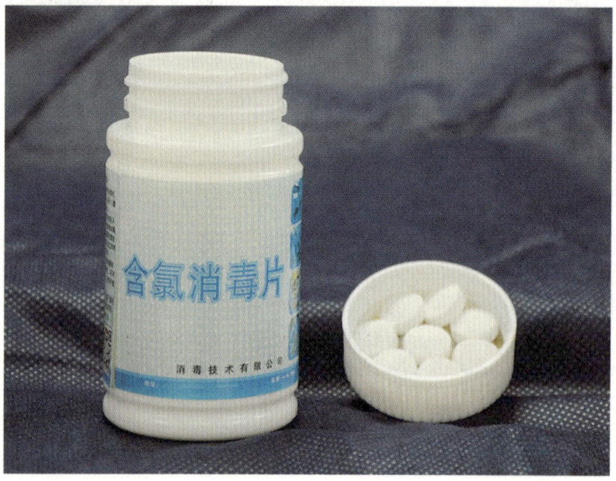

图 3-2-3　消毒片

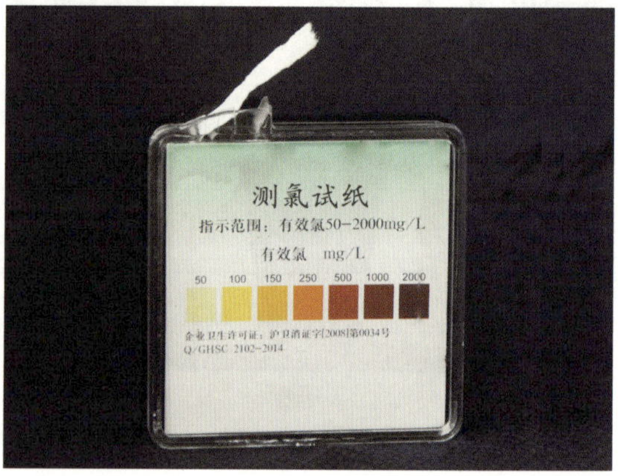

图 3-2-4　浓度试纸

（二）配制过程

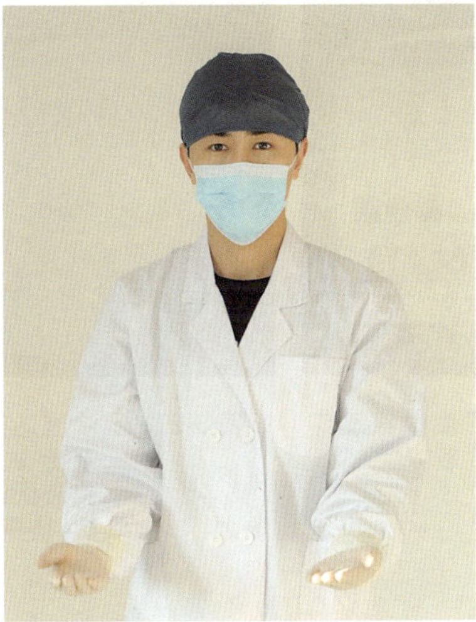

图 3-2-5　穿戴个人防护用品

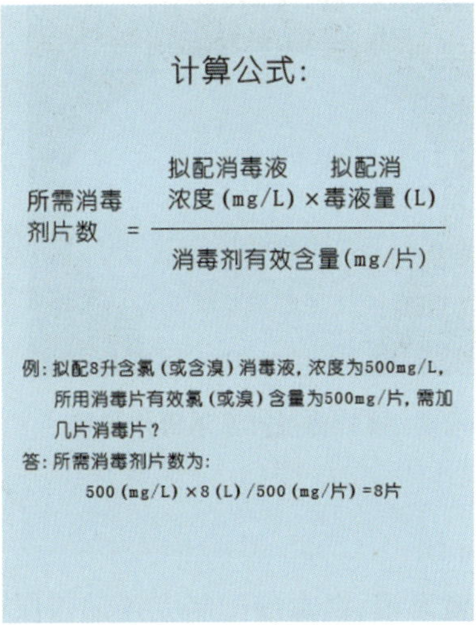

图 3-2-6　阅读消毒剂使用说明书，根据配制消毒液的量计算所需消毒剂的量

图 3-2-7　量杯量取水

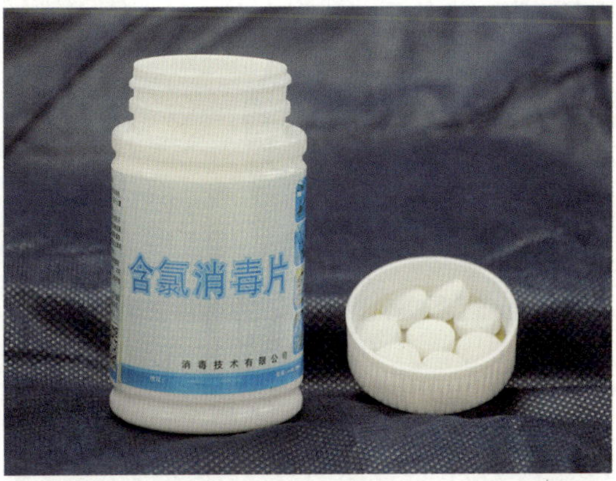

图 3-2-8　取所需片数的消毒剂，加入水中

图 3-2-9　搅拌棒搅拌至消毒片溶解

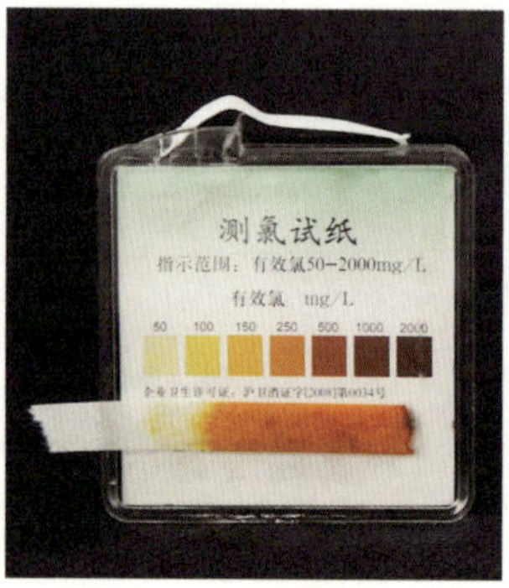

图 3-2-10　用浓度试纸测定消毒液浓度

图 3-2-11　浓度达到配制要求，消毒液配制完毕，待用

注意事项：消毒液配制完须加盖保存。

二、液体消毒剂配制消毒液

（一）配制物品准备

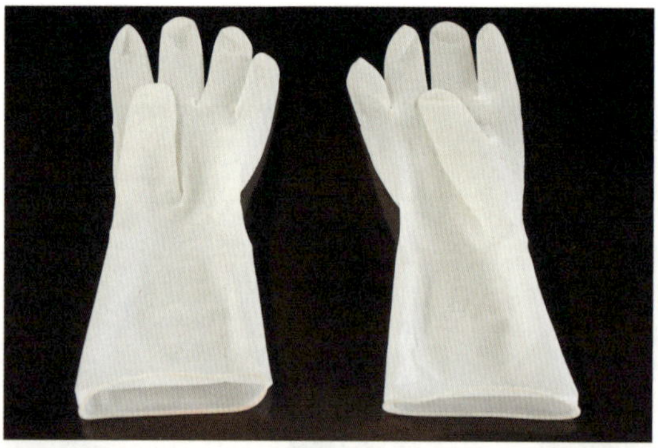

A 手套

B 工作服

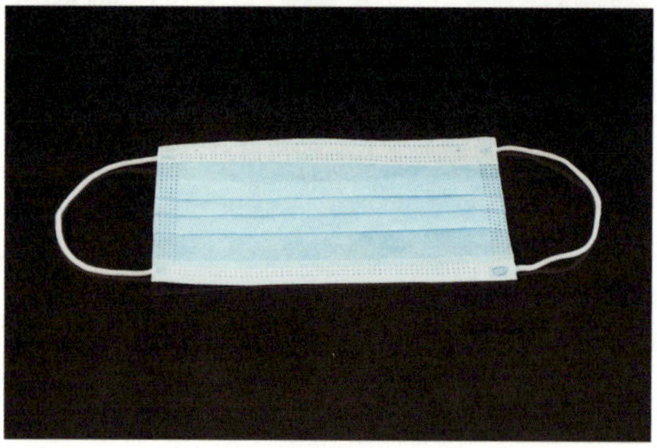

C 一次性使用医用口罩

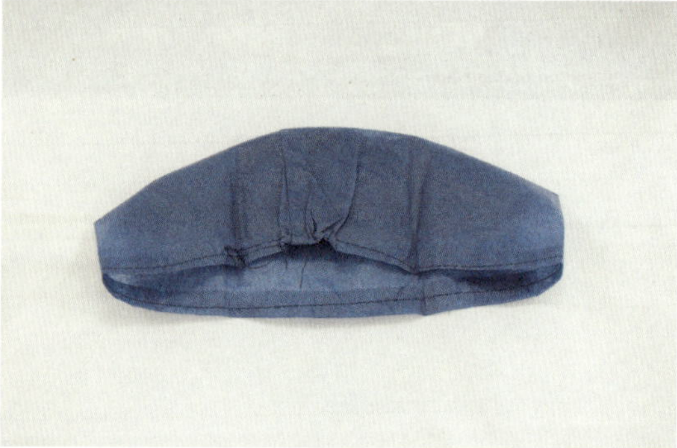

D 帽子

图 3-2-12　个人防护用品

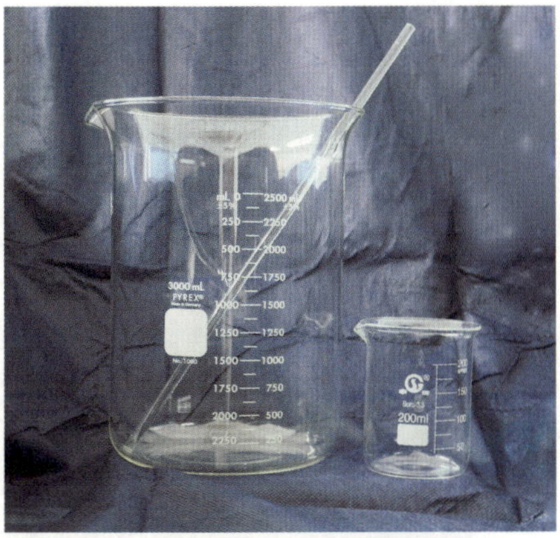

A 带刻度量杯和搅拌棒

B 带盖容器

图 3-2-13　配制用品

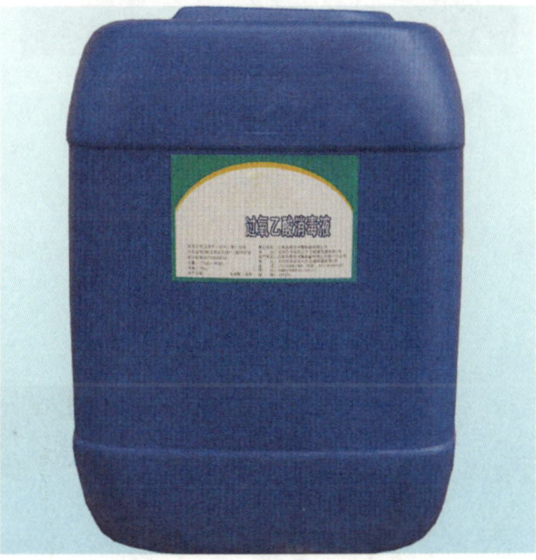

图 3-2-14　消毒原液

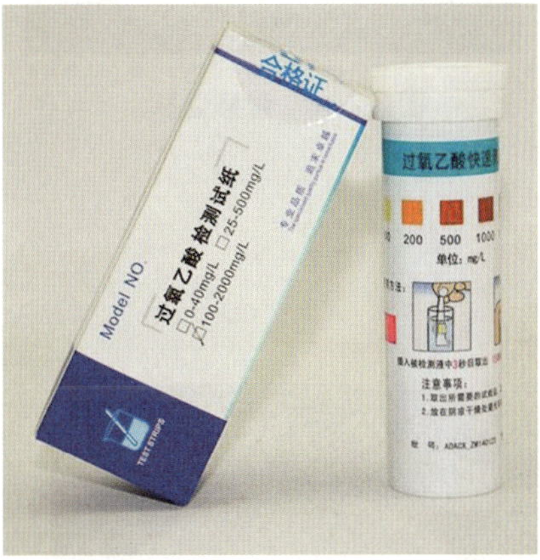

图 3-2-15　浓度试纸

（二）配制过程

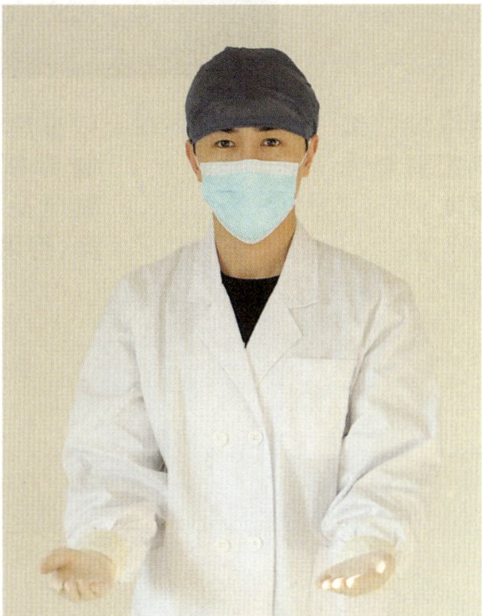

图 3-2-16　穿戴个人防护用品

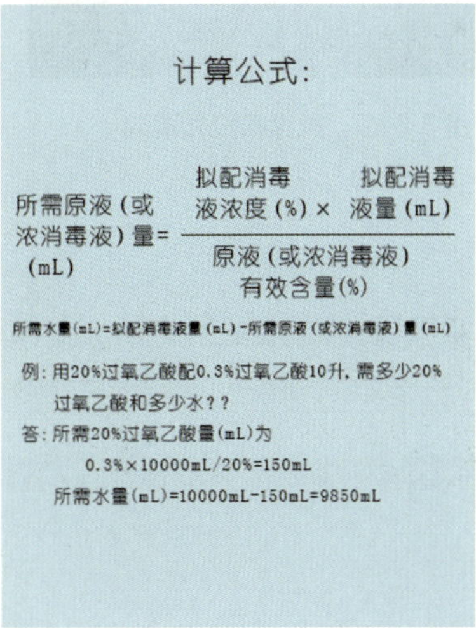

图 3-2-17　阅读消毒剂使用说明书，根据配制消毒液的量计算所需消毒剂的量

图 3-2-18　量杯量取水

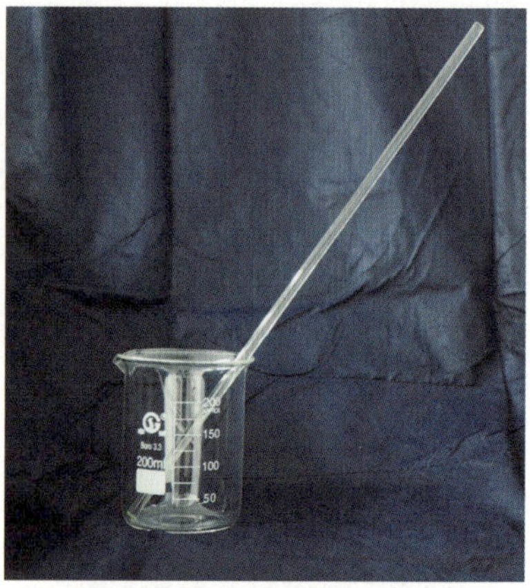

图 3-2-19　量杯量取消毒剂原液

图 3-2-20　搅拌棒搅拌混匀

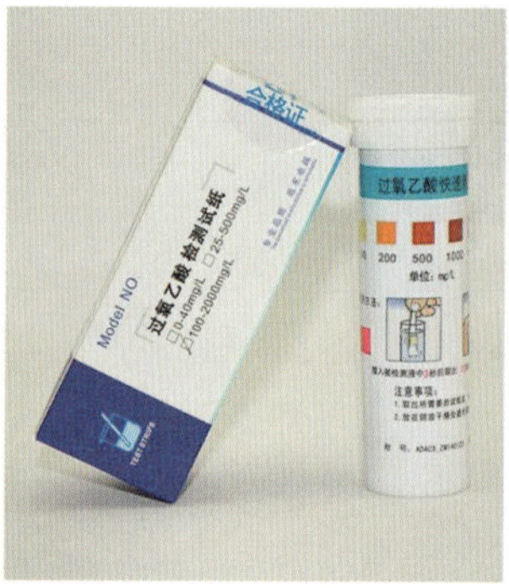

图 3-2-21　用浓度试纸测定消毒液浓度

图 3-2-22　浓度达到配制要求，消毒液配制完毕，待用

注意事项：消毒液配制完须加盖保存。

三、消毒粉剂配制消毒液

（一）配制物品准备

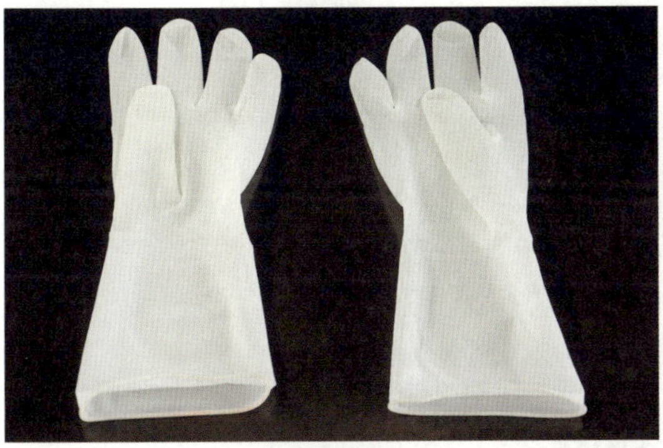

A 手套

B 工作服

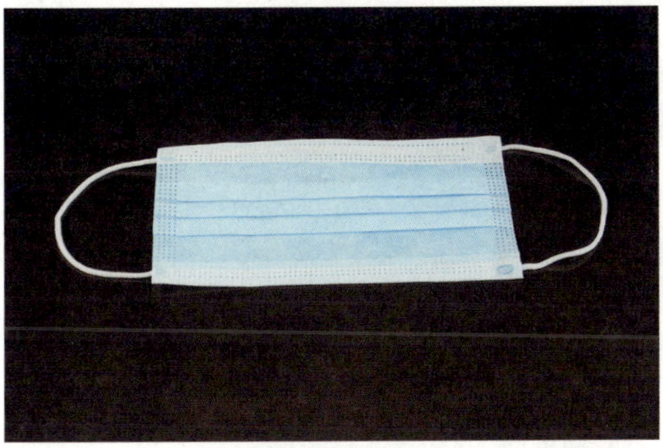

C 一次性使用医用口罩

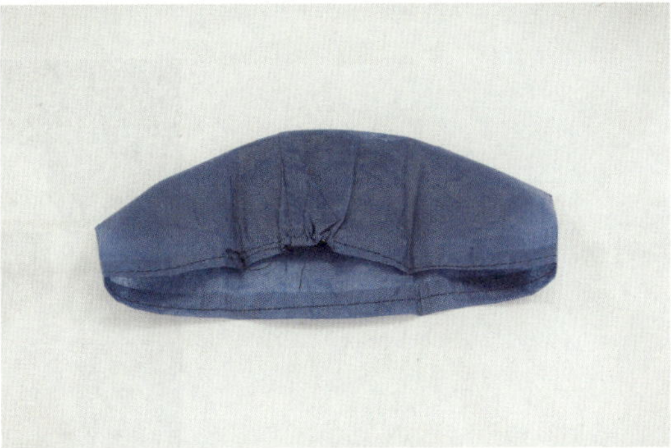

D 帽子

图 3-2-23　个人防护用品

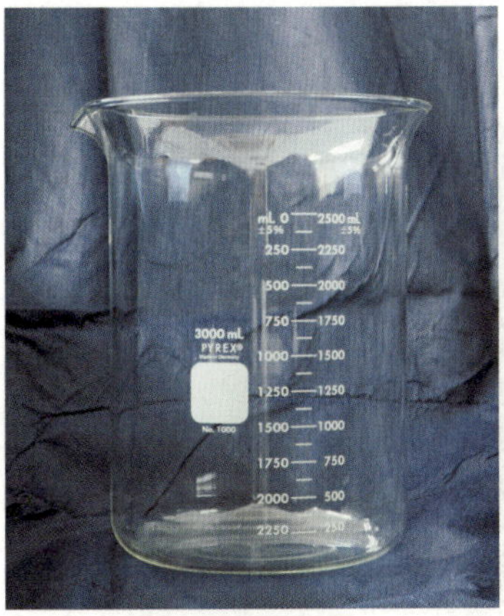

A 带刻度量杯

B 带盖容器

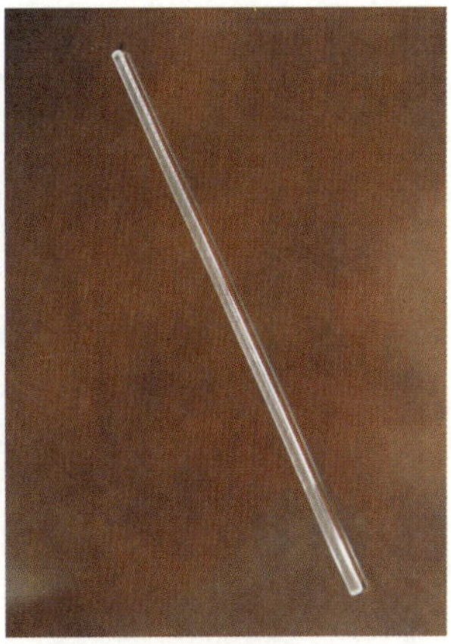

C 搅拌棒

图 3-2-24　配制用品

A 电子秤

B 量勺

图 3-2-25　称量用具

图 3-2-26　消毒粉(漂白粉)

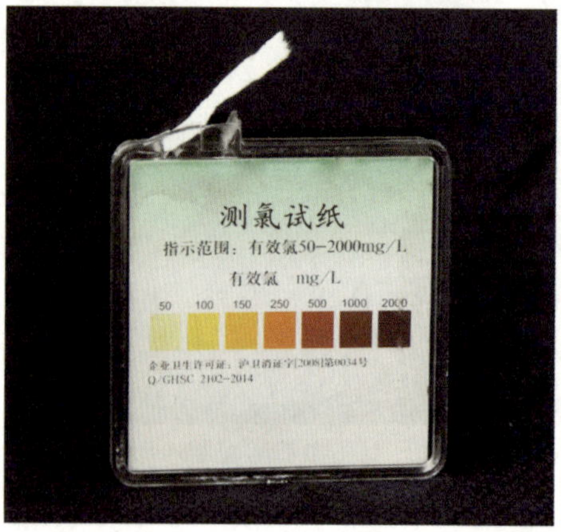

图 3-2-27　浓度试纸

(二) 配制过程

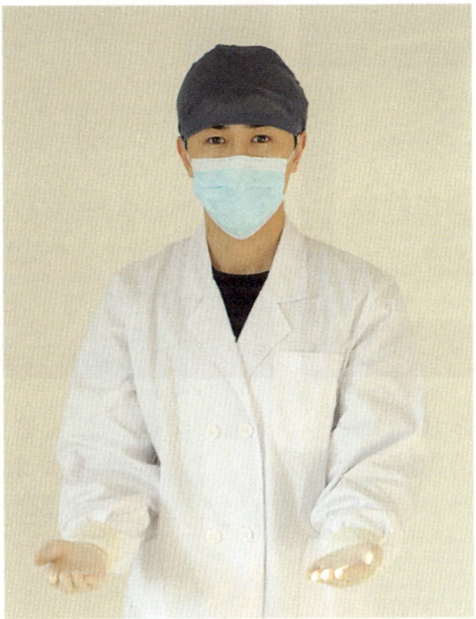

图 3-2-28　穿戴个人防护用品

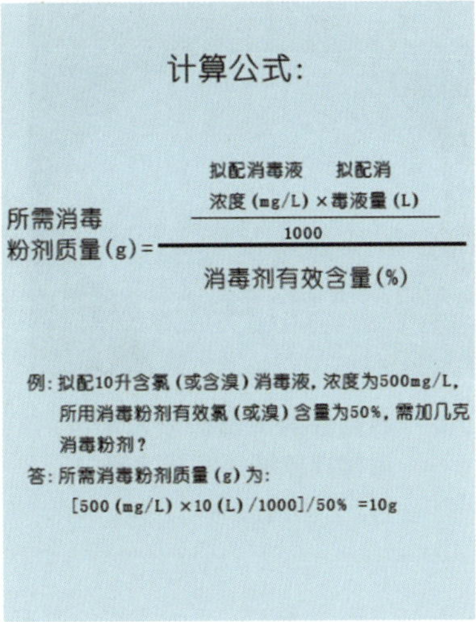

图 3-2-29　阅读消毒剂使用说明书,根据配制消毒液的量计算所需消毒剂的量

图 3-2-30　称量所需消毒剂的量

图 3-2-31　量杯量取水

图 3-2-32　将称好的消毒剂加入水中，用搅拌棒搅拌直至溶解

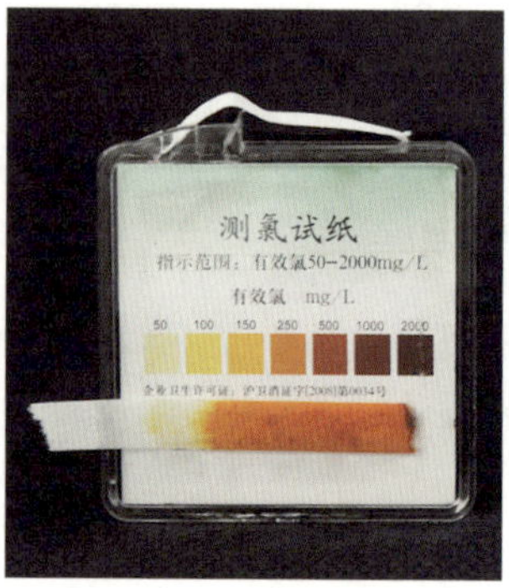

图 3-2-33　用浓度试纸测定消毒液浓度

图 3-2-34　浓度达到配制要求，消毒液配制完毕，待用

注意事项：消毒液配制完须加盖保存。

（丁　庆）

第三节　常用消毒方法

一、流通蒸汽

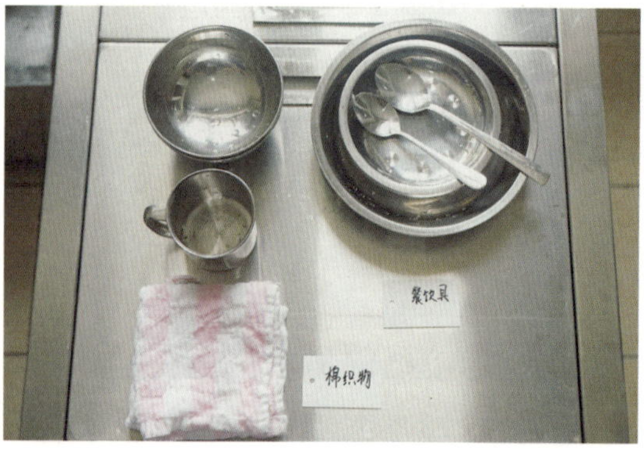

图 3-3-1　流通蒸汽适用物品：餐饮具、棉织物

图 3-3-2　物品准备

图 3-3-3　打包物品

图 3-3-4　包装不宜过大、过紧，以利于蒸汽穿透

图 3-3-5　放入蒸汽箱内

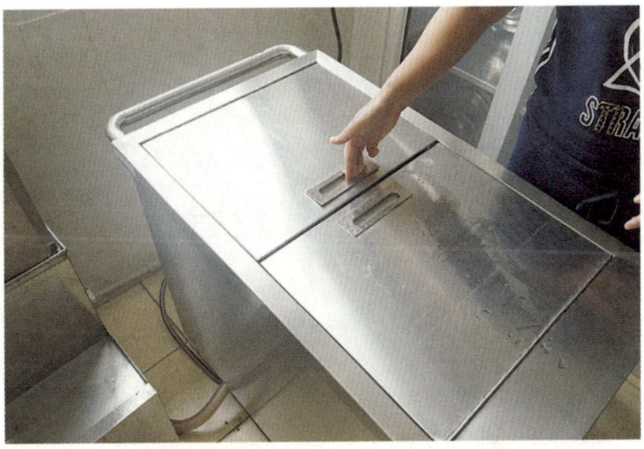

图 3-3-6　关闭蒸汽箱门

图 3-3-7　打开开关

图 3-3-8　设定时间

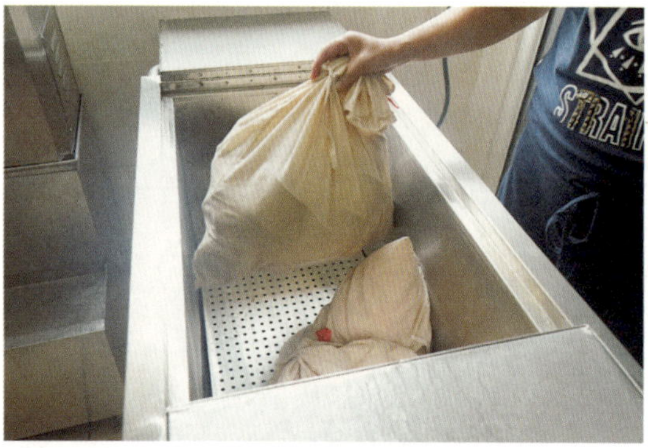
图 3-3-9　到达规定时间后，取出包裹

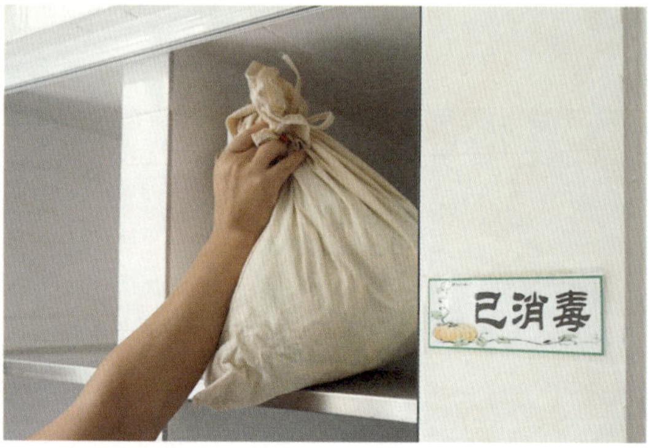

图 3-3-10　存放于已消毒物品柜中

注意事项：被消毒物品应放于蒸架上，关闭蒸器盖，作用时间应从水沸腾时开始计时。

二、煮沸消毒

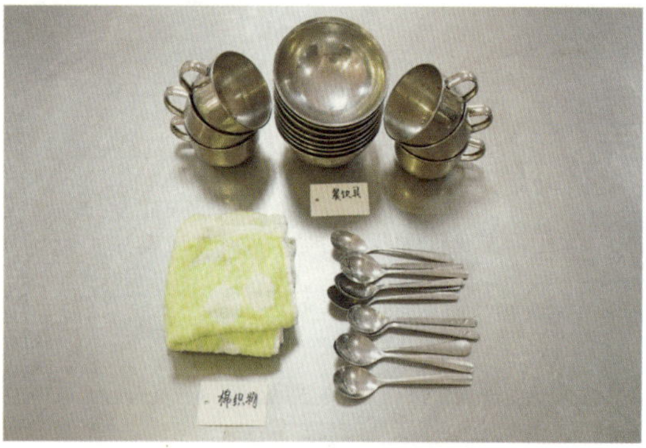
图 3-3-11　适用物品：餐饮具、棉织物

图 3-3-12　加水至标示水位线

图 3-3-13　放入锅中，注意被消毒物品完全浸没于水中

图 3-3-14　加盖煮沸

图 3-3-15　水沸后开始计时，作用 30 分钟

图 3-3-16　取出后存放于已消毒物品柜中

注意事项：①被消毒物品完全浸没于水中。②水沸腾后开始计时，维持消毒时间不少于 15 分钟。中途加入物品，应重新计时。

三、通风换气

A 可通风的教室

B 可通风的午睡室

C 可通风的餐厅

图 3-3-17　通风适用场所（如教室、活动室、餐厅等）

图 3-3-18　上下午开窗通风至少各一次，每次30分钟

A 换气扇

B 电风扇

图 3-3-19　通风不良的情况下，可使用机械通风

注意事项：通风不良的情况下，可使用机械通风。风向应当从清洁区至污染区。

四、擦拭

A 桌椅

B 水龙头

图 3-3-20　适用于桌椅、门把手、台面、水龙头、玩具、坐便器等耐湿和光滑的物体表面

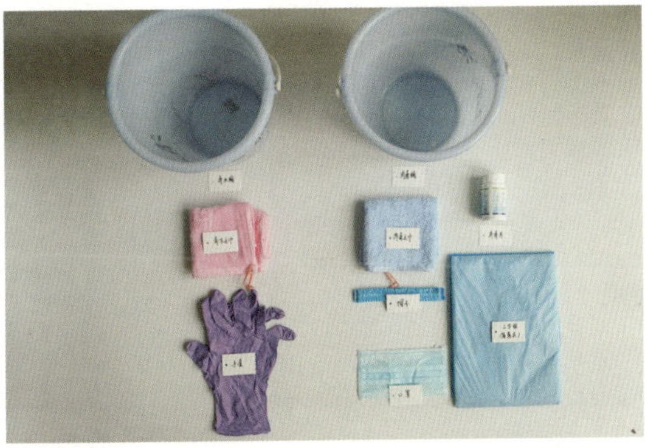

图 3-3-21　物品准备：口罩、帽子、工作服、手套、消毒剂、消毒毛巾、消毒桶、清洁毛巾、清洁桶

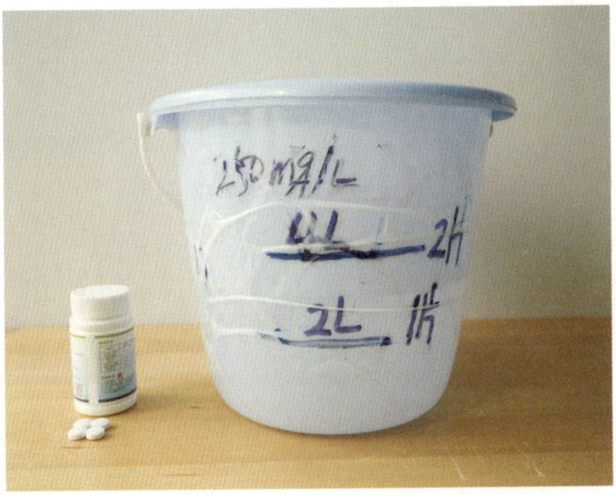

图 3-3-22　配制消毒剂

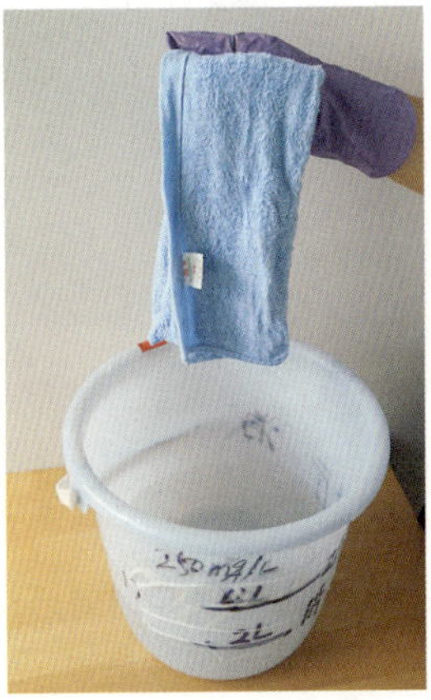

图 3-3-23　消毒毛巾浸湿消毒液并适当拧干，以不滴水为宜

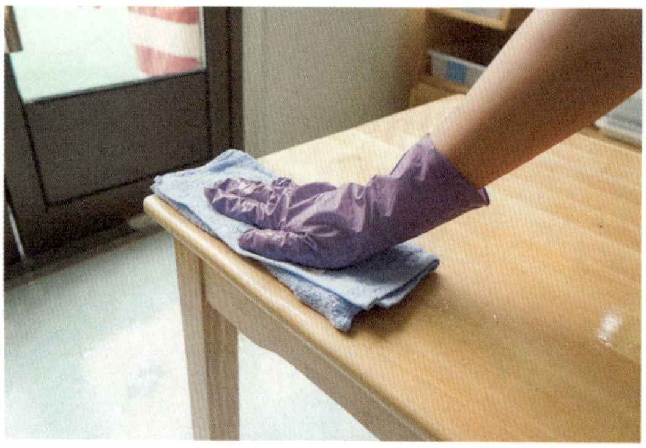

图 3-3-24　从上到下，从左到右擦拭物体表面

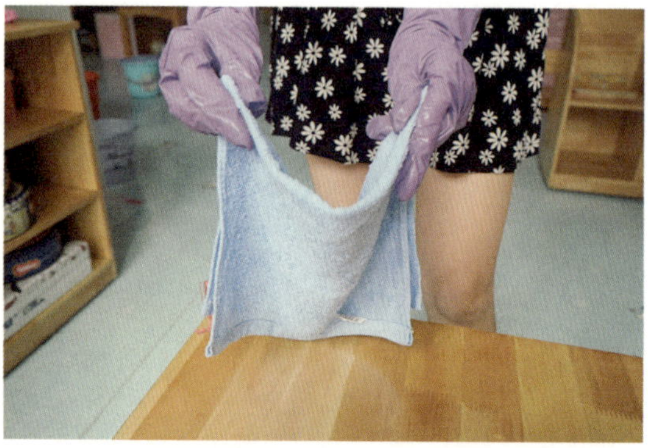

图 3-3-25　消毒毛巾翻面对折，擦拭桌边

图 3-3-26　被消毒物体表面应保持湿润

图 3-3-27　清洁毛巾浸湿清水并适当拧干，以不滴水为宜

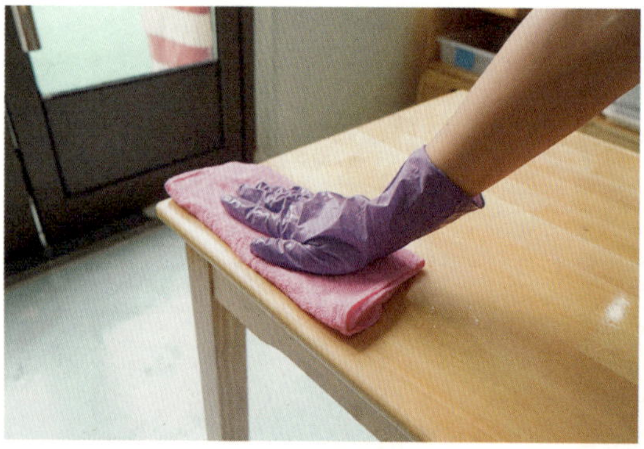

图 3-3-28　待规定作用时间后，用清水毛巾擦去残留消毒剂

图 3-3-29　不同毛巾分类存放

注意事项：①擦拭时防止有遗漏的区域。②被消毒物体表面应保持湿润。③在不同区域进行清洁消毒时，及时更换抹布，可以使用颜色标识进行管理。

五、拖拭

图 3-3-30 适用对象：大面积耐湿的光滑环境表面，如地面

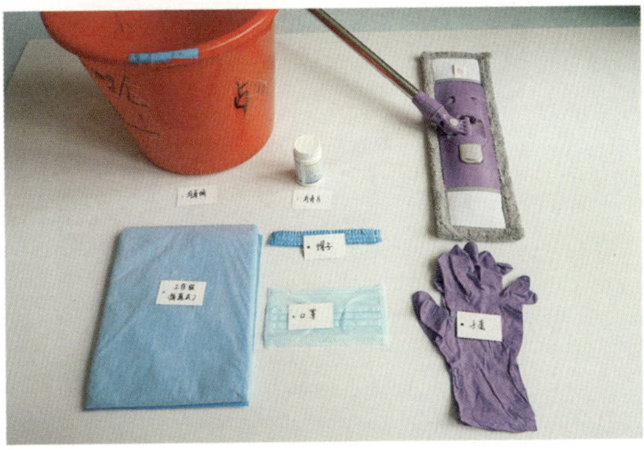

图 3-3-31 物品准备：口罩、帽子、工作服、手套、消毒剂、消毒桶、拖把

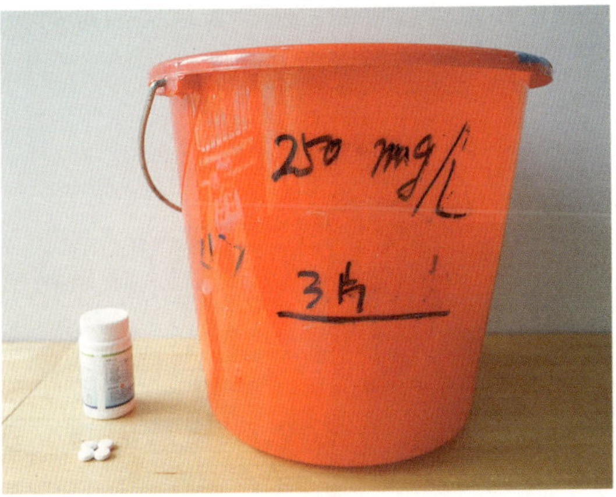

图 3-3-32 配制消毒剂

图 3-3-33 拖把浸湿消毒液并适当拧干，以不滴水为宜

图 3-3-34 从里到外，从左到右拖拭物体表面

图 3-3-35 被消毒物体表面应保持湿润

图 3-3-36　待规定作用时间后，用清水拖把拖去残留消毒剂

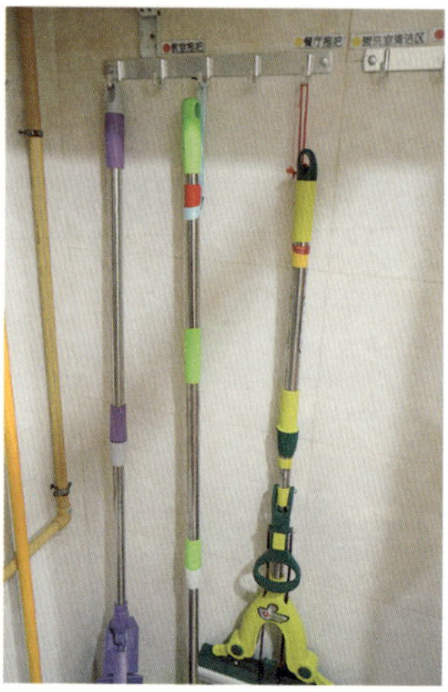

图 3-3-37　不同类型拖把应分类存放

注意事项：①拖拭时防止有遗漏的区域。②被消毒环境表面应保持湿润。③在不同区域进行清洁消毒时，及时更换拖布，可以使用颜色标识进行管理。④季铵盐类消毒剂易被吸附，在使用拖布浸以季铵盐类消毒剂进行擦拭消毒时，应适当增加其浓度。

六、浸泡

图 3-3-38　适用对象：玩具、拖鞋等小件耐湿的物品表面

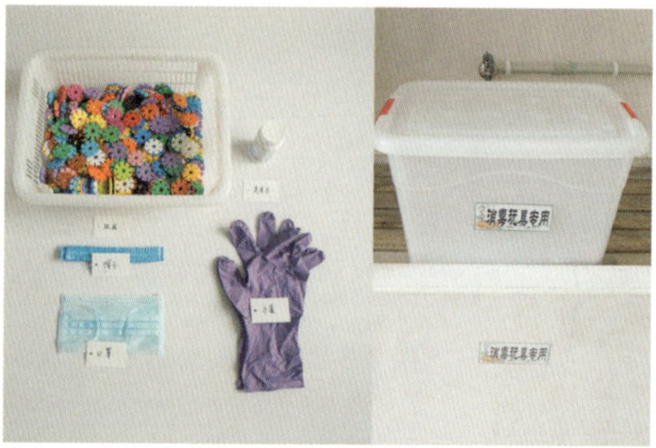

图 3-3-39　物品准备：口罩、帽子、工作服、手套、消毒剂、专用浸泡容器

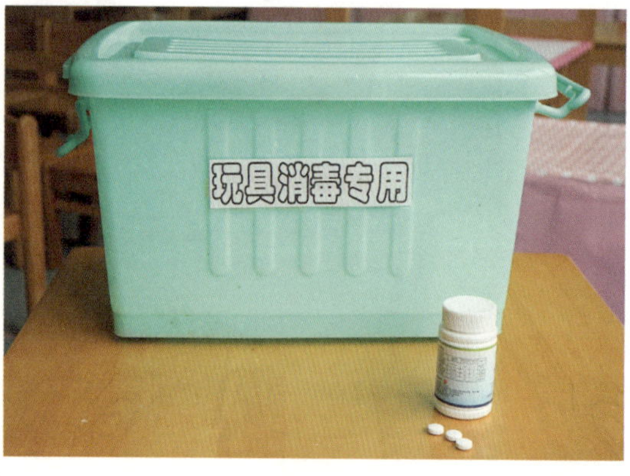

图 3-3-40　配制消毒液

A 玩具消毒　　B 完全浸没

图 3-3-41　将被消毒物品完全浸没于消毒液内

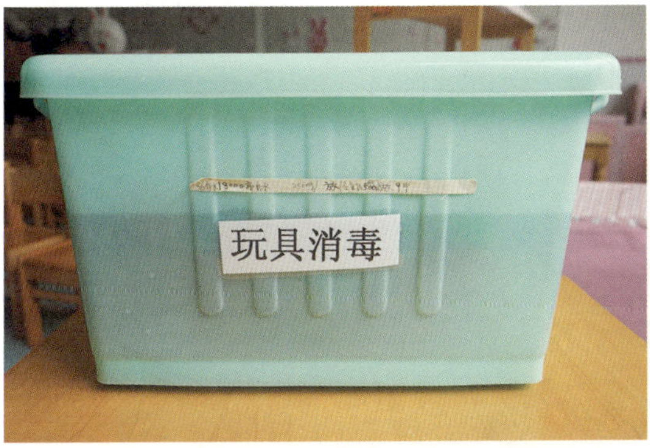

图 3-3-42　加盖作用至规定时间

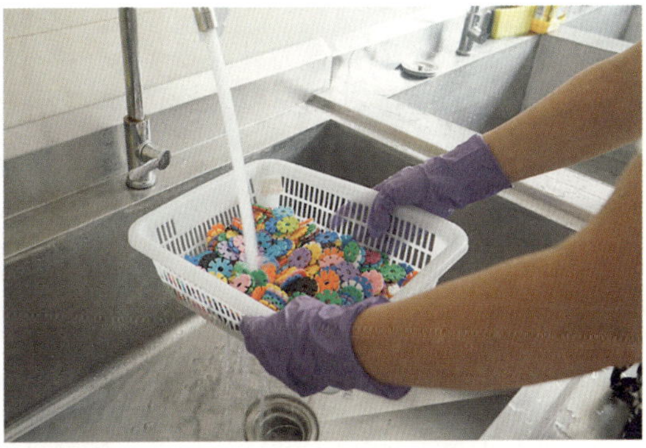

图 3-3-43　取出，用流动水洗去残留消毒剂

图 3-3-44　放置阳光下暴晒晾干

图 3-3-45　存放备用

注意事项：①将被消毒物品完全浸没于消毒溶液内，作用至规定时间取出。消毒时容器需加盖。浸泡中途添加物品，需重新计时。②消毒完成后需用流动水洗去残留的消毒剂。③一般情况下，消毒剂不可与其他化学品混用，以免发生意外事故。

七、常量喷雾器喷洒消毒

A 玩具　　B 玩乐设施

图 3-3-46　适用范围：墙面、地面等环境表面及大面积物体表面的消毒

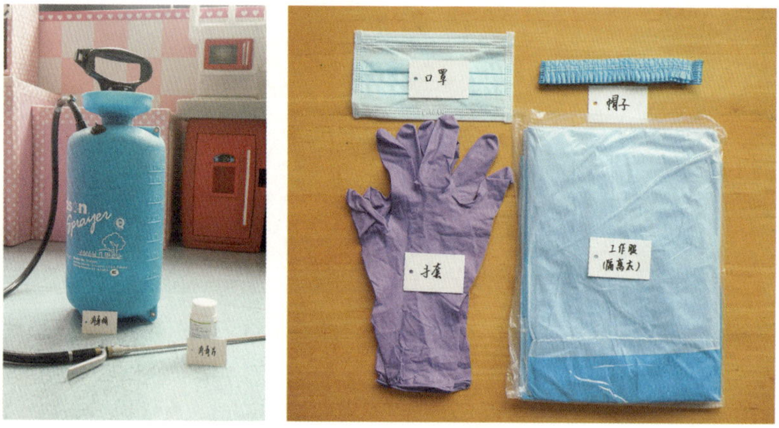

A 消毒剂、常量喷雾器　　B 个人防护用品：口罩、帽子、手套、工作服

图 3-3-47　准备物品

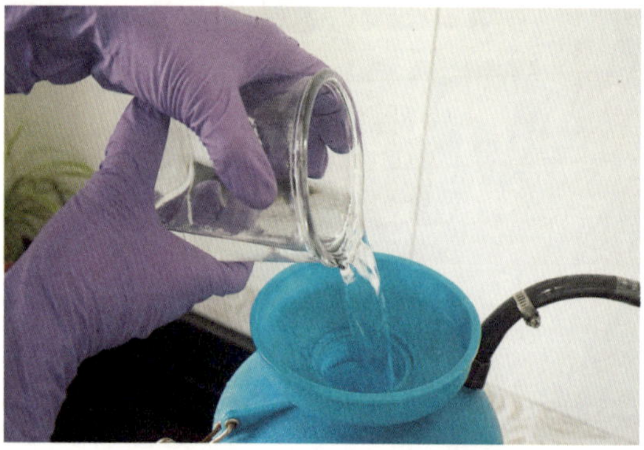

图 3-3-48　配制消毒剂，倒入喷雾器内

图 3-3-49　将食品、餐饮具、衣被等物品收起或覆盖好

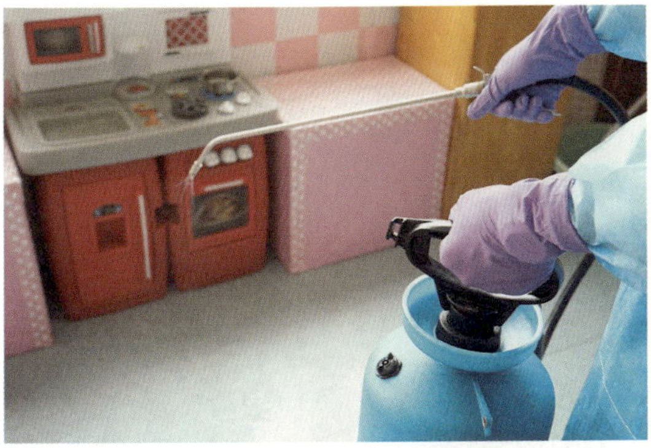

图 3-3-50　按先上后下、从左至右的顺序依次喷洒

图 3-3-51　喷洒以使物品表面全部湿润为度，并保持湿润至规定时间

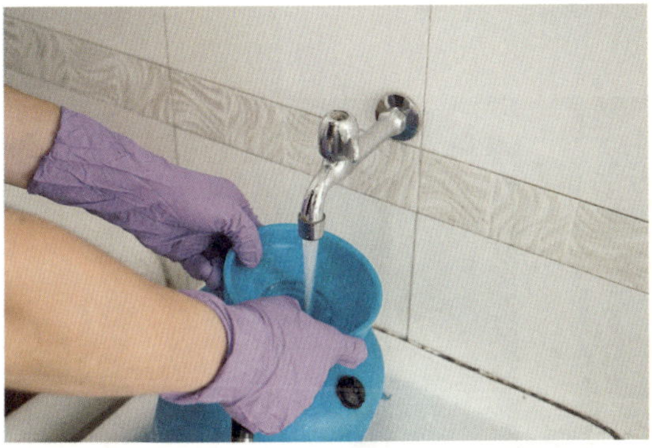

图 3-3-52　消毒结束后清洗喷雾桶

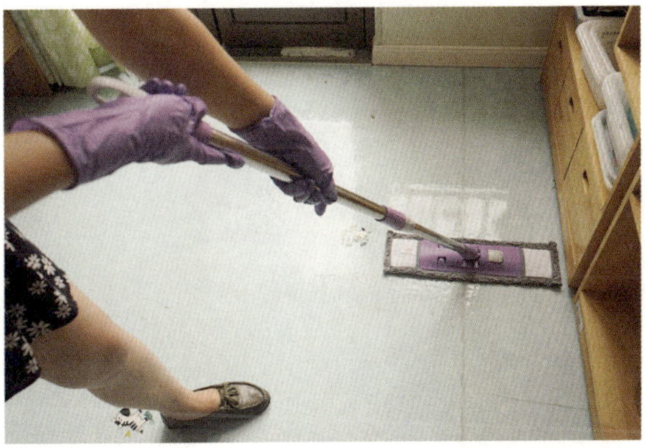

图 3-3-53　必要时，用清水去除残留消毒液

注意事项：①使用常量喷雾器对物体表面进行喷洒消毒时，将不需要消毒的物品，例如：食品、餐饮具、衣被等收起或使用一次性桌布覆盖。②喷洒以使物品表面全部湿润为度，并保持湿润至规定时间。

八、气溶胶（超低容量）喷雾消毒

图 3-3-54　适用对象：无人情况下，室内空气的消毒

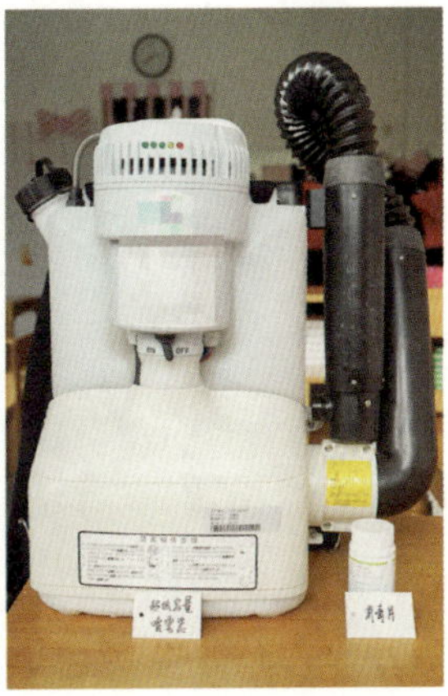

图 3-3-55　准备超低容量喷雾器和空气消毒剂

消毒篇

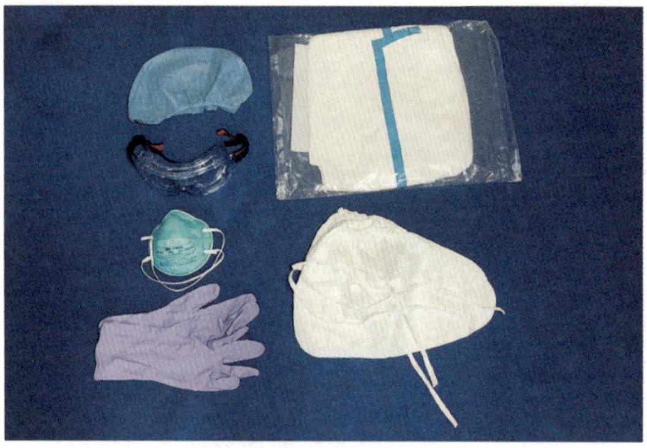

图 3-3-56　准备防护用品：帽子、医用防护口罩、护目镜、防护服、鞋套、手套

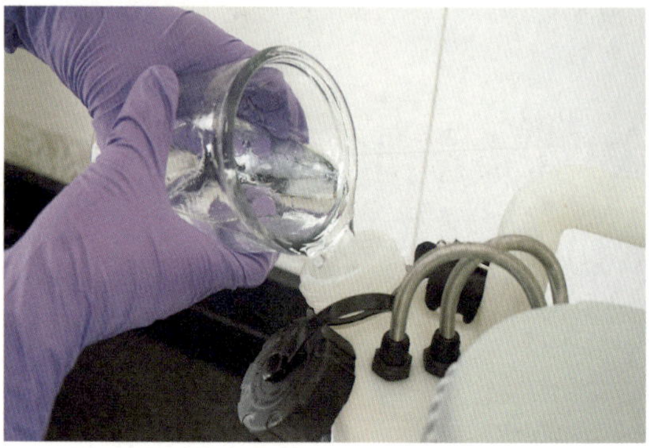

图 3-3-57　配制消毒剂，倒入桶内

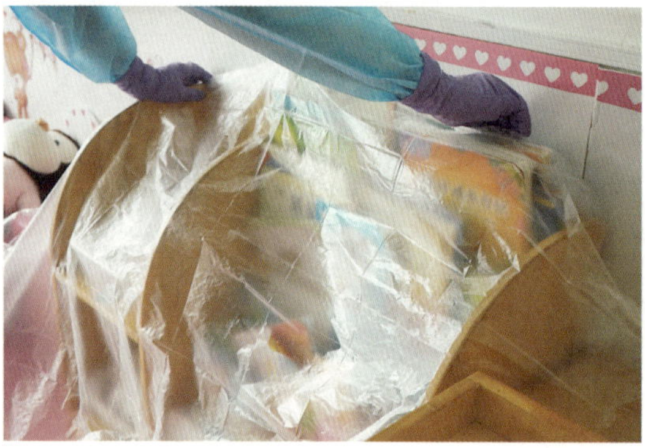

图 3-3-58　将食品、餐饮具、衣被等物品收起或覆盖好

图 3-3-59　关好门窗

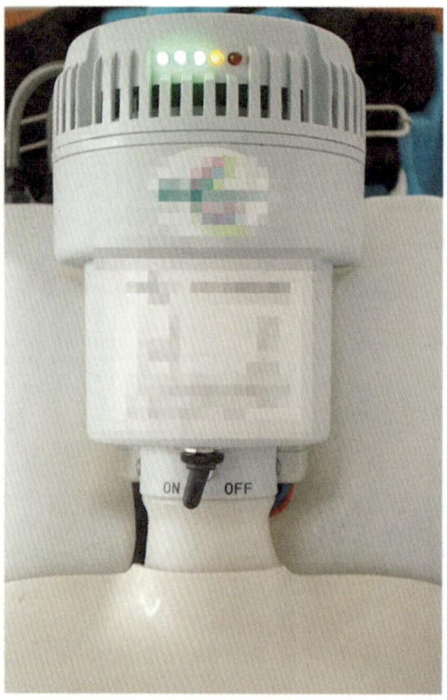

图 3-3-60　打开喷雾器开关

图 3-3-61　使用超低容量喷雾器进行消毒

图 3-3-62　作用至规定时间后，打开门窗，散去残留消毒剂雾粒

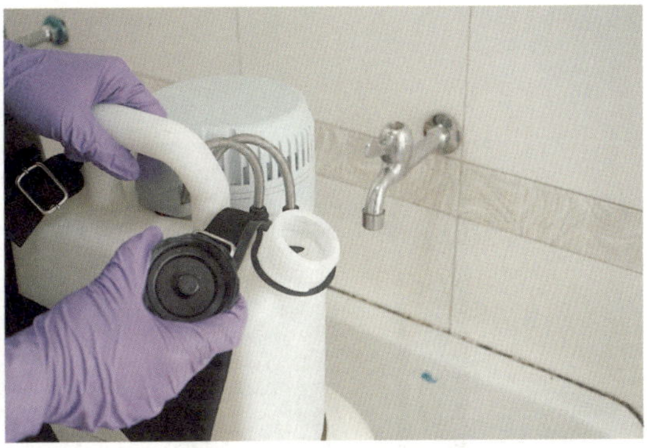

图 3-3-63　消毒结束后清洗喷雾器

注意事项：①必须在无人情况下进行消毒。②消毒时必须做好个人防护，尤其是呼吸道防护，建议由专业人员进行。③仔细阅读产品说明书，所用消毒剂应可用于空气消毒，一般为二氧化氯、过氧化氢或过氧乙酸，不可以使用含氯消毒片。

九、紫外线消毒

A 室内空气消毒　　B 物体表面消毒

图 3-3-64　适用对象：无人情况下的室内空气和物体表面消毒

A 移动式紫外线车　　B 紫外线灯

图 3-3-65　物品准备

A 关好窗

B 关好门

图 3-3-66　关闭门窗

图 3-3-67　紫外线消毒应在无人条件下进行

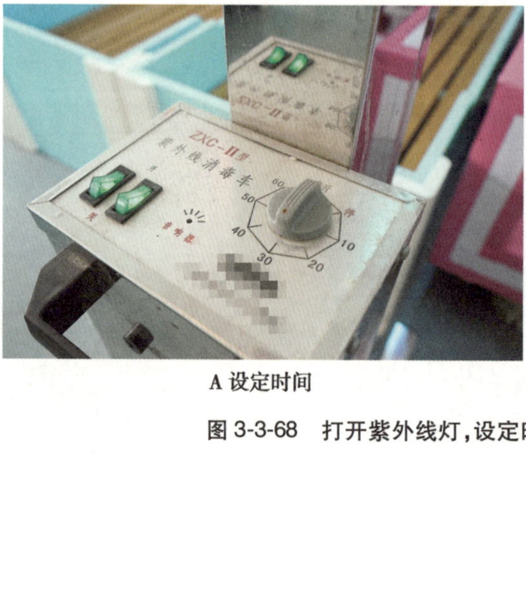

A 设定时间

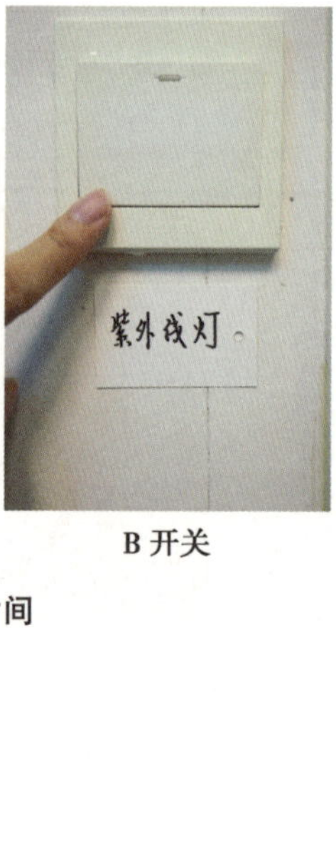

B 开关

图 3-3-68　打开紫外线灯，设定时间

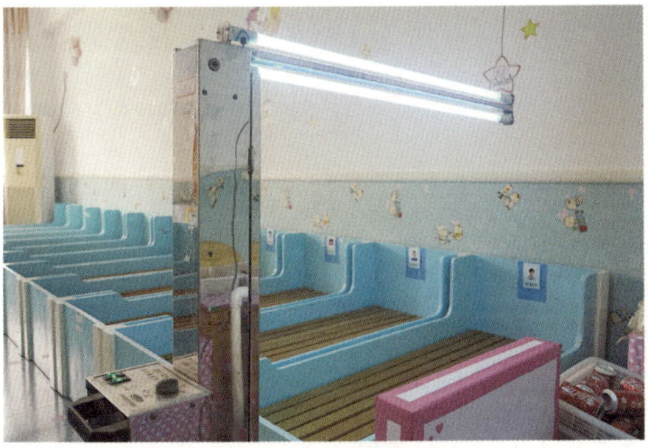

图 3-3-69　紫外线灯消毒

图 3-3-70　作用至规定时间后，打开门窗通风

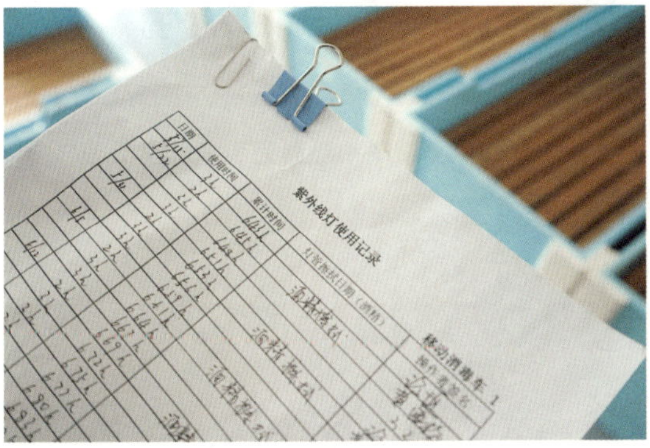

图 3-3-71　记录使用时间等信息

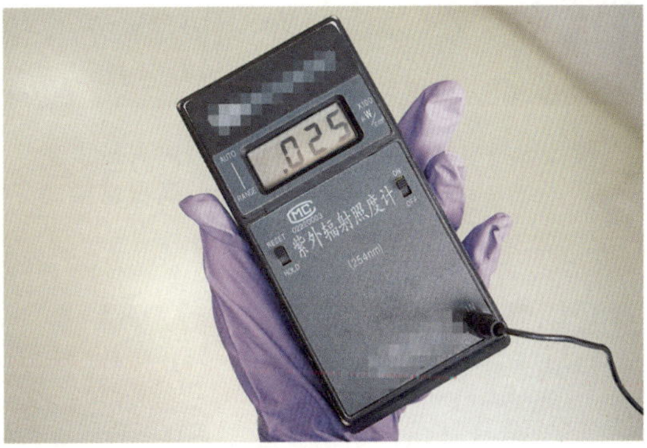

图 3-3-72　定期监测紫外线辐照强度

图 3-3-73　每周用酒精棉球擦拭灯管，保持清洁

注意事项：①紫外线消毒应在无人条件下进行；开关应安装在幼儿不能触及的地方，并有专人管理。消毒后应开窗通风，驱散残留臭氧后人方可进入室内。②使用紫外线灯对空气消毒时，紫外线杀菌灯辐照量每立方米体积不少于 1.5 瓦，照射时间 30~60 分钟。使用紫外线灯对物体表面消毒时，紫外线灯应放置在待消毒物品上方、垂直距离不超过 1 米处，被消毒部位应充分暴露，以使其直接受到紫外线照射且达到足够的照射剂量。③应定期监测

紫外线辐照强度，当紫外线灯的辐射强度降至出厂标准的 70%（功率≥30 瓦的灯为每平米 70 微瓦）以下时应需及时更换。一般紫外线杀菌灯的使用寿命为 1 000 小时。日常应保持紫外线灯表面清洁、无尘，每周用酒精棉球擦拭灯管。

十、消毒干巾处理呕吐物

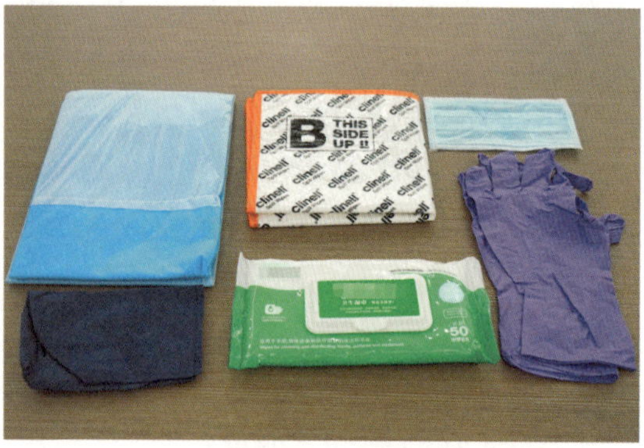

图 3-3-74　物品准备［适用于校园内人员发生的可疑传染病（如诺如病毒感染腹泻）呕吐物的处置］

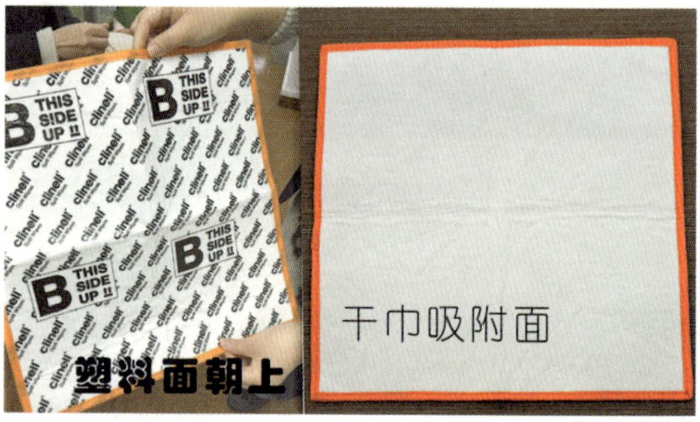

图 3-3-75　分清干巾吸附面和塑料面 B 面

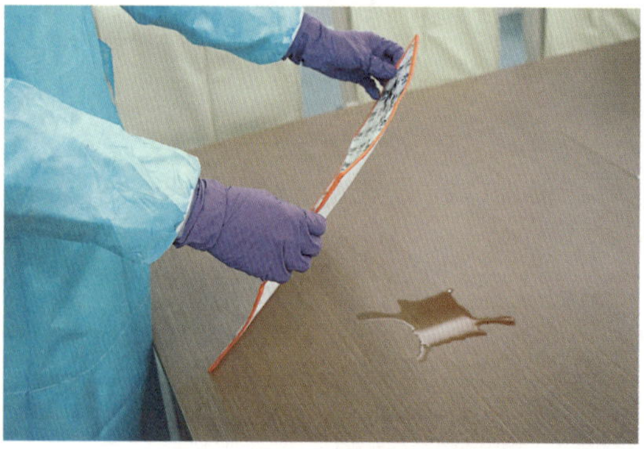

图 3-3-76　展开干巾，用吸附面覆盖污物，作用至规定时间

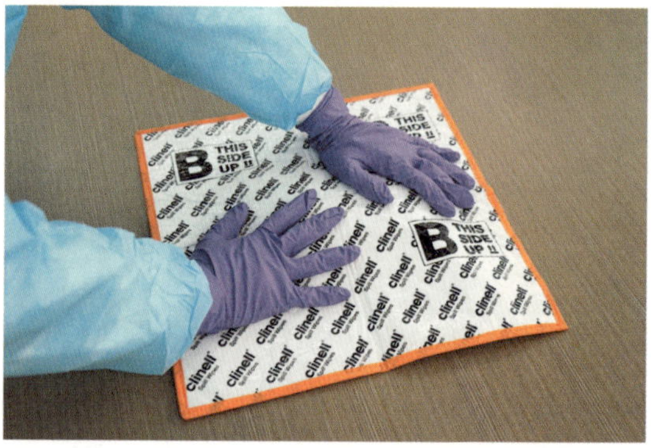

图 3-3-77　双手按压使干巾充分吸附污物

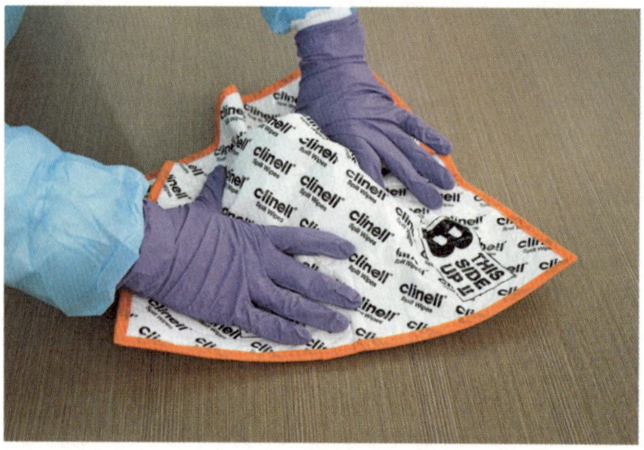

图 3-3-78　用干巾将污物包起

图 3-3-79　将团起的干巾放入垃圾袋中

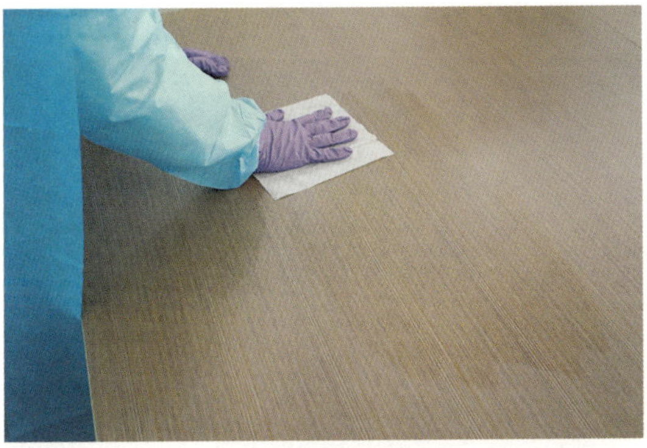

图 3-3-80　用消毒湿巾或有效氯为 2 000 毫克/升的消毒液消毒被污物污染的区域

图 3-3-81　脱去个人防护用品，置于垃圾袋中打包系紧

图 3-3-82　执行手卫生

（张兆文　李旭成）

第四节　常见消毒器械的使用

一、喷雾器

（一）常量喷雾器

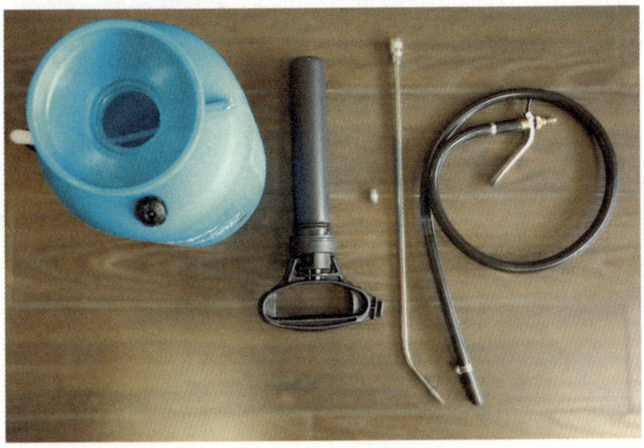

图 3-4-1　主要结构与组成：喷头、喷杆、喉管、唧筒；适用范围：大面积的墙面、地面和物体表面的消毒

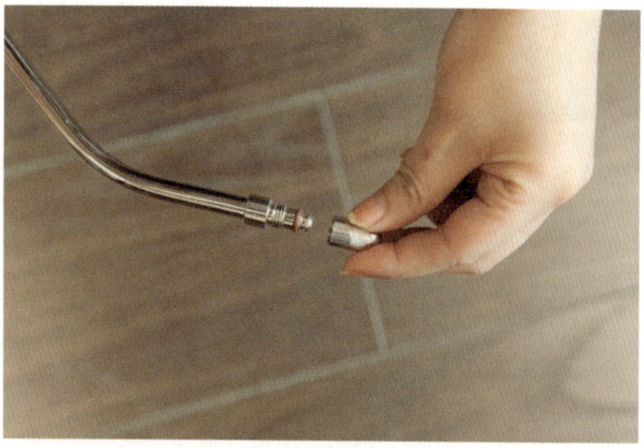

A 安装喷头

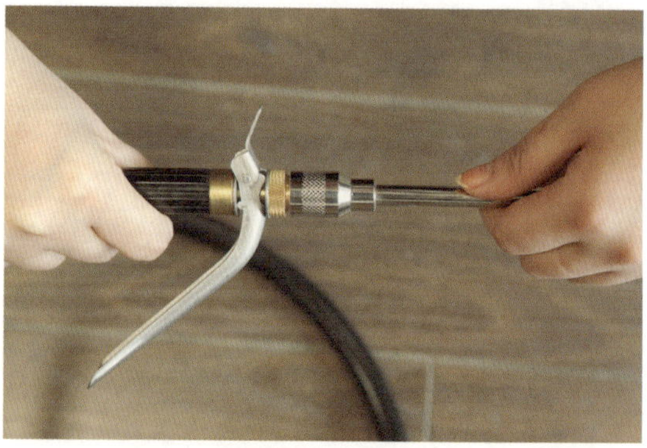

B 连接喉管与喷杆

C 安装喉管

D 放入唧筒

E 安装完成

图 3-4-2　安装常量喷雾器(A~E)

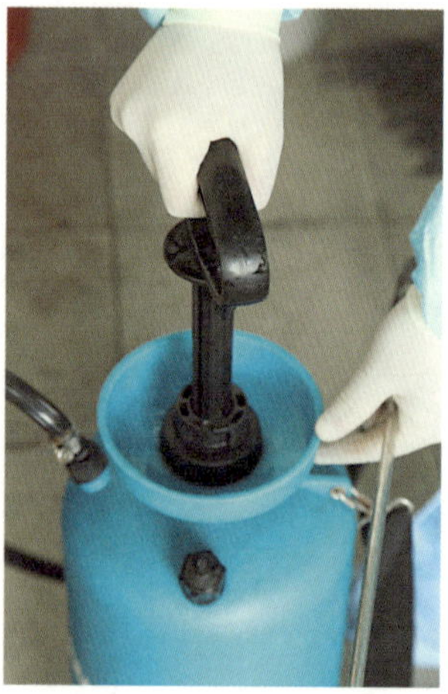

图 3-4-3　加入适量清水，拧紧唧筒进行加压

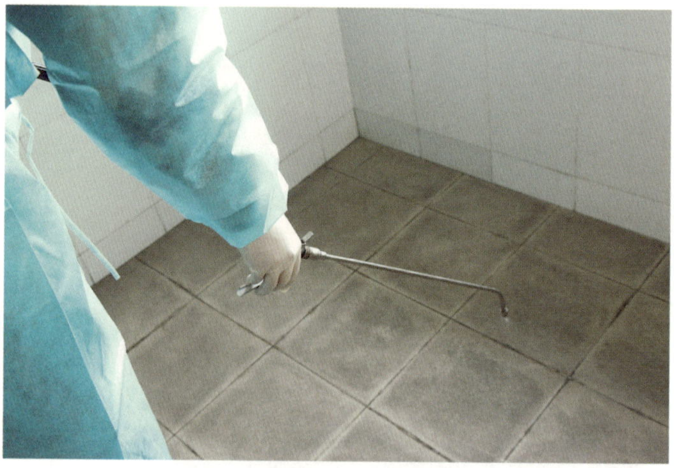

图 3-4-4　试喷(对着地面或水池)，检查是否漏水漏气

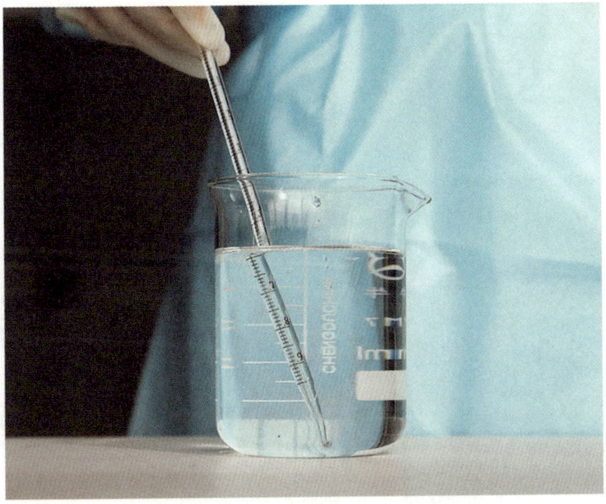

图 3-4-5　配制消毒液

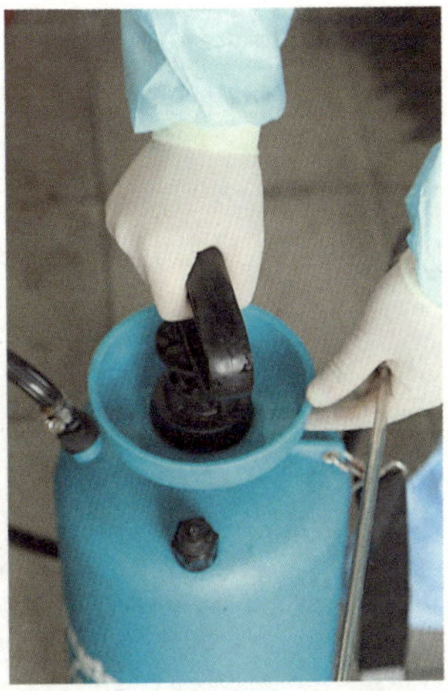

图 3-4-6　倒入消毒液拧紧加压

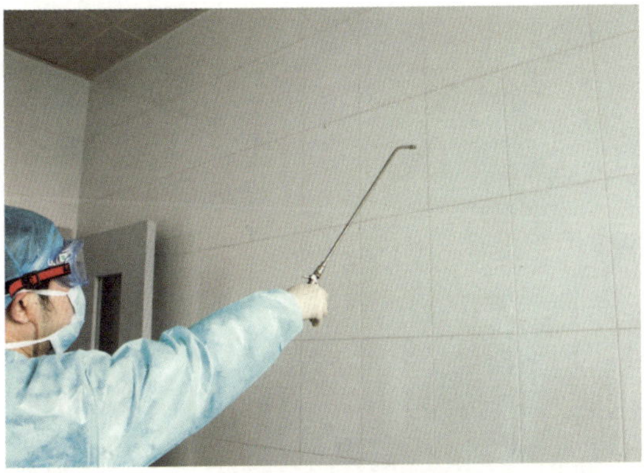

图 3-4-7　可调节雾化或水柱状两种喷洒方式由上至下，由左至右喷洒

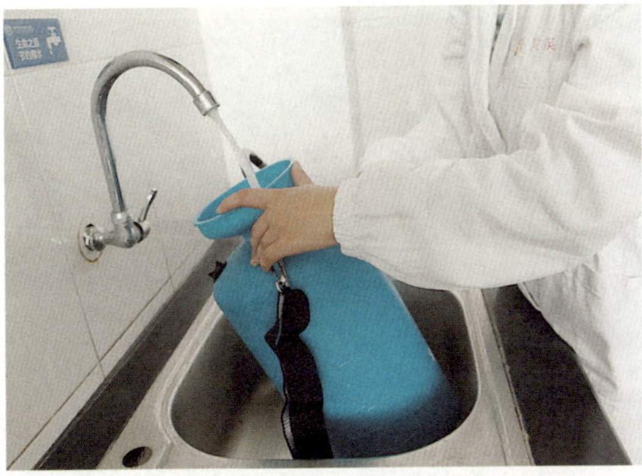

图 3-4-8　消毒完毕后，倾倒剩余的消毒剂，用清水彻底清洗喷桶

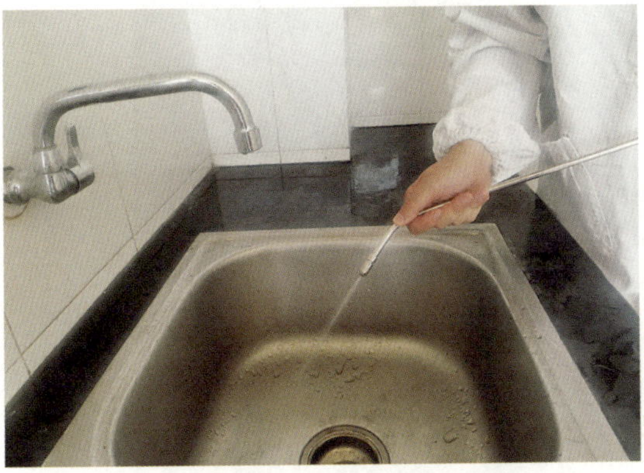

图 3-4-9　加清水彻底清洗喷管和喷头

图 3-4-10　干燥保存

（二）小型常量喷雾器

图 3-4-11　小型常量喷雾器。适用范围：较小面积的墙面、地面和物体表面的消毒

图 3-4-12　安装喷雾器

图 3-4-13　加水试喷，检查漏水漏气

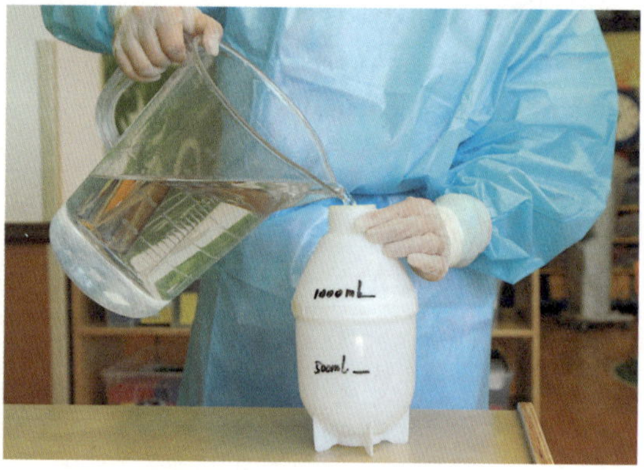

图 3-4-14　加入消毒液

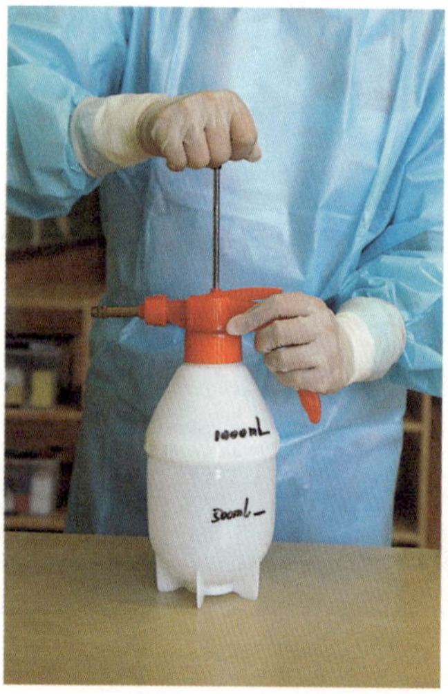

图 3-4-15　拧紧加压

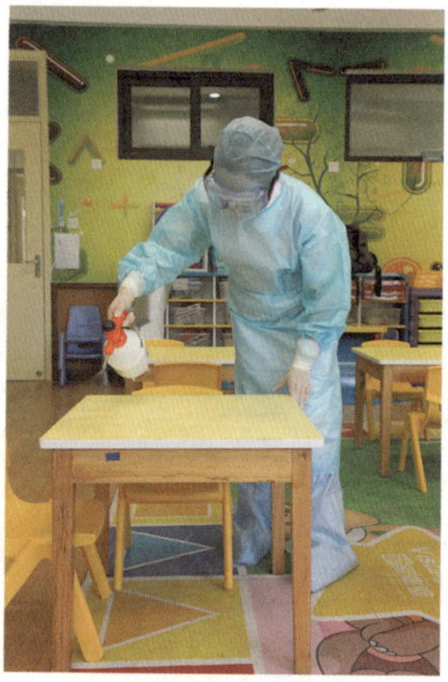

图 3-4-16　进行喷洒

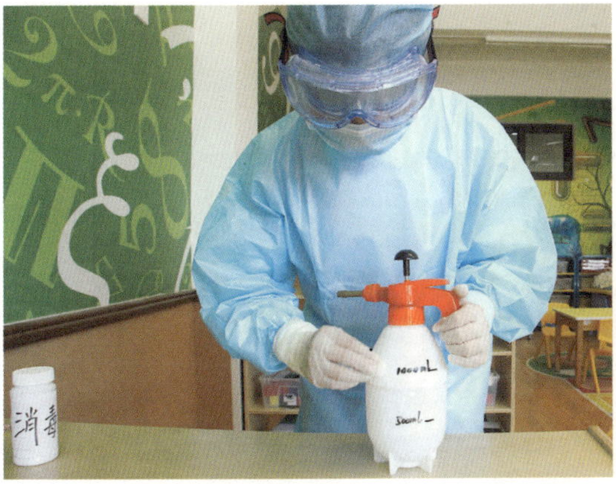

图 3-4-17　使用完毕用酒精棉球或消毒湿巾擦拭药桶表面

图 3-4-18　消毒完毕后，倾倒剩余的消毒剂，用清水彻底清洗喷桶

图 3-4-19　加清水彻底清洗喷嘴

图 3-4-20　晾干后存放

（三）气溶胶喷雾器

图 3-4-21　气溶胶喷雾器。适用范围：一般用于无人条件下的室内空气消毒

A 药箱

B 机箱

C 软管

D 喷头

E 插头

F 开关

图 3-4-22　气溶胶喷雾器主要结构(A~F)

图 3-4-23　在药箱中倒入清水

图 3-4-24　拧上机箱

图 3-4-25　试喷

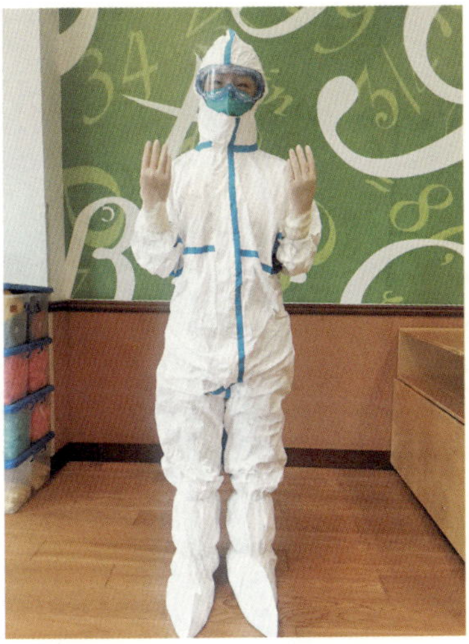

图 3-4-26　做好个人防护

图 3-4-27　配制消毒液后倒入药箱

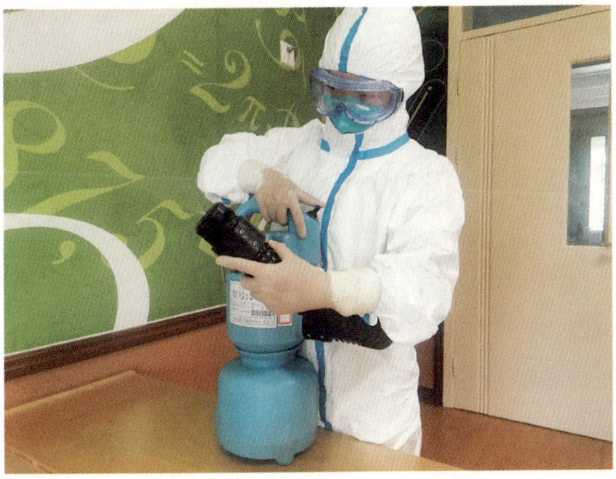

图 3-4-28　通电后拿稳喷雾器

图 3-4-29　打开开关进行喷洒，注意调节速度

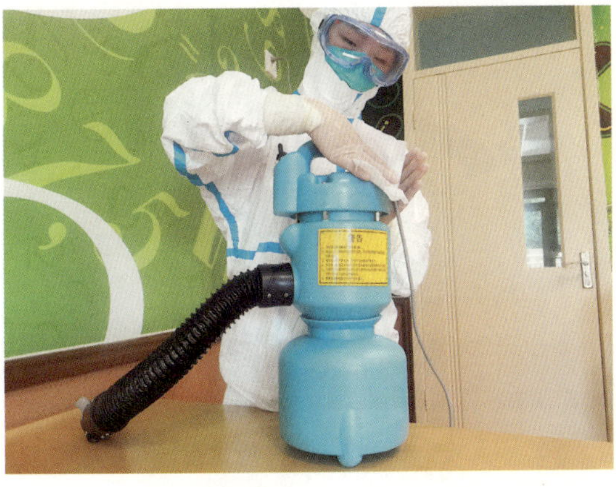

图 3-4-30　消毒完成后，拔出电源，用消毒湿巾或浸有消毒液的抹布擦拭消毒机箱表面

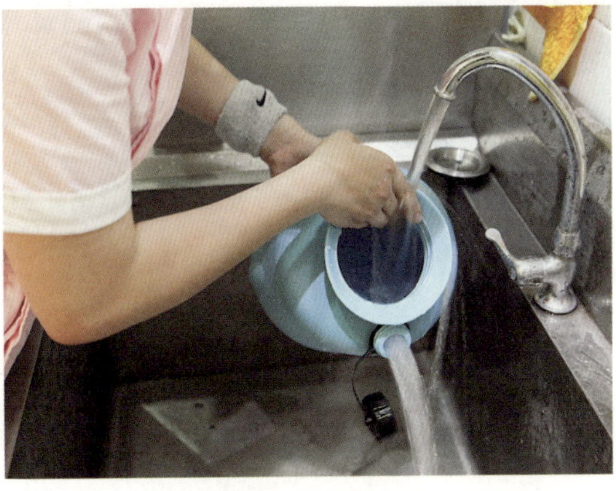

图 3-4-31　消毒完毕后，倾倒剩余的消毒液，用清水彻底清洗喷桶

图 3-4-32　用清水彻底清洗喷头

图 3-4-33　晾干后保存

二、蒸汽消毒箱

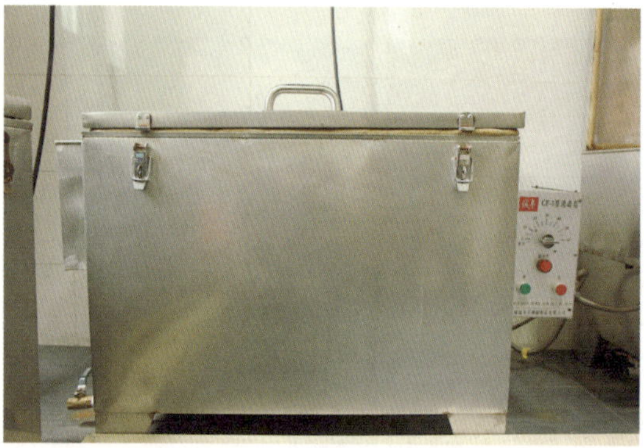

图 3-4-34　蒸汽消毒箱(适用范围:餐饮具、毛巾织物等耐湿耐热物品的消毒)

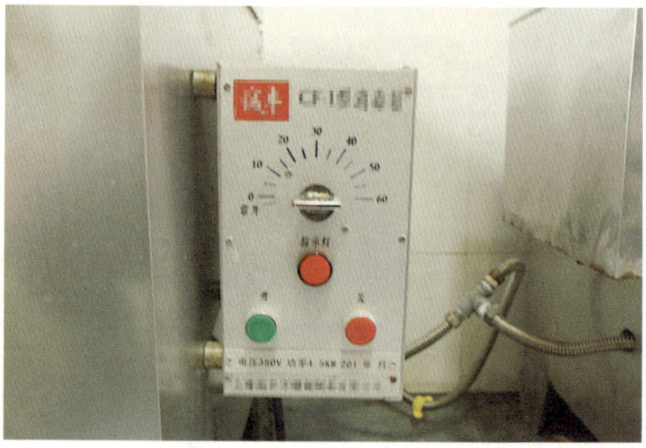

图 3-4-35　由箱体和操作开关组成

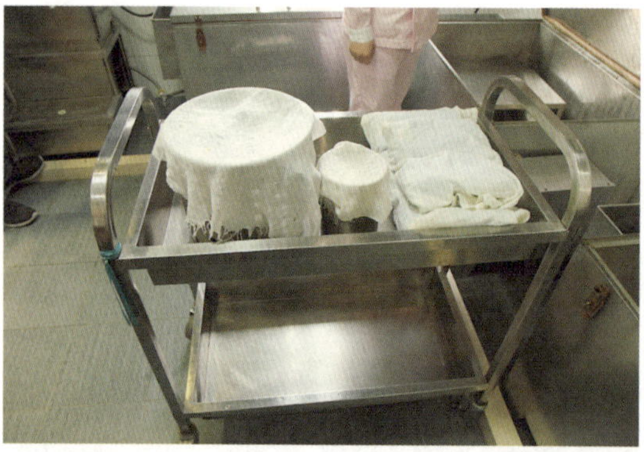

图 3-4-36　准备好已清洗待消毒的物品

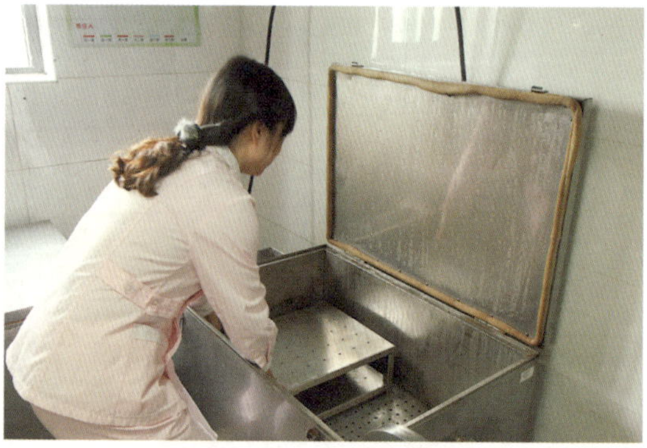

图 3-4-37　打开消毒箱

图 3-4-38 将物品依次放入

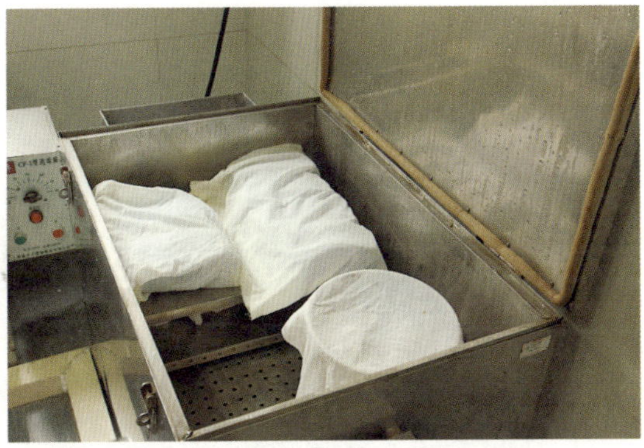

图 3-4-39 物品间留有空隙

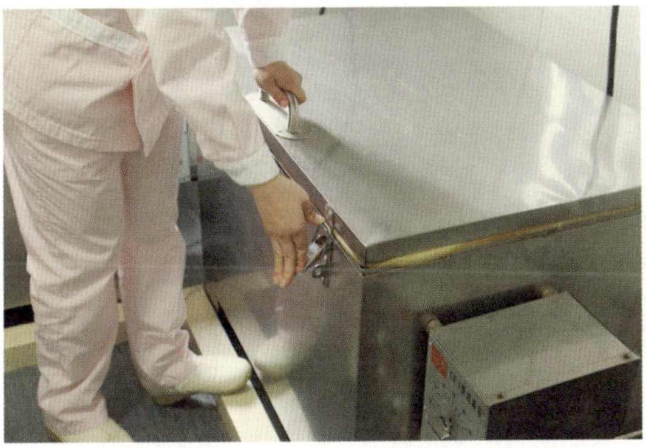

图 3-4-40 关箱门，扣紧搭扣

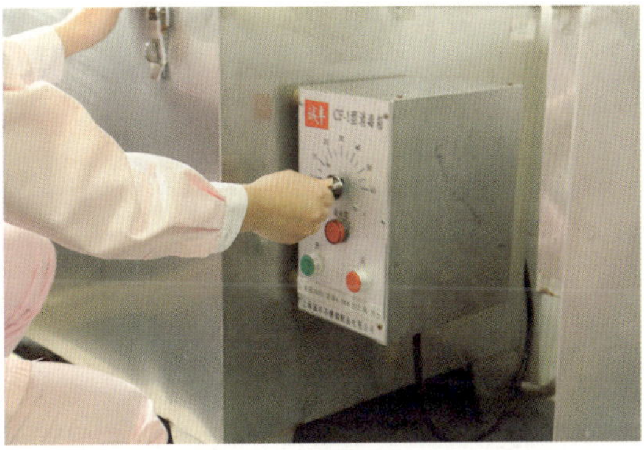

图 3-4-41 设定消毒时间

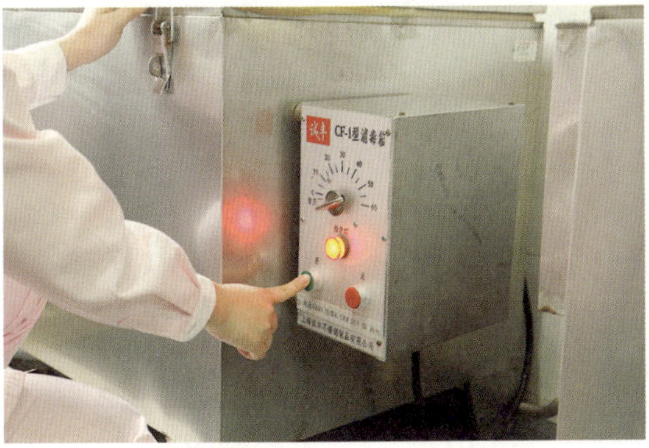

图 3-4-42 打开开关

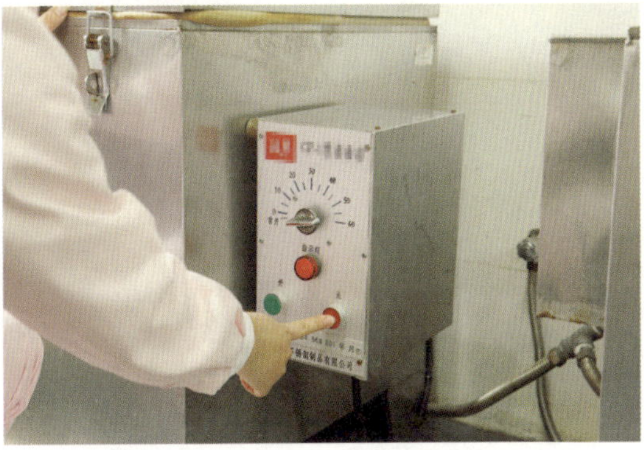

图 3-4-43 消毒完成关闭开关

三、臭氧消毒箱(柜)

A 柜体

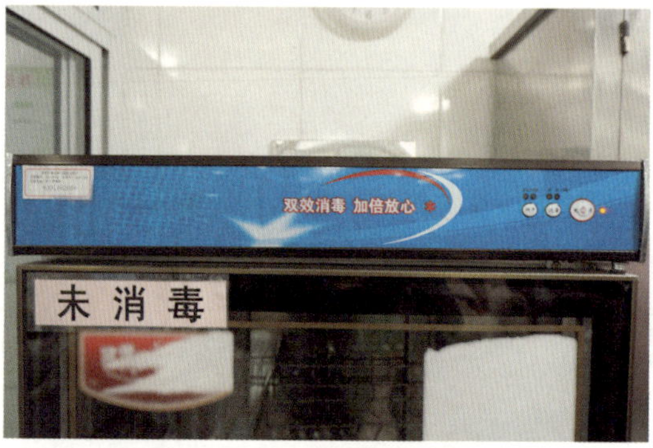

B 控制面板

C 层架

图 3-4-44　臭氧消毒柜由柜体、控制面板和层架组成(A~C)(适用于餐饮具的消毒)

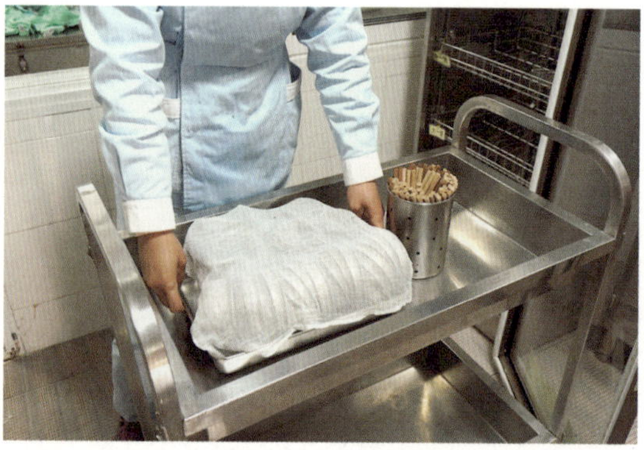

图 3-4-45　准备好已清洗待消毒的物品

图 3-4-46　打开柜门依次放入

图 3-4-47　关闭柜门

图 3-4-48　设定时间打开开关

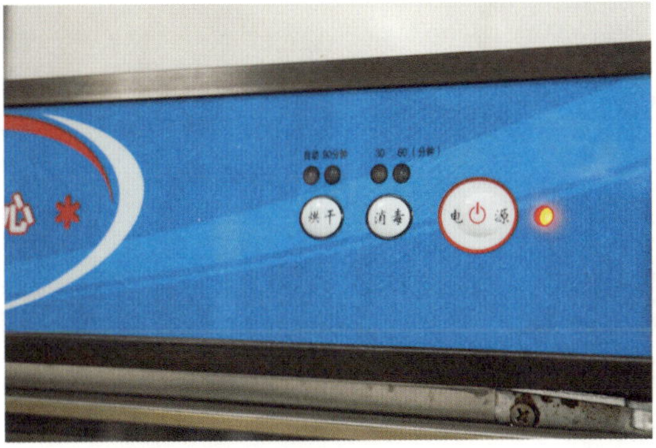

图 3-4-49　消毒结束关闭电源

四、空气消毒机

（一）物理因子的空气消毒机

A 实物图

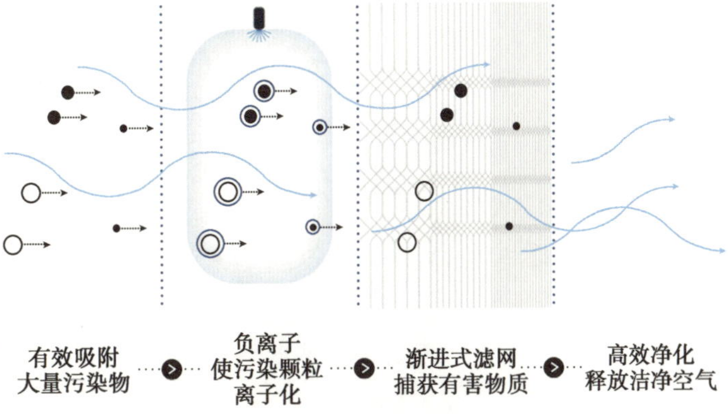

B 原理

图 3-4-50　等离子体空气消毒机

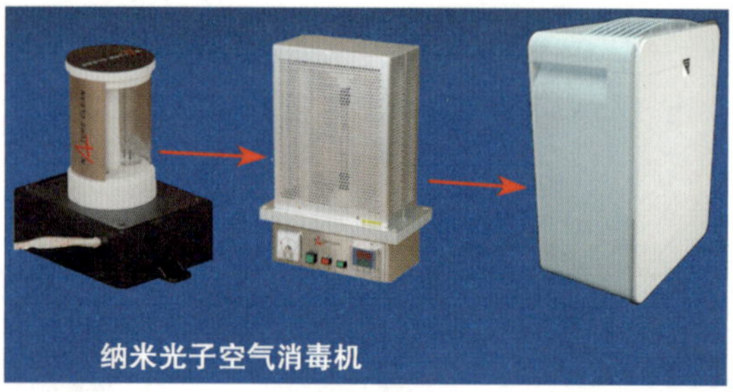

A 实物图

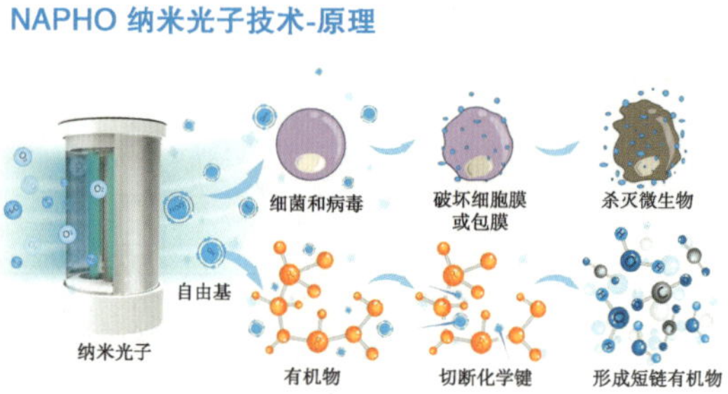

B 原理

图 3-4-51　纳米光子空气消毒机

注意事项：①适用于室内空气消毒。②宜使用等离子体、纳米光子、电凝并等原理的空气消毒机。③使用前仔细阅读说明书，按照具体产品的相关参数和房间大小合理放置或安装足够数量的空气消毒机。④可拆卸式滤网需要定期清洗，及时更换高效过滤网。

（二）化学因子的空气消毒机

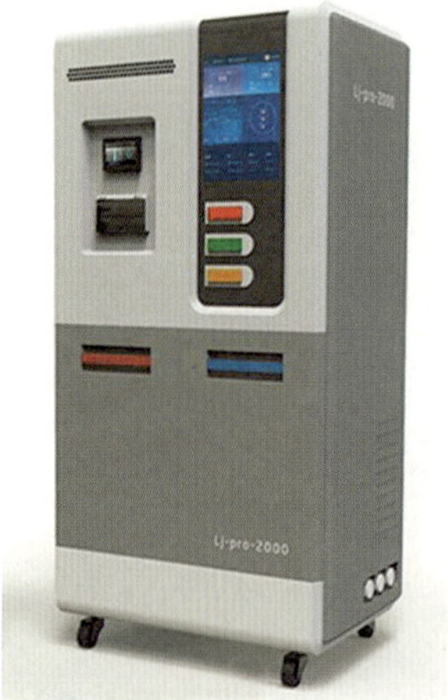

图 3-4-52　二氧化氯空气消毒机

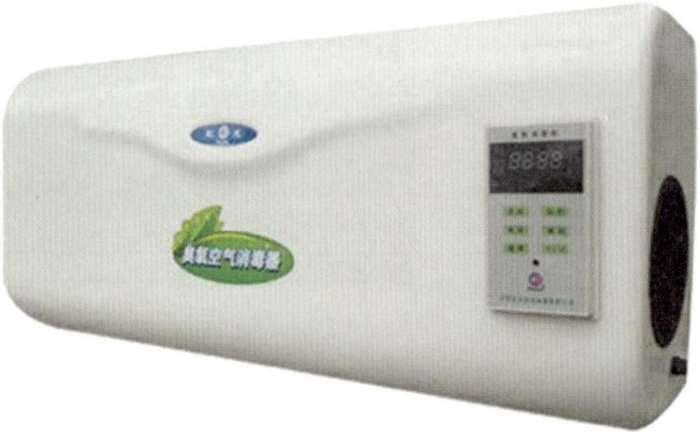

图 3-4-53　臭氧空气消毒机

图 3-4-54　过氧化氢空气消毒机

注意事项：①仅在无人情况下使用。②建议在专业人员指导下使用。

五、紫外线灯(车)

A 保健室　　B 观察(隔离)室

图 3-4-55　紫外线灯可用于空气和物体表面消毒(A～B)

图 3-4-56　紫外线车

图 3-4-57　无人环境下推至合适地点

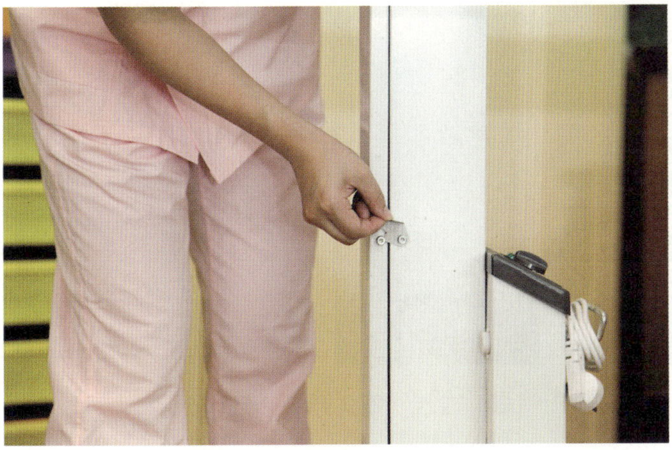

图 3-4-58　打开插销

图 3-4-59　拉出灯管

图 3-4-60　插上电源

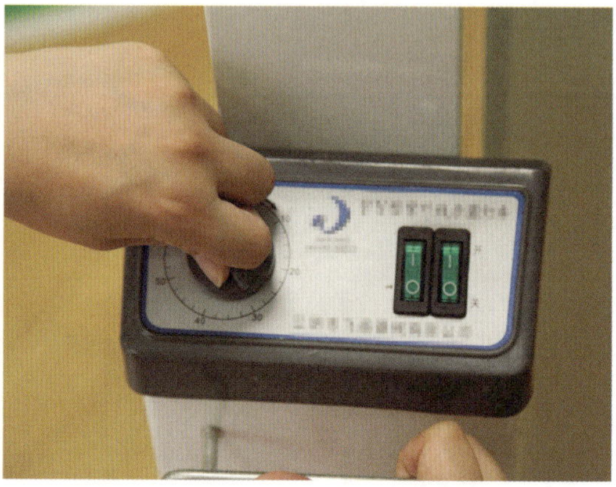

图 3-4-61　设定时间

图 3-4-62　戴上防护镜

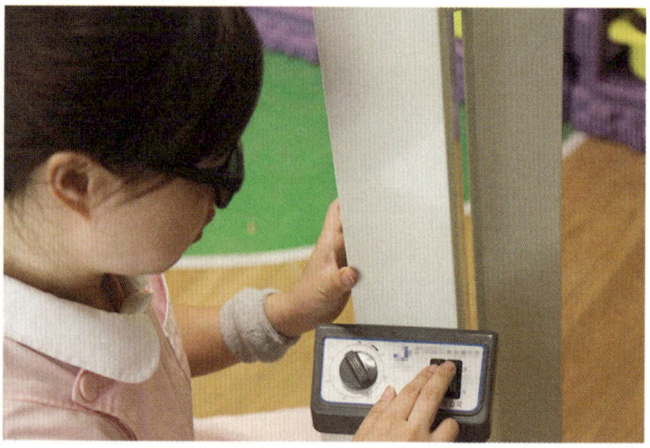

图 3-4-63　打开开关

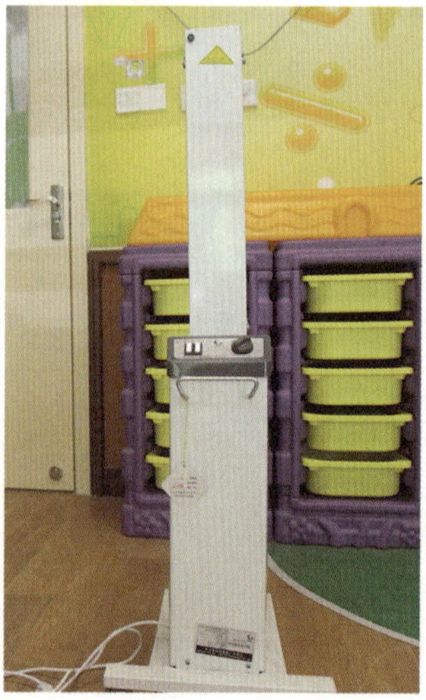

图 3-4-64　作用至规定时间，消毒完毕

图 3-4-65　开窗通风

注意事项：①紫外线灯或移动式紫外线消毒车消毒必须在无人在的情况下进行，每次照射时间30~60分钟，消毒后应开窗通风，驱散残留臭氧后人方可进入室内。②紫外线灯悬挂安装于房间中央，高度为离地1.8~2.2米；对空气消毒时，要求紫外线辐照量为每立方米体积不少于1.5瓦。③保持紫外线灯表面清洁，发现表面有灰尘或油污应使用酒精棉球擦拭灯管。

六、清洗消毒烘干机

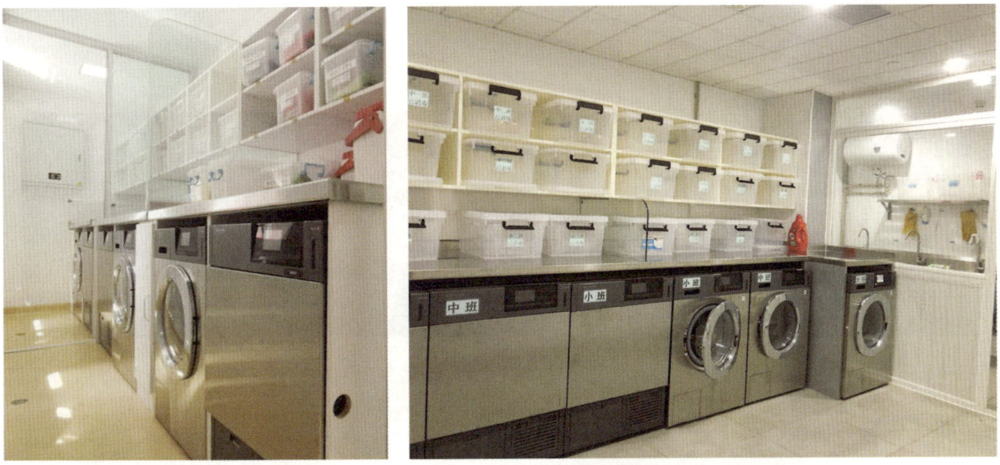

A 清洗消毒机+烘干机侧面　　B 清洗消毒机+烘干机正面

图 3-4-66　清洗消毒机+烘干机(A~B)

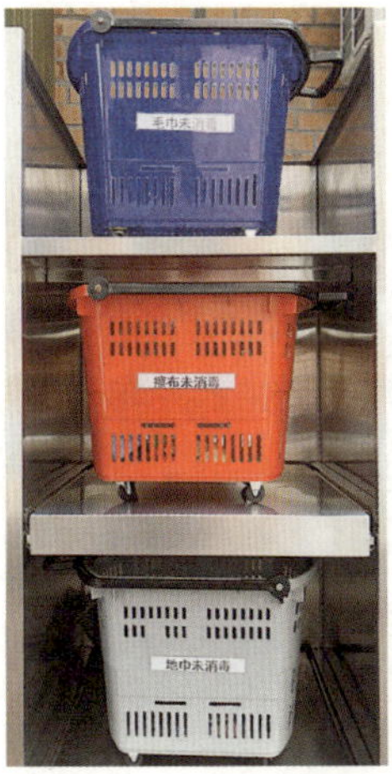

图 3-4-67　将使用后的毛巾、擦布与地巾分别投递至相应毛巾框、擦布框、地巾框

图 3-4-68　在织物清洗消毒机试剂盒中，加入清洗剂

图 3-4-69　选择并启动适合的织物清洗消毒程序，自动完成清洗消毒

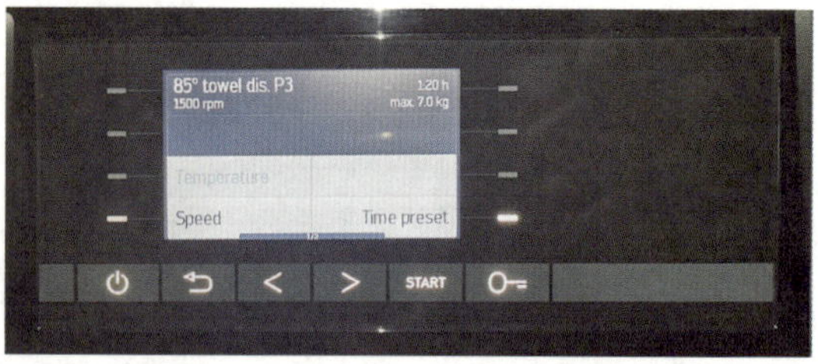

图 3-4-70　使用 85 摄氏度 15 分钟高温消毒程序，A0 值≥3 000

图 3-4-71　将清洗并甩干后织物投入烘干机中烘干

图 3-4-72　消毒完毕后，根据不同的班级、功能，叠放整齐，保持干燥清洁，保存备用

七、文件消毒柜

图 3-4-73　使用文件消毒柜对纸张、书籍进行消毒

注意事项：使用文件消毒柜消毒时需按照说明书操作。

八、微酸性次氯酸水发生器

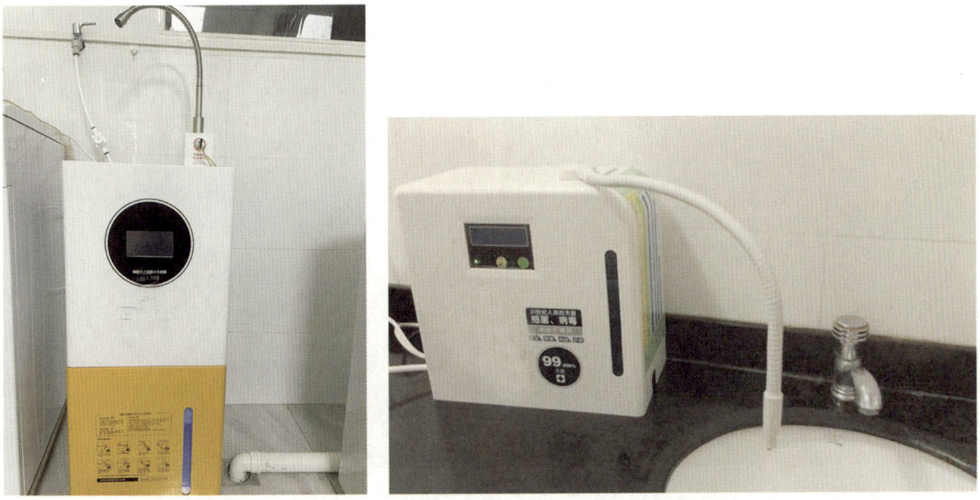

A　　B

图 3-4-74　微酸性次氯酸水发生器(A~B)

注意事项：需要使用专业测试纸检测微酸性次氯酸水浓度，并且做好记录。

（张柳颖　朱仁义　范俊华　黄绿斓）

第五节　常见对象日常预防性清洁和消毒

一、空气

（一）开窗通风

图 3-5-1　自然对流通风

注意事项：①门窗打开，空气形成对流通风。②每日上午和下午至少开窗通风 1 次，每次 30 分钟以上。

（二）机械通风

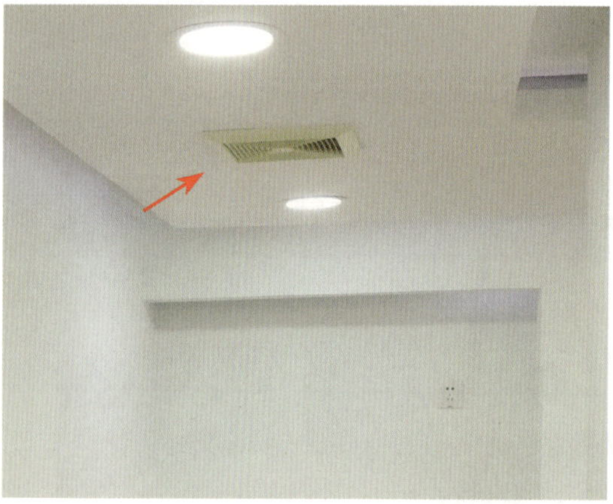

图 3-5-2　排风扇机械通风

图 3-5-3　壁扇机械通风

注意事项：自然通风不畅场所，建议采取机械通风，排风扇建议安装于门窗对角线墙壁上部，壁扇建议安装于门窗侧面墙壁上部。气流走向应从清洁区流向污染区，并从污染区域排至室外。

（三）循环风空气消毒机

图 3-5-4　循环风空气消毒机进行空气消毒

注意事项：①建议在使用空调或雾霾天气等不能开窗通风时使用。②非挂壁式循环风空气消毒机建议放在室内中央、周边无遮挡物位置开启使用，确保空气消毒效果。③按照使用说明进行操作。选择适用体积范围内的循环风空气消毒机。④定期清洁滤网；按使用说明定期更换过滤器（芯）。

（四）紫外线灯空气消毒

图 3-5-5　紫外线灯空气消毒

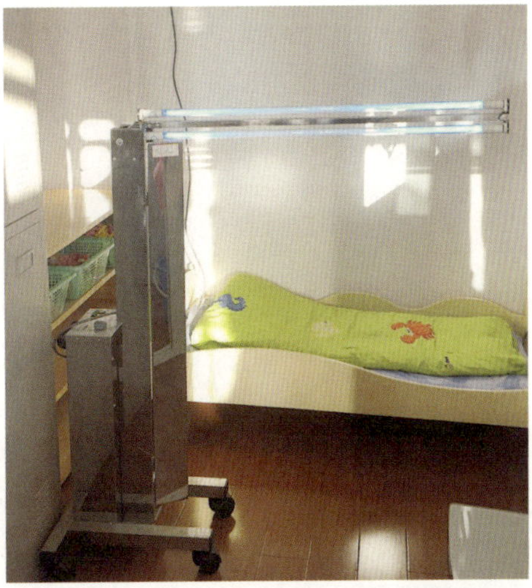

图 3-5-6　移动式紫外线消毒车空气消毒

注意事项：①营养室、保健室及隔离（观察）室使用紫外线灯或移动式紫外线消毒车进行室内空气消毒。营养室 1 次/天；保健室和隔离（观察）室每次感染幼儿使用后使用；教室、卧室、专用活动室不推荐使用。②紫外线灯或移动式紫外线消毒车消毒必须在无人存在情况下进行，每次照射时间 30~60 分钟，消毒后应开窗通风，驱散残留臭氧后人方可进入室内。

③紫外线灯悬挂安装房间中央，高度为离地 1.8~2.2 米；要求紫外线辐照量为每立方米体积不少于 1.5 瓦。④保持紫外线灯表面清洁，发现表面有灰尘或油污时应使用酒精棉球擦拭灯管。

二、地面

（一）拖把湿式清洁消毒

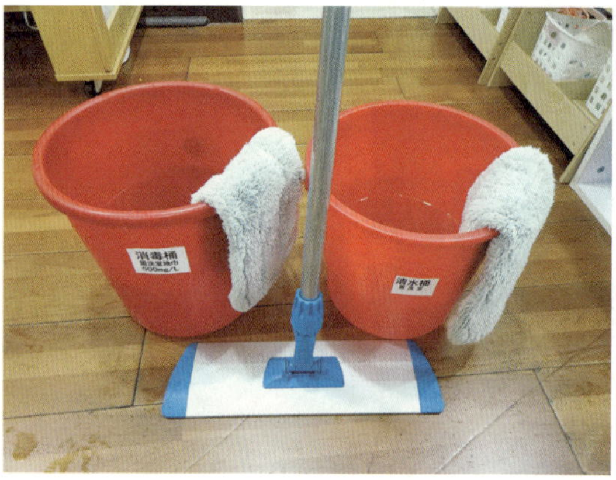

图 3-5-7　准备地面消毒工具：消毒桶、清水桶、拖把

图 3-5-8　拖把浸没于消毒液中

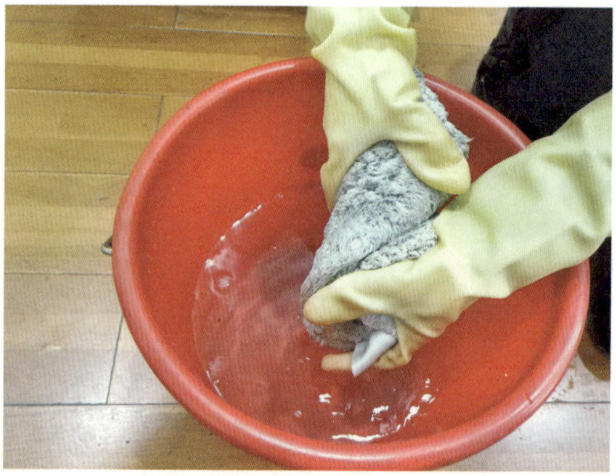

图 3-5-9　适当拧干拖把头，以不流淌消毒液为度

A 颜色标记　　B 教室、活动室、卧室　　C 盥洗室

图 3-5-10　颜色标记(A)和不同场所使用拖把拖拭消毒(B~C)

A 地巾(拖把头)浸入清水桶内

B 拧干地巾

C 清水拖把拖地

图 3-5-11　专用清水拖把拖拭,去除消毒液残留(A~C)

注意事项:一般地面无污染时,通常采用清水或清洁剂湿式拖拭清洁,1~2 次/天;根据实际情况可定期(如每周一次)使用消毒液进行拖地消毒。教室、活动室、卧室等场所可使用 250 毫克/升含氯(溴)消毒液,盥洗室可使用 500 毫克/升含氯(溴)消毒液。作用 15~30 分钟后,清水拖把拖拭去除消毒液残留。拖把每次浸没于消毒桶或清水桶适当拧干后,根据地面清洁情况,建议每次拖地面积不大于 5 平方米。

(二) 喷洒消毒

图 3-5-12　准备地面消毒工具:大量杯、消毒桶、喷雾器、清水桶、拖把

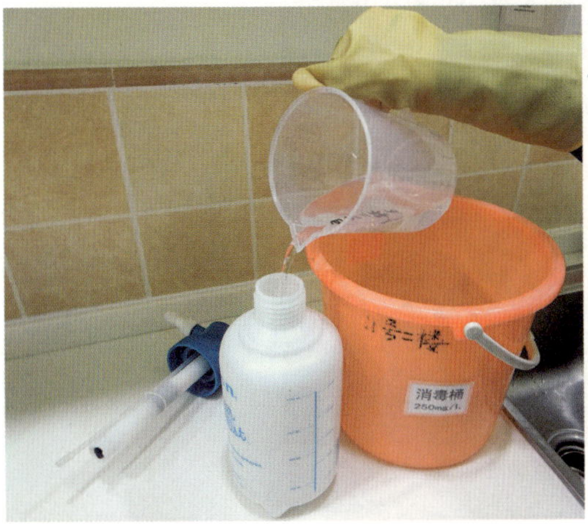

图 3-5-13　喷雾器加消毒液

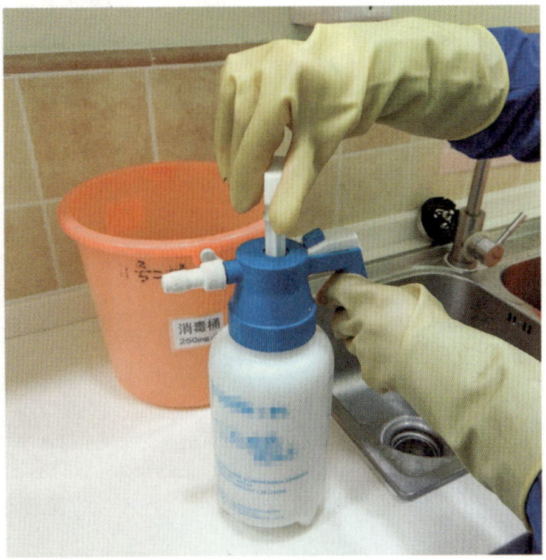

图 3-5-14　喷雾器打气加压

图 3-5-15　地面均匀喷洒消毒液

图 3-5-16　地面保持消毒液湿润，作用足够时间

A 地巾(拖把头)浸入清水桶内

B 拧干地巾(拖把头)

C 拖把拖拭，去除消毒液残留

图 3-5-17　去除消毒液残留(A~C)

注意事项：①教室、活动室、卧室等场所一般使用250毫克/升的含氯(溴)消毒液，盥洗室使用500毫克/升的含氯(溴)消毒液，进行喷洒消毒，作用15~30分钟后，清水拖把拖拭去除消毒液残留。②清水拖把每次浸没于清水桶适当拧干后，建议每次拖地面积不大于5平方米。③小范围的地面消毒，可使用小容量喷雾器；大范围的地面消毒，使用常规常量喷雾器。

三、墙面

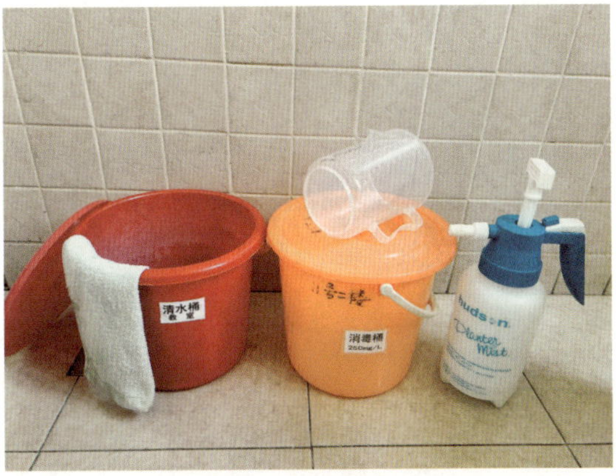

图 3-5-18 准备墙面消毒工具(消毒桶、喷雾器、清水桶、专用清水抹布)

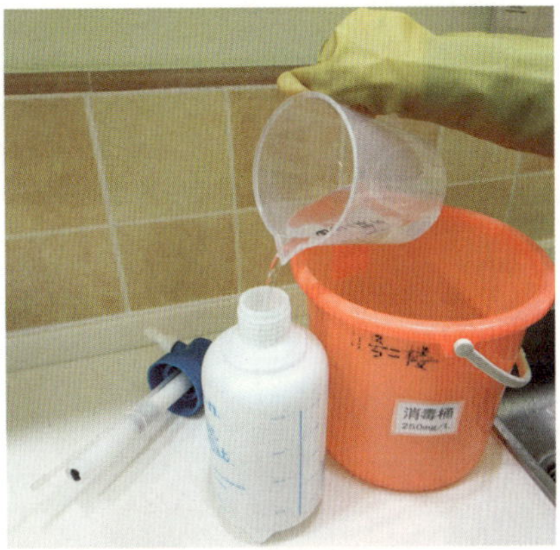

图 3-5-19 喷雾器加消毒液

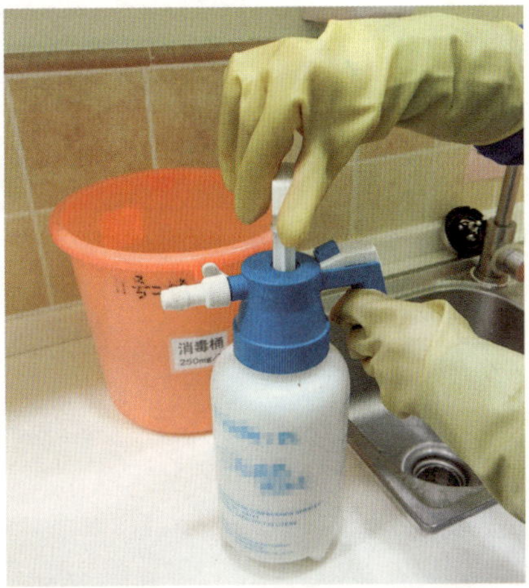

图 3-5-20 喷雾器打气加压

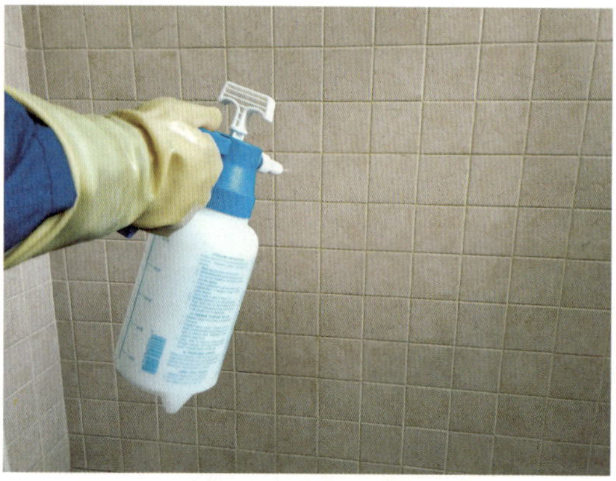

A 墙面均匀喷洒消毒液

B 墙面保持消毒液湿润作用足够时间

图 3-5-21　墙面消毒(A~B)

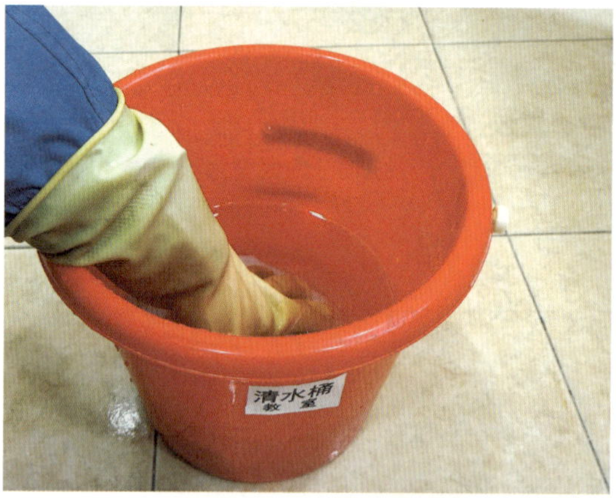

A 专用清水抹布浸入清水桶中

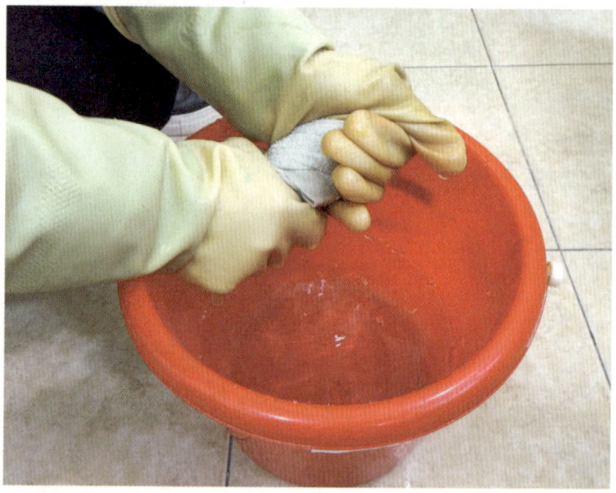

B 拧干专用清水抹布

C 专用清水抹布擦拭去除消毒液残留

图 3-5-22　去除消毒液残留(A~C)

注意事项：①墙面一般不需要进行日常预防性消毒，只需要定期保洁。②墙面有疑似污染时，去除污染物后，教室、活动室、卧室等场所一般使用250毫克/升的含氯（溴）消毒液，盥洗室使用500毫克/升的含氯（溴）消毒液，进行喷雾消毒，作用15~30分钟后，用专用清水抹布擦拭去除消毒液残留。

四、一般物体表面

（一）桌面

图3-5-23 准备桌面消毒工具：消毒桶、清水桶、专用消毒抹布、专用清水抹布

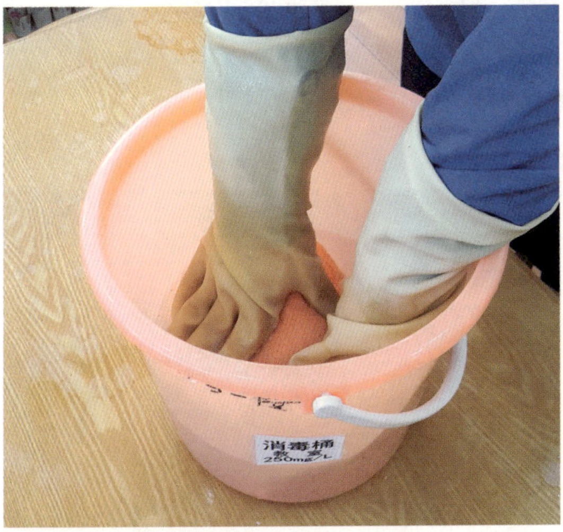

A 专用消毒抹布浸入消毒桶

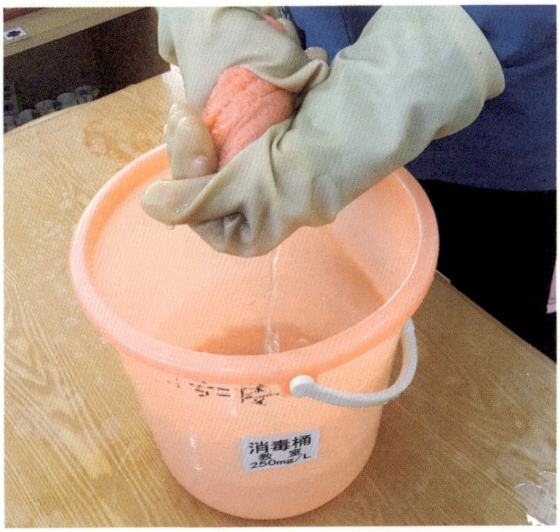

B 拧干专用消毒抹布(以不滴消毒液为度)

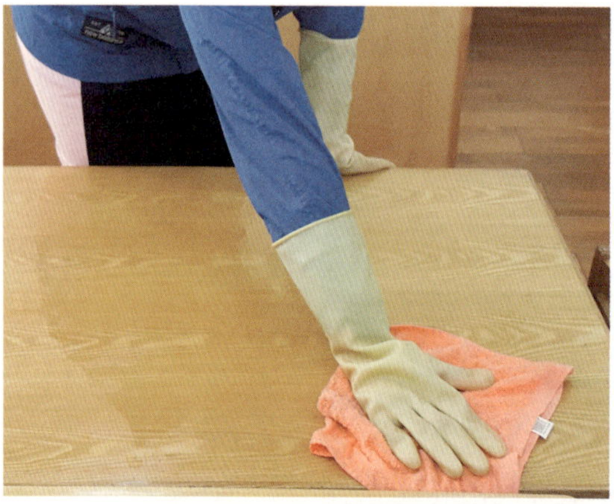

C 由上到下按顺序擦拭消毒桌面

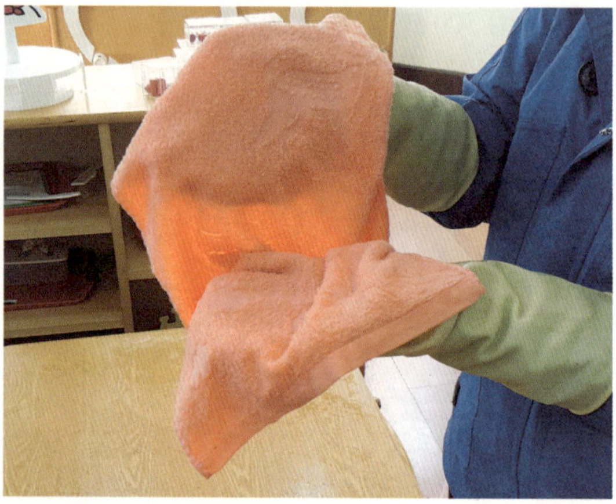

D 消毒抹布翻面对折

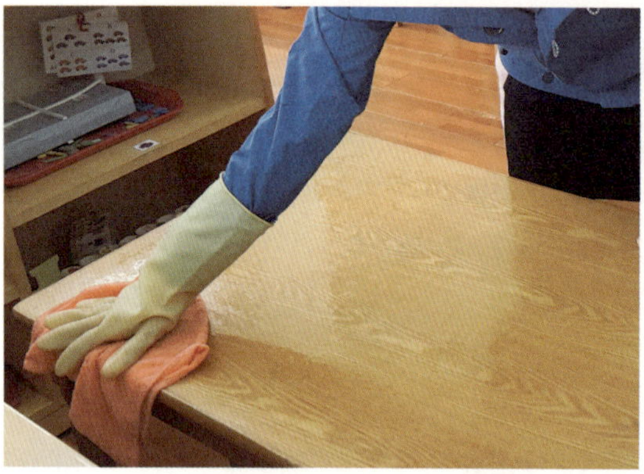

E 按顺序擦拭消毒桌面四边四角

F 消毒桌面保持消毒液湿润

图 3-5-24　消毒桌面(A~F)

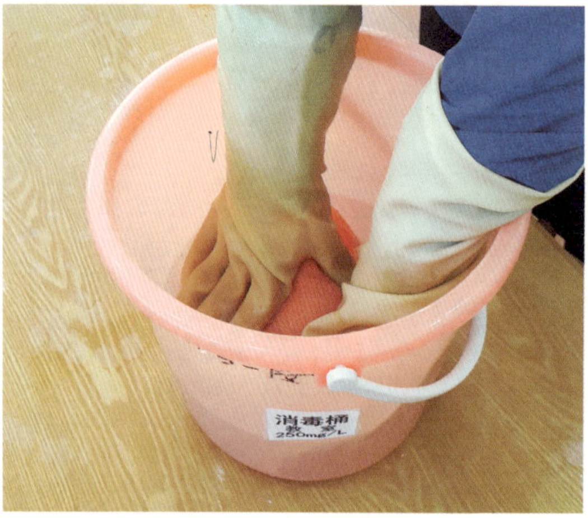

A 消毒抹布浸入消毒桶内

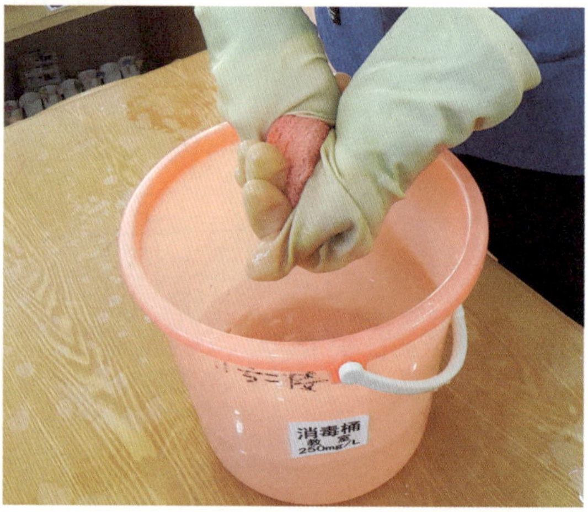

B 拧干专用消毒抹布(以不滴消毒液为度)

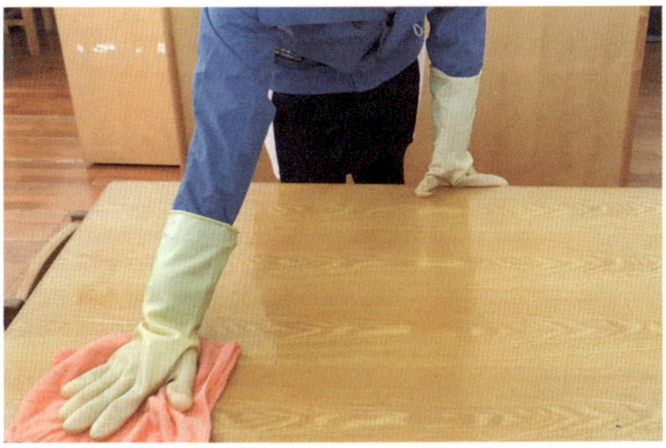

C 擦拭消毒下一张桌面　　D 消毒桌面保持消毒液湿润,作用足够时间

图 3-5-25　消毒桌面(A~D)

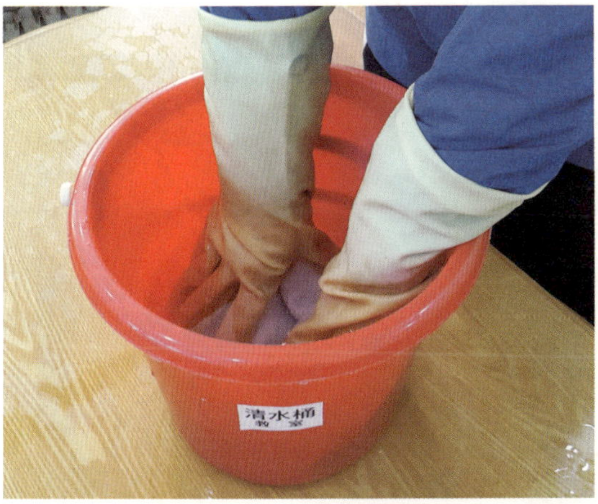

A 专用清水抹布浸入清水桶内

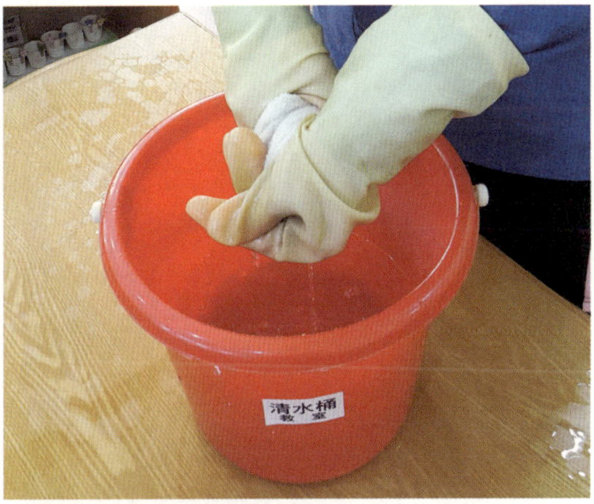

B 拧干专用清水抹布

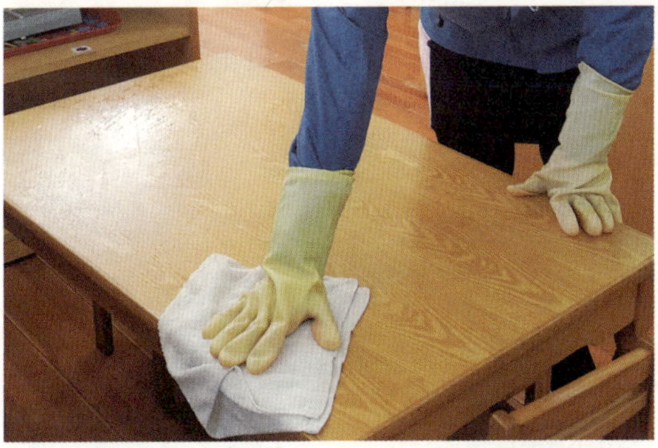

C 专用清水抹布擦拭去除消毒液残留

图 3-5-26　去除消毒液残留(A~C)

注意事项:餐桌使用前进行消毒,其他桌面每天消毒一次。活动、教学合用的餐桌,或有污渍的餐桌,应按照“清洁-消毒-清洁”的程序进行消毒。选择合适的消毒液擦拭消毒,作用至规定时间后,用清水去除消毒液残留。专用消毒(清水)抹布建议一擦拭一翻面,消毒(清洁)一桌一搓洗。

（二）茶桶架

图 3-5-27　准备茶桶架消毒工具：消毒桶、清水桶、专用消毒抹布、专用清水抹布

图 3-5-28　专用消毒抹布浸入消毒桶内

图 3-5-29　拧干专用消毒抹布（以不滴消毒液为度）

图 3-5-30　擦拭消毒茶杯格

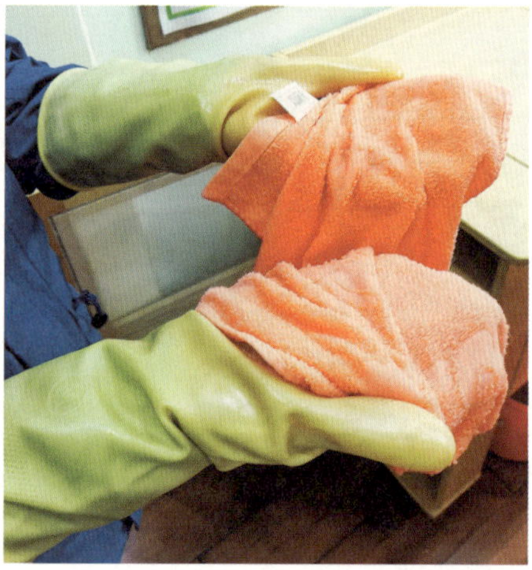

图 3-5-31　消毒抹布翻面对折

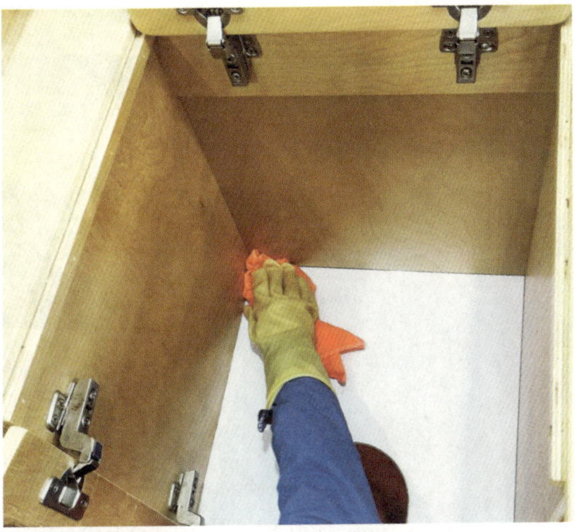

图 3-5-32 擦拭消毒茶桶放置板

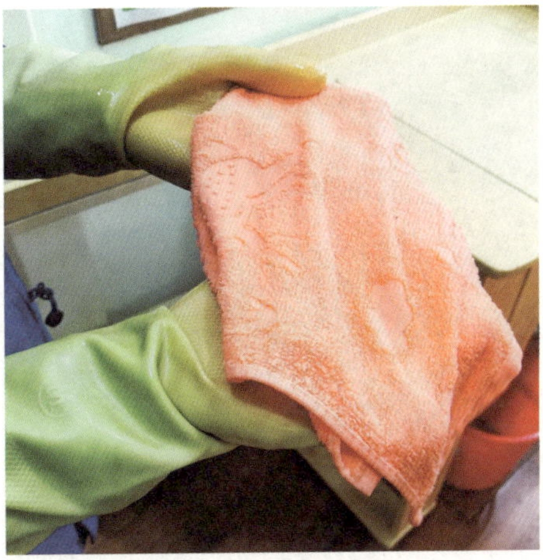

图 3-5-33 消毒抹布翻面对折

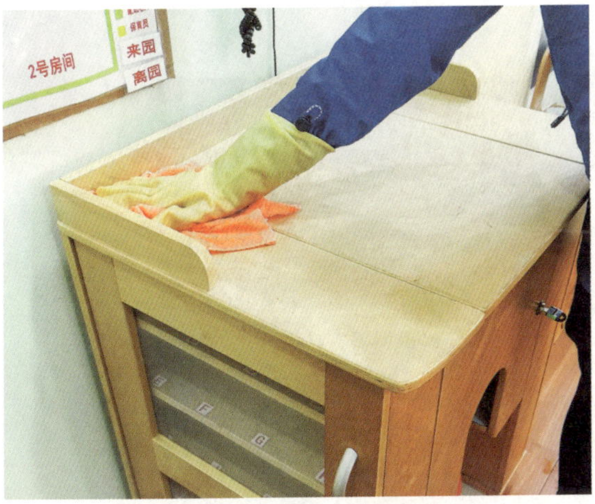

图 3-5-34 擦拭消毒茶桶架上表面

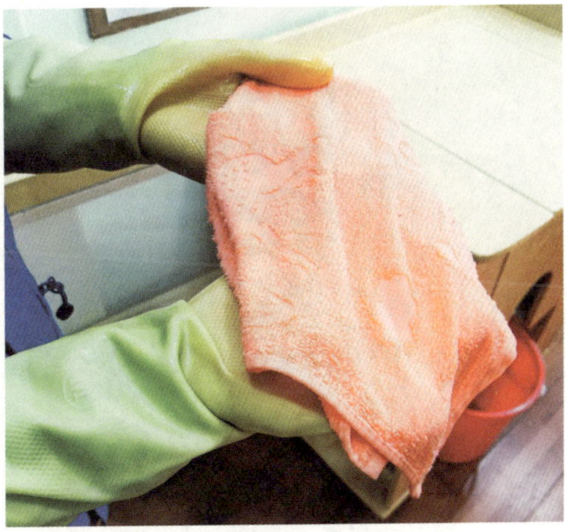

图 3-5-35 消毒抹布翻面对折

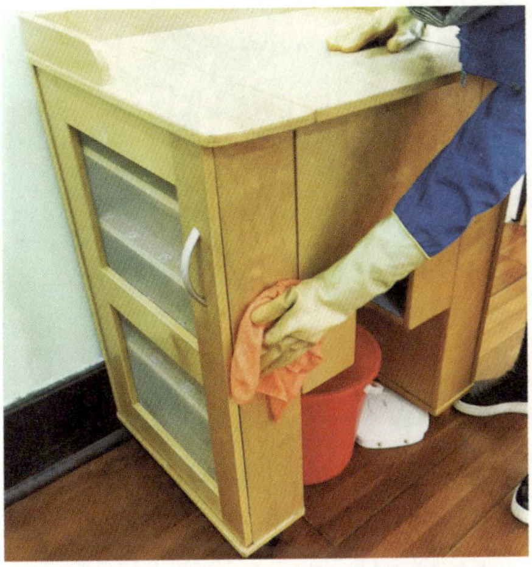

图 3-5-36 擦拭消毒茶桶架侧表面

图 3-5-37 保持消毒表面湿润作用 15~20 分钟

图 3-5-38　专用清水抹布浸入清水桶内

图 3-5-39　拧干专用清水抹布

A 茶杯格

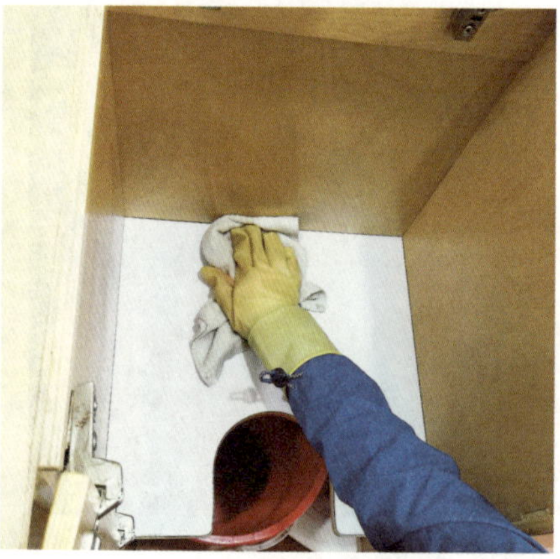

B 茶桶放置板

C 茶桶架上表面

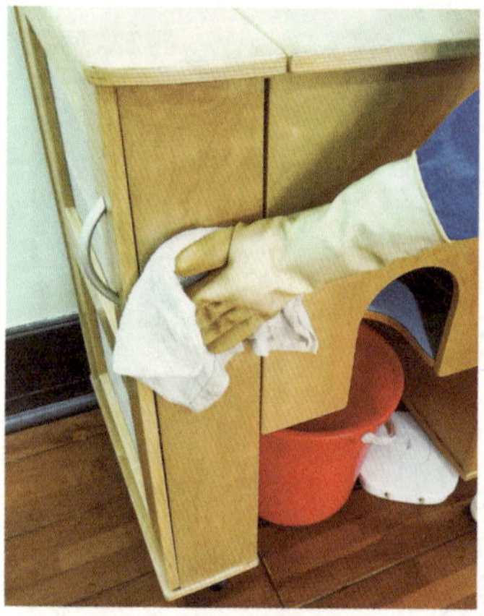

D 茶桶架侧面

图 3-5-40　专用清水抹布擦拭，去除消毒液残留（A～D）

注意事项：①无明显污染时，每天进行清洁消毒一次；受到污染随时清洁消毒。②清洁物体表面可按照“消毒-清洁”程序进行清洁消毒；污染物体表面应按照“清洁-消毒-清洁”的程序进行清洁消毒。③专用消毒（清水）抹布建议一擦拭一翻面，消毒（清洁）一物品一搓洗。消毒顺序按照从上到下，由洁净到污染原则进行。

（三）椅子等其他一般物体表面

图 3-5-41　准备椅子消毒工具：消毒桶、清水桶、专用消毒抹布、专用清水抹布

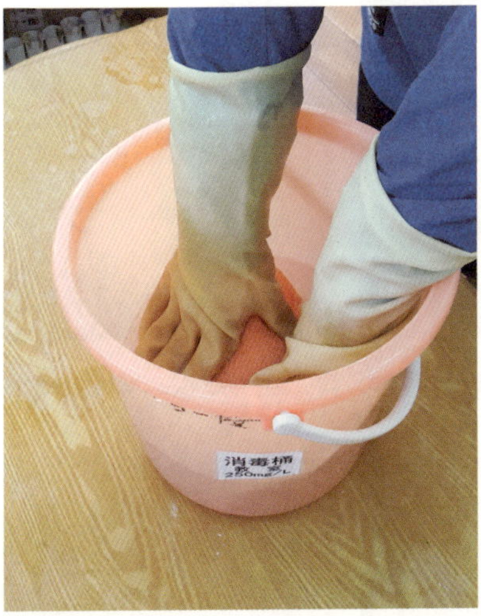

图 3-5-42　专用消毒抹布浸入消毒桶内

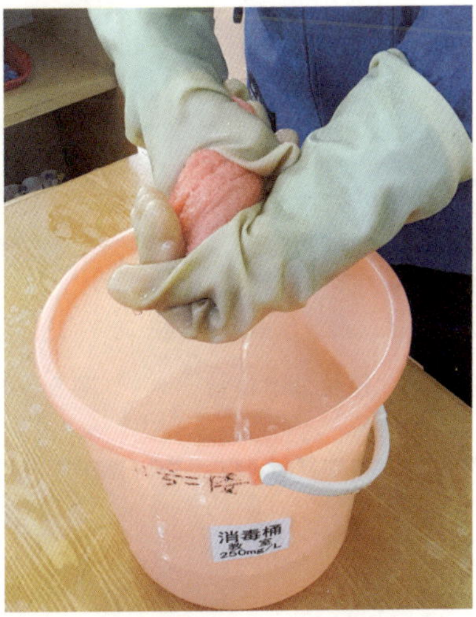

图 3-5-43　拧干专用消毒抹布（以不滴消毒液为度）

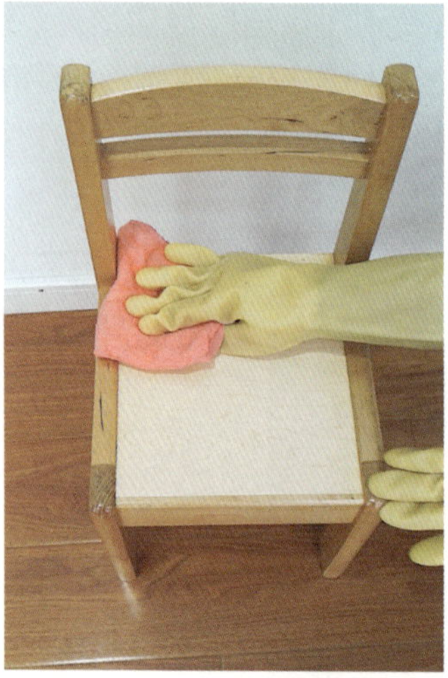

图 3-5-44　擦拭消毒椅面

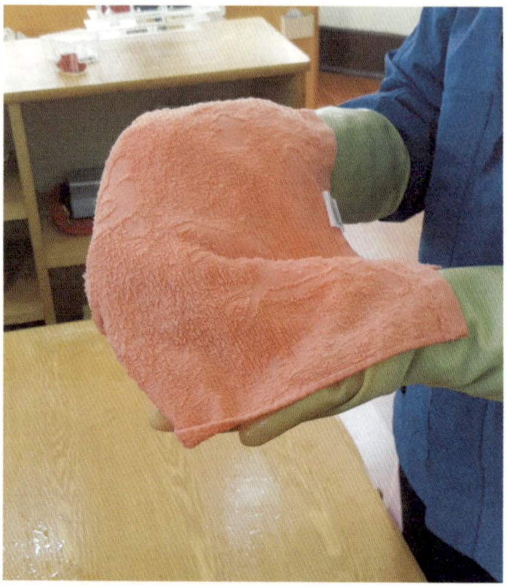

图 3-5-45　消毒抹布翻面对折

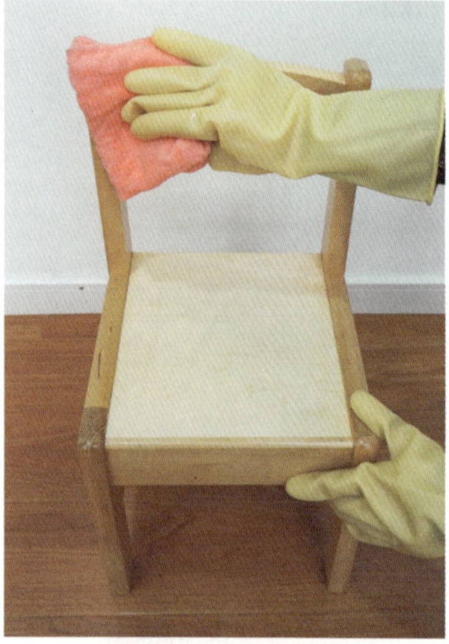

图 3-5-46　擦拭消毒椅背

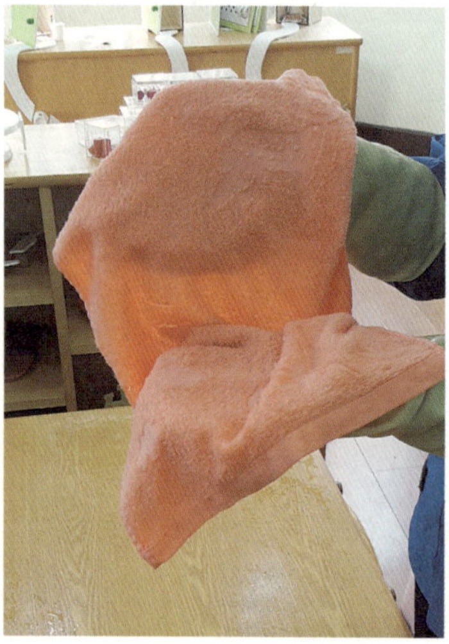

图 3-5-47　消毒抹布翻面对折

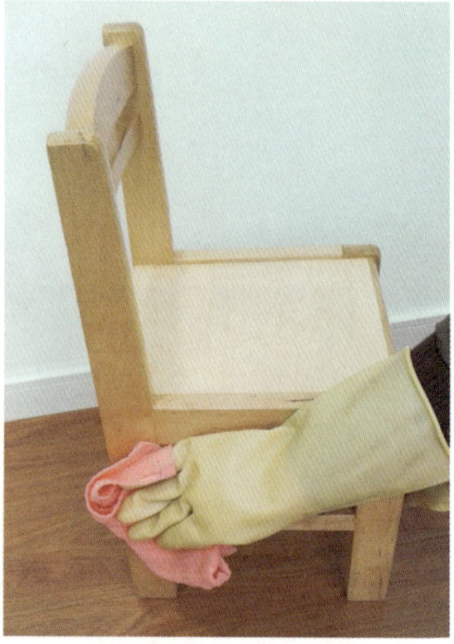

图 3-5-48　擦拭消毒椅腿

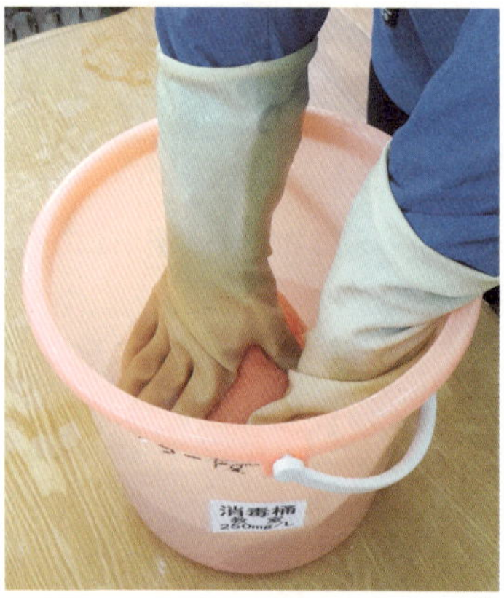

图 3-5-49　消毒抹布放入消毒桶内搓洗

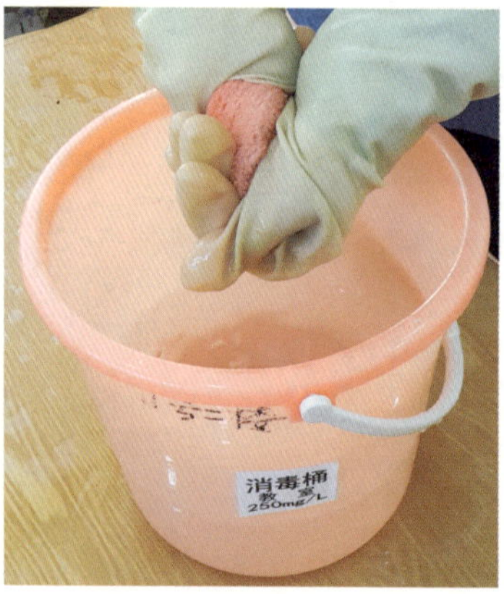

图 3-5-50　拧干专用消毒抹布(以不滴消毒液为度)

图 3-5-51　擦拭消毒下一张椅子

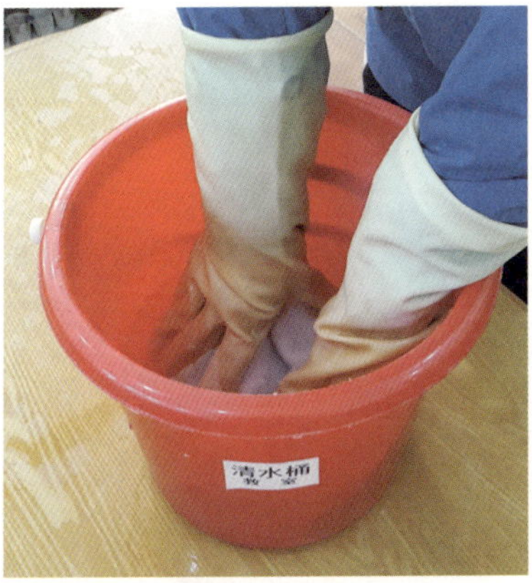

图 3-5-52　消毒 15~20 分钟后，专用清水抹布浸入清水桶内

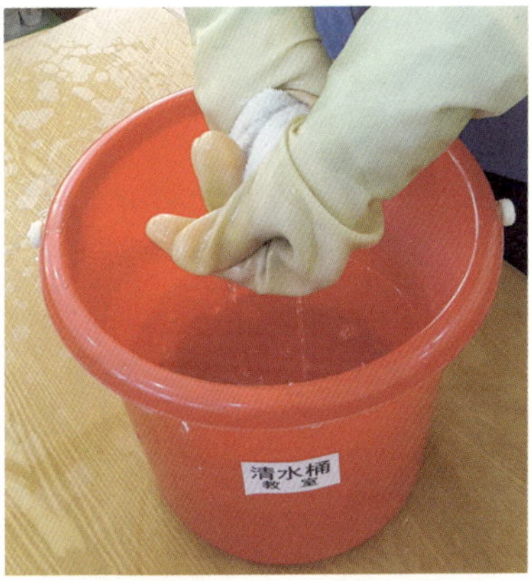

图 3-5-53　拧干专用清水抹布

A 椅面　　B 椅背　　C 椅腿

图 3-5-54　专用清水抹布擦拭，去除消毒液残留（A~C）

注意事项：①经常使用或触摸的一般物体表面，如门把手、窗把手、台面、椅子、扶手、水龙头、电梯按钮等，无明显污染时每天进行清洁消毒一次；受到污染随时清洁消毒。②不易触及的物体表面可1次/周清洁消毒。清洁物体表面可按照“消毒-清洁”程序进行清洁消毒；污染物体表面应按照“清洁-消毒-清洁”的程序进行清洁消毒。专用消毒（清水）抹布建议一擦拭一翻面，消毒（清洁）一物品一搓洗。③消毒顺序按照从上到下，由洁净到污染原则进行。

五、饮水设备

（一）茶桶沸水消毒

图 3-5-55　茶桶消毒准备：专用洁净抹布、沸水、长柄水勺、镊子、酒精棉球

图 3-5-56　打开茶桶水龙头在流动水下冲洗茶桶内壁

图 3-5-57　用专用洁净抹布在流动水下擦洗茶桶外壁

图 3-5-58　用长柄水勺舀沸水冲洗茶桶内壁

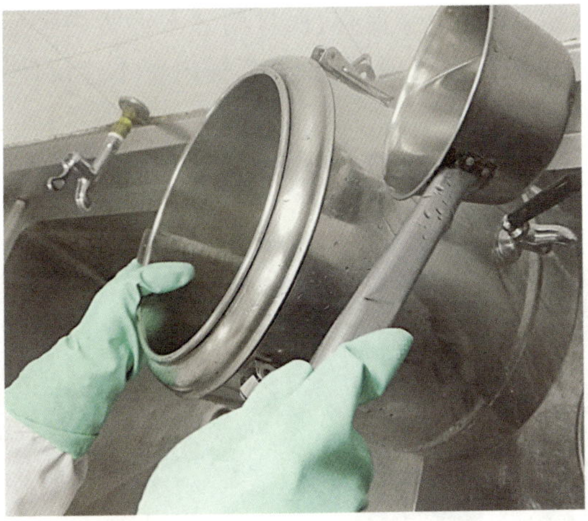

图 3-5-59　用长柄水勺舀沸水冲洗茶桶外壁

图 3-5-60　关闭茶桶水龙头并向茶桶内加沸水至茶桶 2/3 处

图 3-5-61　茶桶加盖作用 20 分钟

图 3-5-62　打开茶桶水龙头放出沸水

图 3-5-63　用镊子夹取酒精棉球对茶桶水龙头出水口进行擦拭消毒

图 3-5-64　茶水桶洁净干燥保存于熟食间专用橱柜

注意事项：茶桶每日幼儿放学后，放干余水，倒置干燥保存；次日用沸水冲烫内壁后，加饮水正常使用。建议每 1~2 周按上述步骤消毒一次。一般情况下，茶桶内壁不建议使用化学消毒液消毒。

（二）茶桶消毒柜消毒

图 3-5-65　打开茶桶水龙头在流动水下冲洗茶桶内壁

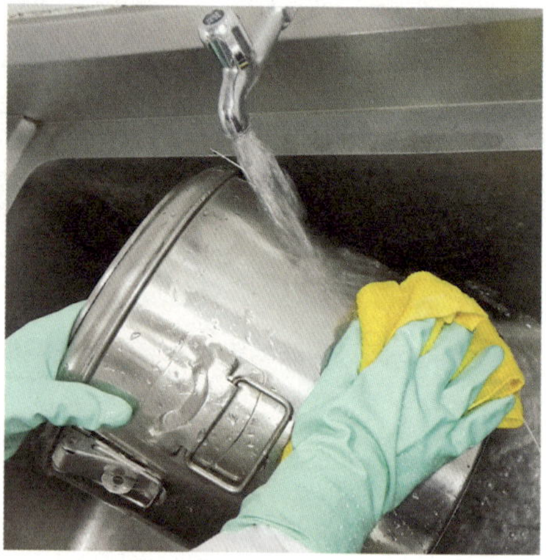

图 3-5-66　用专用洁净抹布在流动水下擦洗茶桶外壁

图 3-5-67　茶桶沥干水侧放于专用消毒柜内，开启消毒柜消毒并保存至次日

注意事项：有条件的幼儿园，可使用专用茶桶消毒柜进行消毒保存。茶桶每日幼儿放学后清洗、沥干，放入消毒柜。按产品说明书选用适合的消毒程序，进行消毒，并保存至次日使用。消毒柜在开启过程中，如添加消毒物品，需重新开启程序。

（三）饮水机消毒

图 3-5-68　准备饮水机消毒工具：专用洁净抹布、清水桶、镊子、75%酒精棉球或纱布

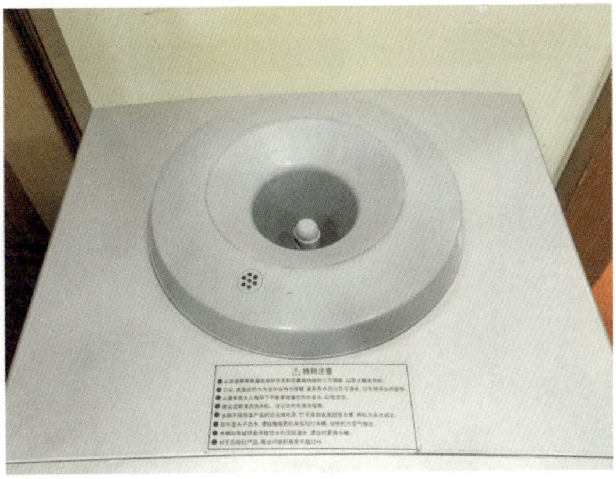

图 3-5-69　取下饮水机水桶

图 3-5-70　专用清水抹布浸入清水桶内

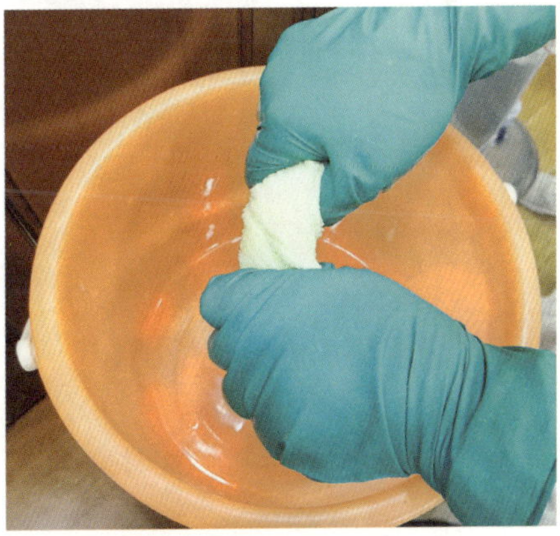

图 3-5-71　拧干专用清水抹布

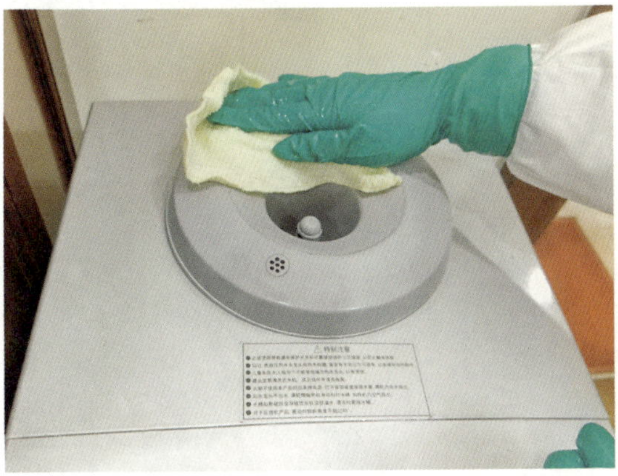

图 3-5-72　湿式清洁饮水机与水桶接口表面

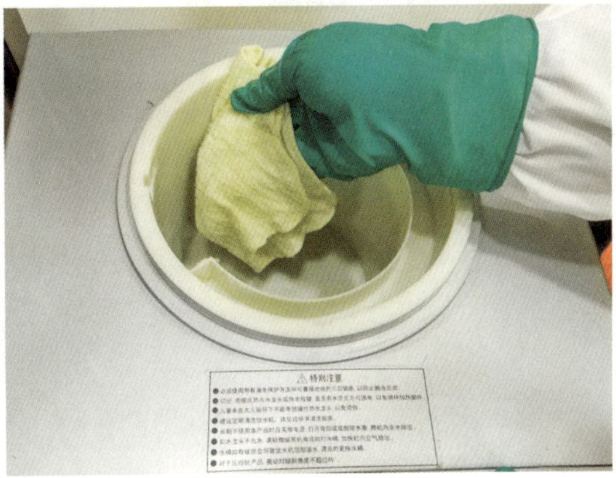

图 3-5-73　湿式清洁饮水机内胆表面

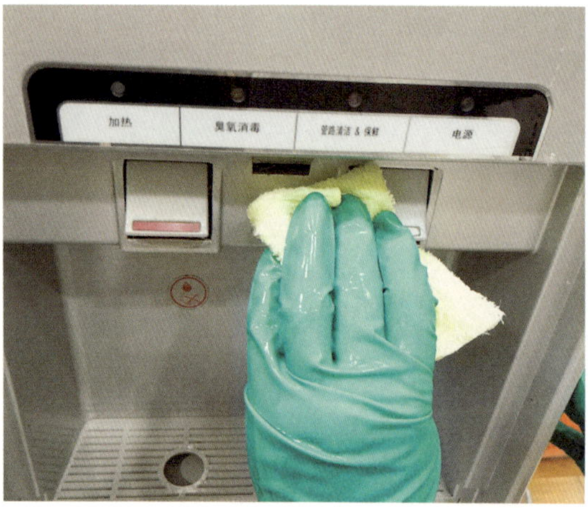

图 3-5-74　湿式清洁饮水机水龙头等表面

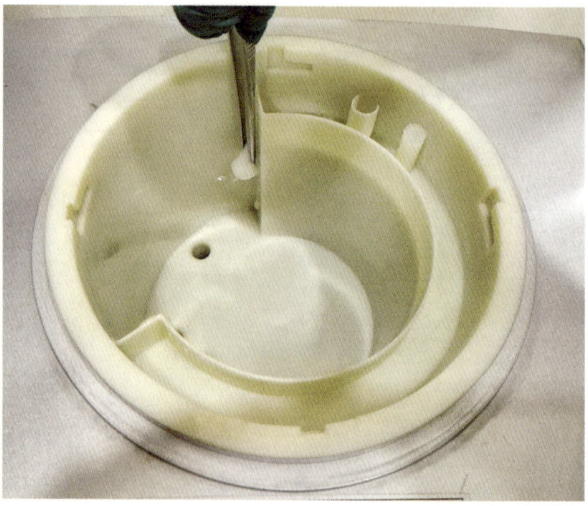

图 3-5-75　镊子夹取 75%酒精棉球或纱布擦拭消毒饮水机内胆表面

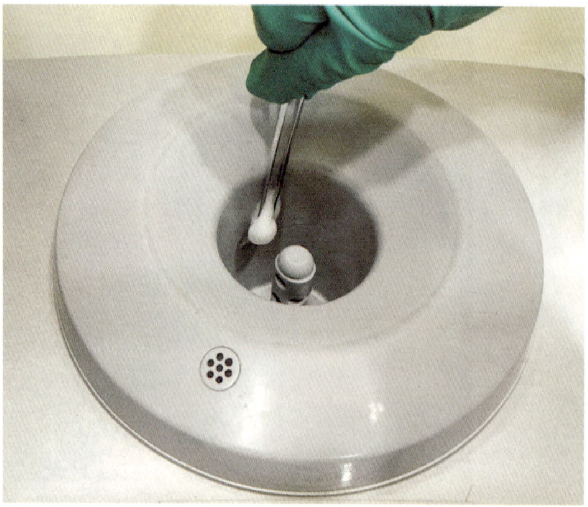

图 3-5-76　镊子夹取 75%酒精棉球或纱布擦拭消毒饮水机与水桶连接处表面

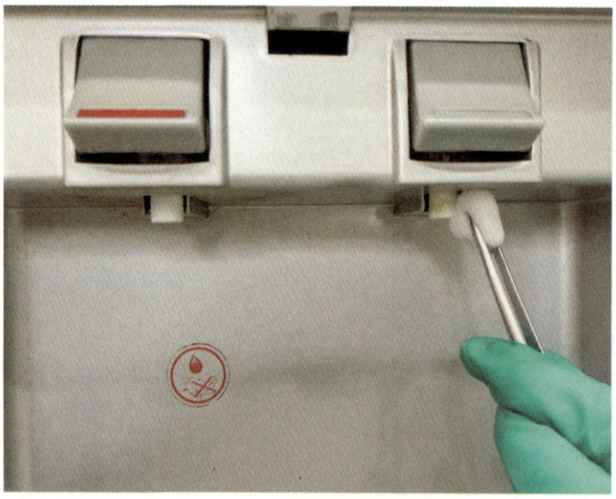

图 3-5-77　镊子夹取 75%酒精棉球或纱布擦拭消毒饮水机水龙头出水口

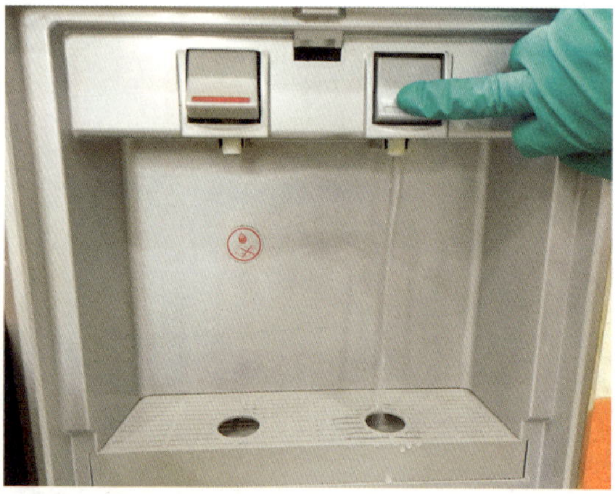

图 3-5-78　饮水机安装饮水桶，适当放水冲洗完成消毒

注意事项：不建议在学校和托幼机构使用饮水机；如有使用，日常做好饮水机外表面的保洁工作。建议每 1~2 周按照上述步骤对饮水机消毒一次，仔细擦洗消毒。

六、洗手水池和水龙头

图 3-5-79　准备洗手池消毒工具：消毒桶、专用消毒抹布、专用清水抹布

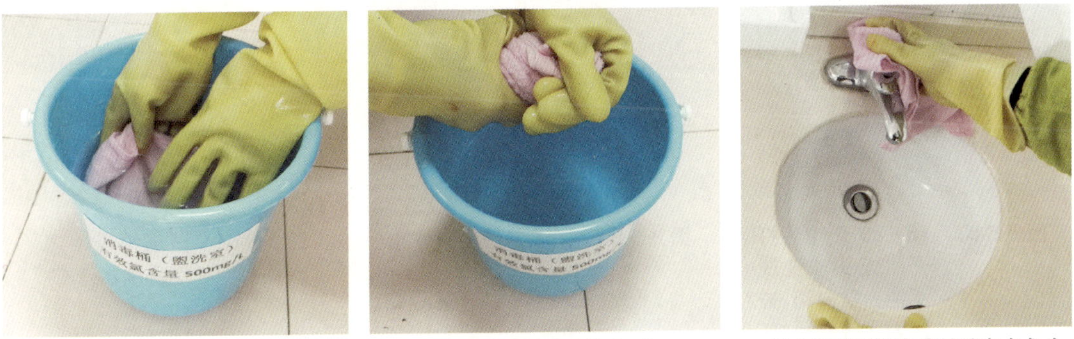

A 专用消毒抹布浸入消毒桶

B 拧干专用消毒抹布(以抹布不滴消毒液为度）

C 用专用消毒抹布擦拭消毒水龙头

图 3-5-80　消毒水龙头

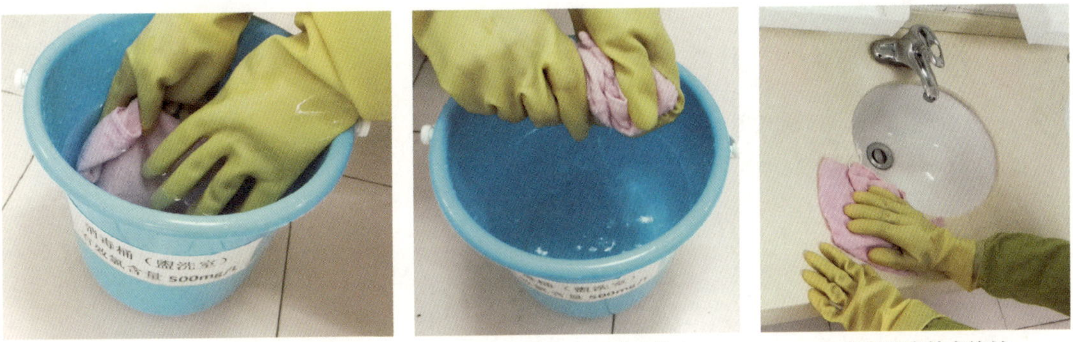

A 专用消毒抹布浸入消毒桶内搓洗

B 适当拧干专用消毒抹布

C 专用消毒抹布擦拭

图 3-5-81　消毒洗手池台面

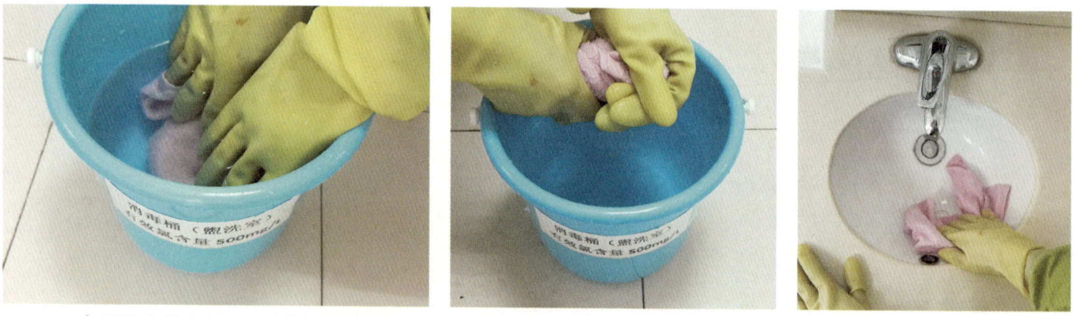

A 专用消毒抹布浸入消毒桶内搓洗

B 适当拧干专用消毒抹布

C 专用消毒抹布擦拭消毒洗手池台盆内部

图 3-5-82　消毒洗手池台盆内部

图 3-5-83　15～20 分钟后打开水龙头冲洗洗手池台盆内部，去除消毒液残留

图 3-5-84　冲湿专用清水抹布

图 3-5-85　适当拧干冲湿专用清水抹布

A 水龙头

B 台面

C 台盆

图 3-5-86　用专用清水抹布擦拭，去除消毒液残留

图 3-5-87　冲湿并搓洗专用清水抹布

图 3-5-88　完全拧干专用清水抹布

A 水龙头　　B 洗手池台面　　C 台盆内部

图 3-5-89　清洗拧干抹布、完全擦干，完成消毒

注意事项：①日常使用后保持洁净干燥，每天消毒不少于 1 次。②消毒顺序按照由洁净到污染原则进行，如：水龙头-洗手池台面-洗手池台盆内部。③专用消毒抹布或专用清水抹布建议一擦拭一翻面，消毒（或清洁）一物品一搓洗。

七、便器

（一）坐便器

图 3-5-90　准备坐便器消毒工具：盥洗室专用消毒桶、盥洗室专用清水桶、专用消毒抹布、专用清水抹布、便器刷

图 3-5-91　专用消毒抹布浸入消毒桶内

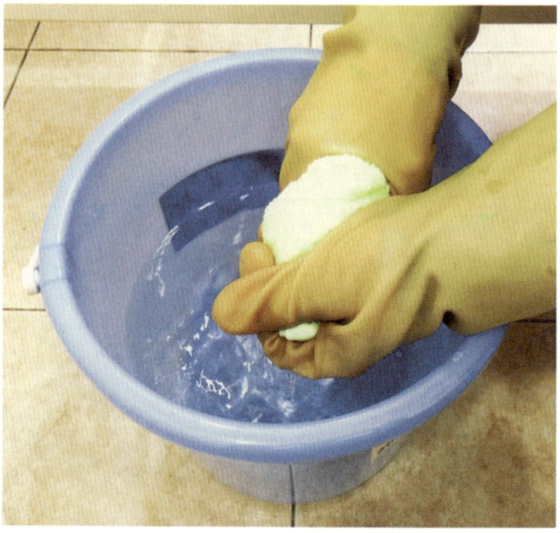

图 3-5-92　适当拧干专用消毒抹布（以抹布不滴液为度）

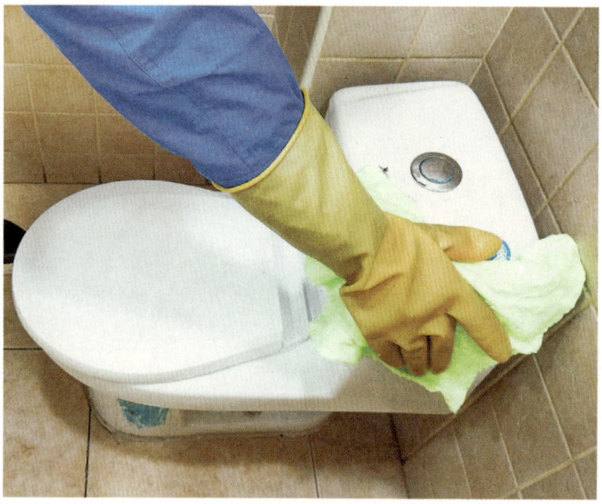

图 3-5-93　擦拭消毒坐便器水箱

图 3-5-94　消毒抹布翻面对折

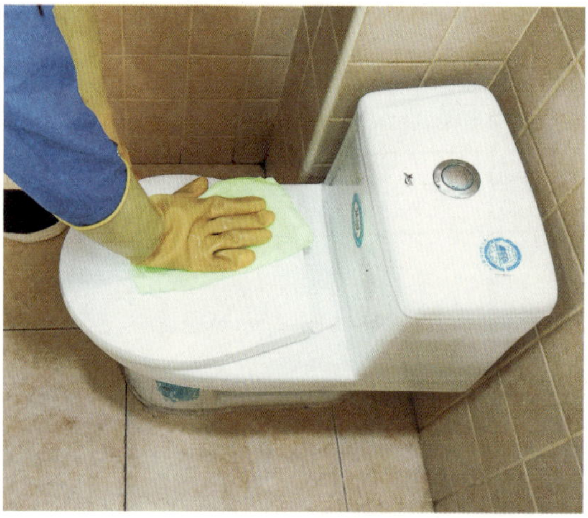

A 擦拭消毒坐便器盖正面

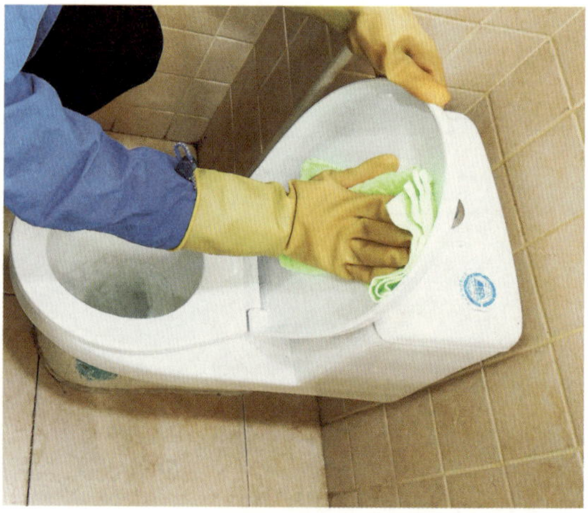

B 擦拭消毒坐便器盖反面

图 3-5-95　消毒坐便器盖

图 3-5-96　专用消毒抹布浸入消毒桶并搓洗

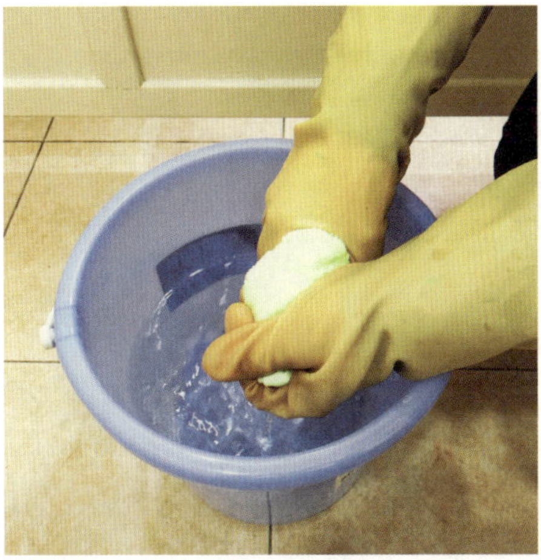

图 3-5-97　适当拧干专用消毒抹布（以抹布不滴液为度）

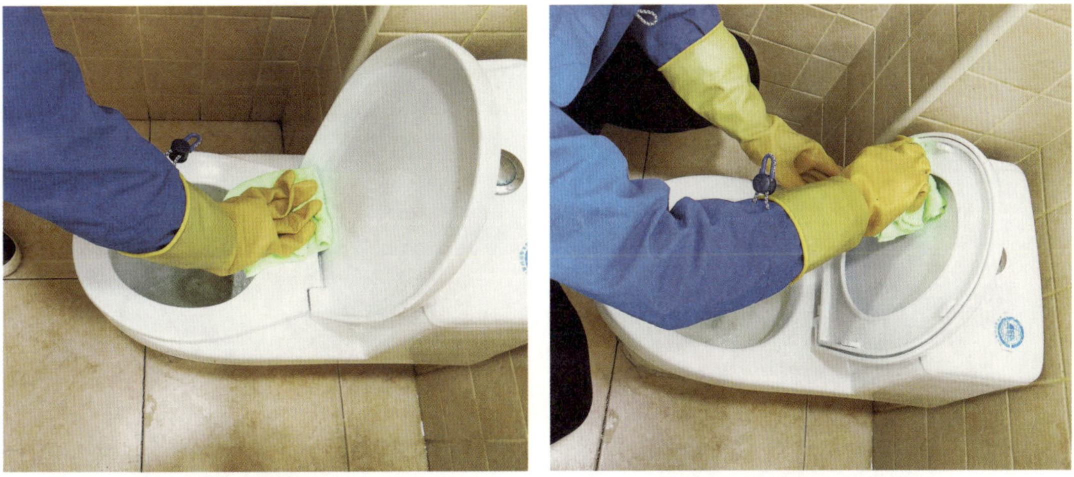

A 擦拭消毒坐便器坐垫圈正面

B 擦拭消毒坐便器坐垫圈反面

图 3-5-98　消毒坐便器坐垫圈

图 3-5-99　消毒抹布翻面对折

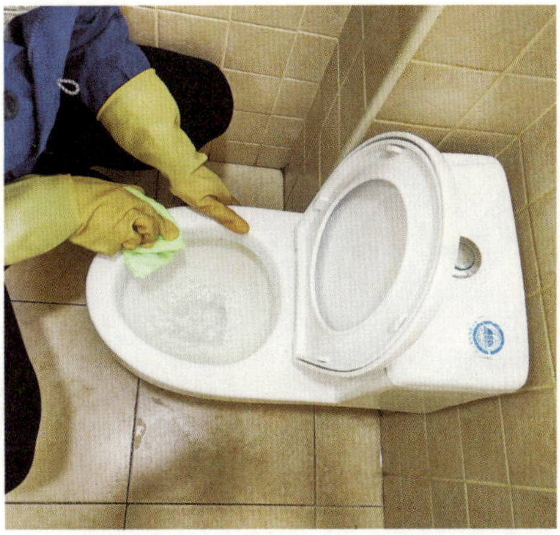

图 3-5-100　擦拭消毒坐便器底座上部

图 3-5-101　擦拭消毒坐便器底座下部

图 3-5-102　消毒液冲淋并用便器刷刷洗坐便器内壁

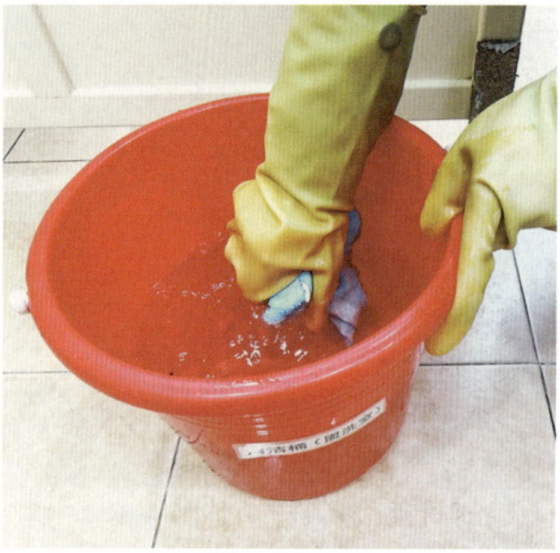

图 3-5-103　专用清水抹布浸入清水桶内

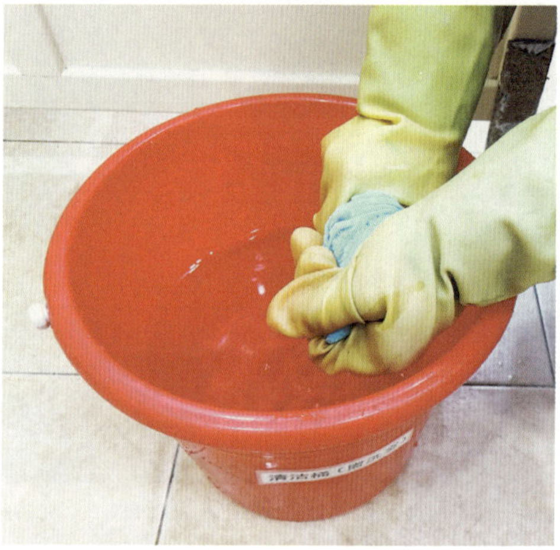

图 3-5-104　拧干专用清水抹布

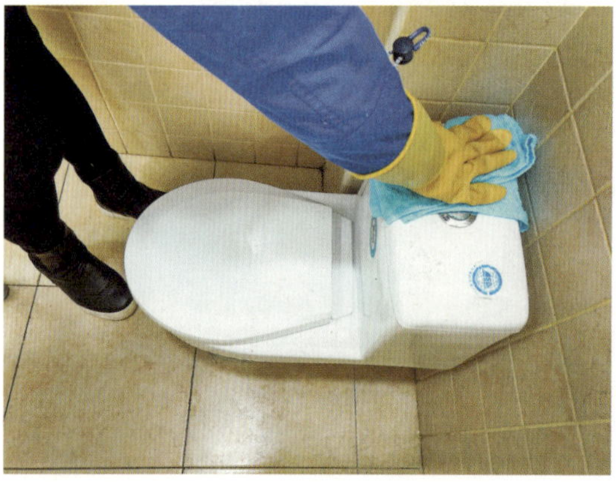

A 水箱

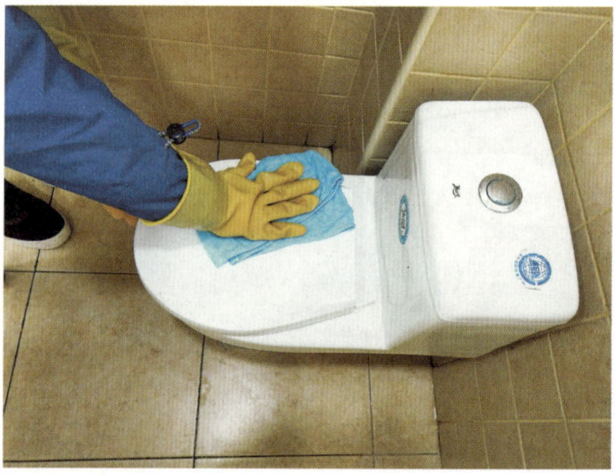

B 盖板

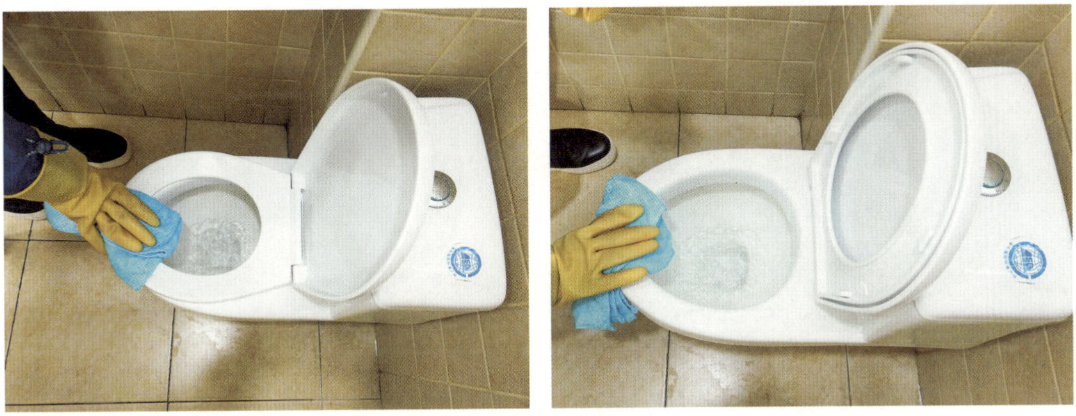

C 垫圈　　　　　　D 底座

图 3-5-105　用清水抹布去除消毒液残留

注意事项：坐便器一用一冲洗，保持洁净干燥无异味。消毒重点部位是坐便器坐垫圈，消毒液擦拭消毒 15～30 分钟。根据坐便器实际使用频率，建议每日湿式清洁 2 次、消毒 1 次。

（二）蹲便器

图 3-5-106　准备蹲便器消毒工具：盥洗室专用消毒桶、便器刷

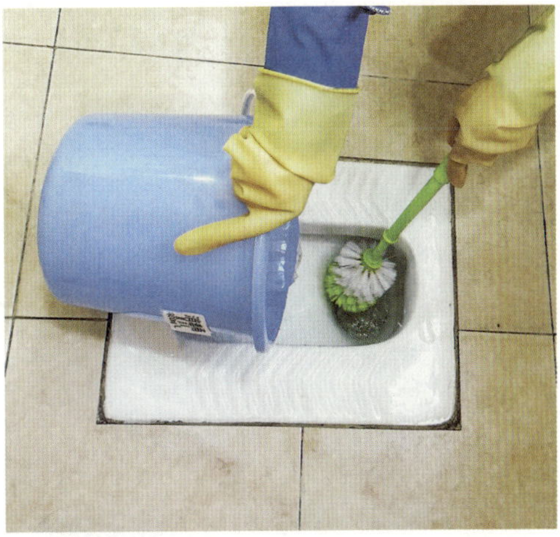

图 3-5-107　消毒液冲淋并刷洗蹲便槽内壁

图 3-5-108　15～20 分钟后，按压蹲便器冲水开关冲洗完成消毒

注意事项：蹲便器一用一冲洗，保持洁净干燥无异味。根据蹲便器实际使用频率，建议每日消毒 1 次。

（三）小便池

图 3-5-109　准备小便池消毒工具：盥洗室专用消毒桶、盥洗室专用清水桶、专用消毒抹布、专用清水抹布、便器刷

图 3-5-110　专用消毒抹布浸入消毒桶内

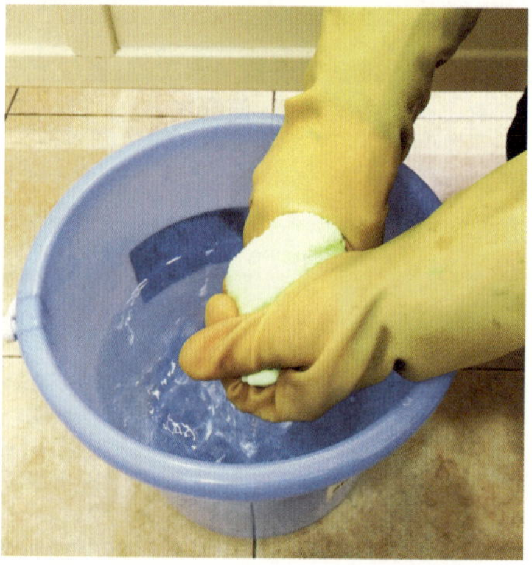

图 3-5-111　适当拧干专用消毒抹布

图 3-5-112　擦拭消毒小便池冲水按钮

图 3-5-113　擦拭消毒小便池外部

图 3-5-114　消毒液冲淋并刷洗小便池内壁，作用 15~20 分钟

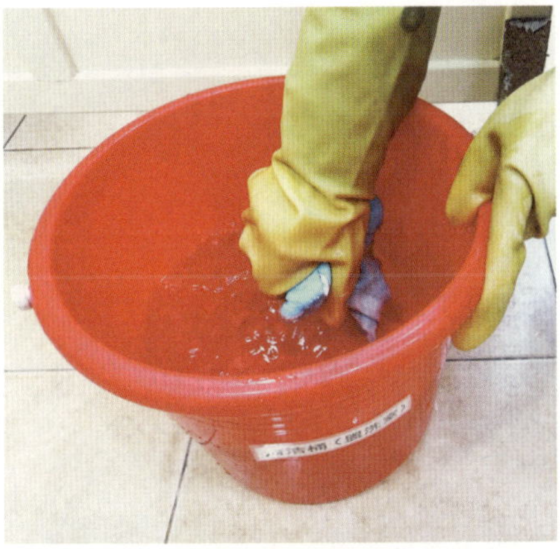

图 3-5-115　专用清水抹布浸入清水桶内

图 3-5-116　拧干专用清水抹布

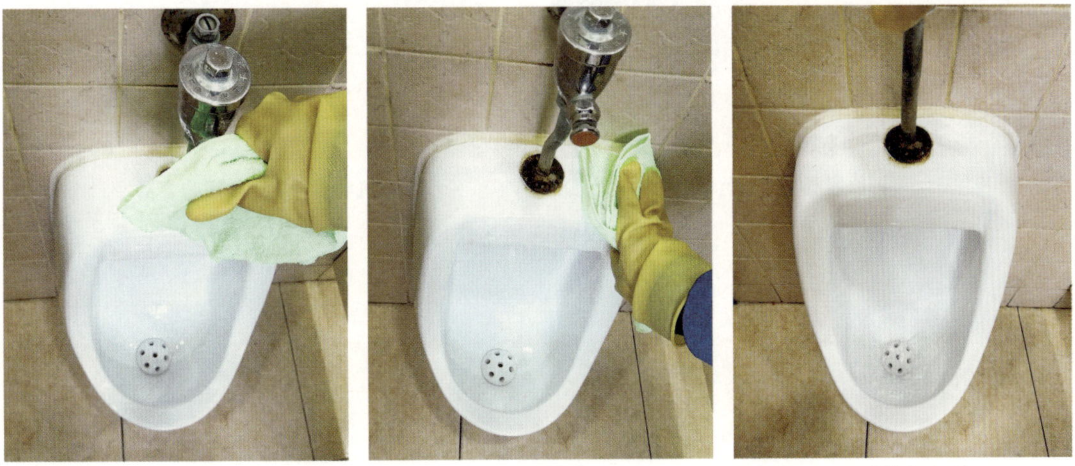

A 按钮　　B 外表面　　C 冲淋内表面

图 3-5-117　去除消毒液残留

注意事项：小便池一用一冲，保持周边环境洁净干燥无异味。消毒重点部位是冲水按钮，建议每日消毒 1 次。

八、盛装吐污物的容器、痰盂(杯)等

图 3-5-118　准备消毒工具：专用消毒浸泡箱/桶、清洁刷

A 污物容器去除污物

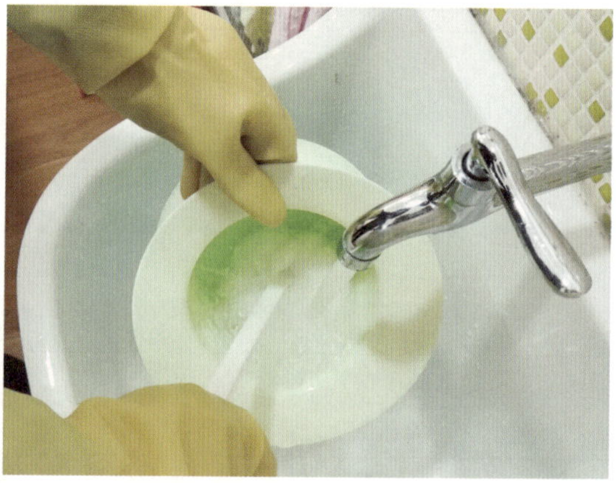

B 流动水冲刷干净污物容器

图 3-5-119　去除污物

A 污物容器和清洁刷一起放入专用消毒浸泡箱浸没于消毒液内

B 加盖浸泡消毒作用30分钟

图 3-5-120　浸泡消毒

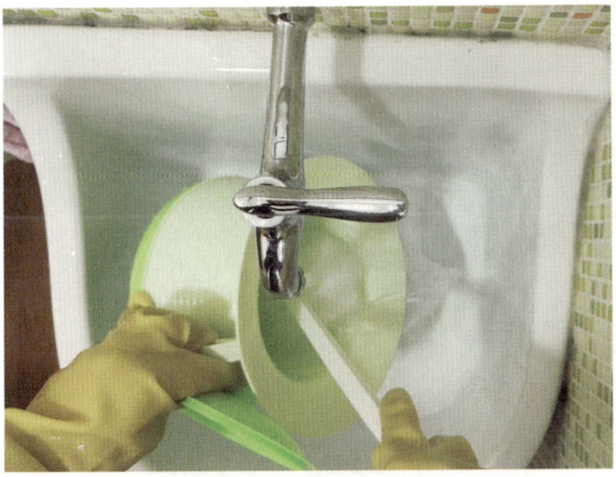

A 清水冲洗容器

B 清水冲洗清洁刷

图 3-5-121　去除消毒液残留

图 3-5-122　容器沥干或阳光晒干，干燥保存备用

注意事项：每次用后立即清洗消毒，可用 500~1 000 毫克/升含氯消毒液浸泡消毒 30 分钟。

九、毛巾、被褥、台布等纺织品

（一）蒸汽或煮沸消毒

A 使用洗衣机清洗毛巾并甩干

B 手工清洗毛巾并拧干

图 3-5-123　清洗毛巾并甩干或拧干

A 蓬松装入消毒网篮放入蒸箱消毒

B 毛巾放入沸水中煮沸消毒

图 3-5-124　蒸汽或煮沸消毒

图 3-5-125　消毒毛巾凉后阳光下暴晒或晾干

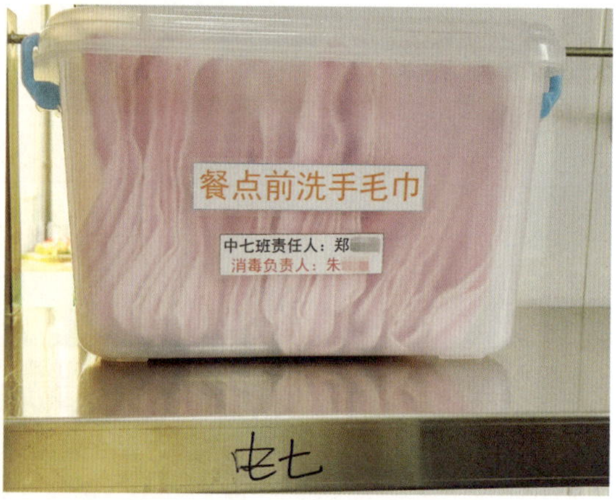

图 3-5-126　叠放整齐干燥清洁保存备用

注意事项：幼儿毛巾一人一巾一用一消毒，可采用流通蒸汽 100 摄氏度作用 20~30 分钟，或煮沸消毒作用 15~30 分钟。煮沸消毒时，被煮物品应全部浸没在水中。蒸汽消毒时，被蒸物品应疏松放置。从水沸腾时开始计时。

（二）清洗消毒烘干机消毒

图 3-5-127　毛巾放入织物专用清洗消毒机内

图 3-5-128　加入专用洗涤剂

A 选择适合的清洗消毒程序

B 开启织物清洗消毒机

图 3-5-129　启动清洗消毒机

A 织物清洗消毒机

B 织物清洗消毒机+烘干机

图 3-5-130　清洗消毒机自动完成织物的清洗消毒

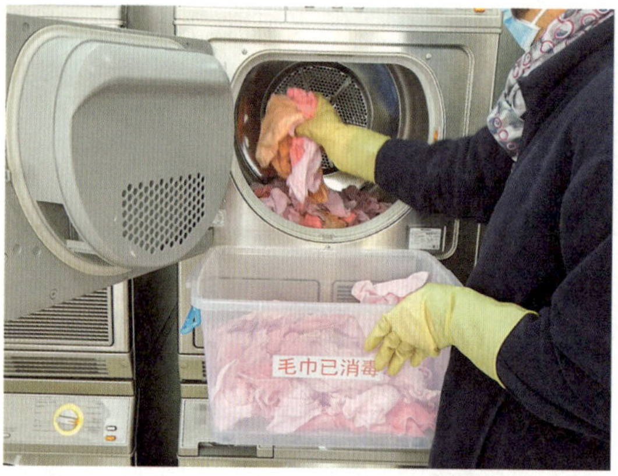

图 3-5-131　将完成清洗消毒的织物放入烘干机内

图 3-5-132　开启织物烘干机自动完成烘干工作

图 3-5-133　叠放整齐干燥清洁保存备用

注意事项：幼儿毛巾一人一巾一用一消毒。重复使用的与皮肤非直接接触的纺织品定期更换和清洁消毒，有明显污渍或受到污染时及时更换。使用清洗消毒机应根据使用说明进行规范操作，不得擅自更改清洗消毒程序。严禁超重超量清洗消毒。

（三）带烘干功能智能洗衣机清洗消毒

图 3-5-134　毛巾等织物放入洗衣机

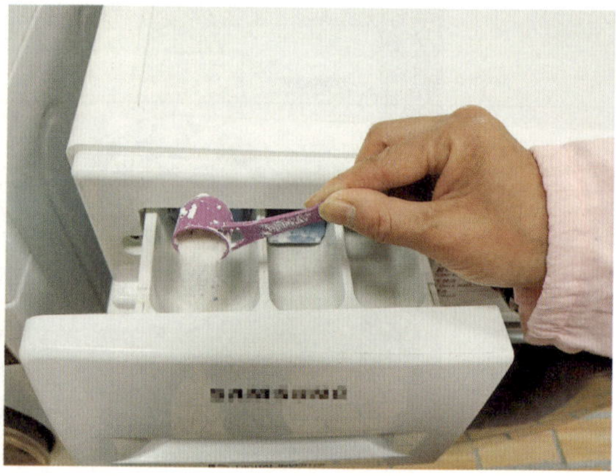

图 3-5-135　向洗衣机皂液槽内加洗涤剂

A 标准洗设置：温度80摄氏度及以上；
烘干水平：完全烘干

B 婴儿内衣程序：温度95摄氏度；
烘干水平：完全烘干

图 3-5-136　选择需要的清洗消毒烘干程序进行清洗消毒烘干

图 3-5-137　烘干毛巾整齐叠放于专用存放框内

图 3-5-138　消毒毛巾干燥清洁保存于专用保洁柜备用

注意事项：幼儿毛巾一人一巾一用一消毒，重复使用的与皮肤非直接接触的纺织品应定期更换清洁消毒，有明显污渍或受到污染时应及时更换。使用带烘干功能的智能洗衣机时，应根据说明书，选择水温 80 摄氏度以上的水清洗烘干程序。必要情况下，可使用具有消毒功能的洗涤剂，以确保消毒效果。严禁超重超量洗涤。

（四）被褥等织物日光暴晒消毒（清洗消毒程序参考毛巾的清洗消毒）

图 3-5-139　床垫被褥等阳光暴晒消毒

注意事项：被褥应一人一套，至少每月清洗 1～2 次，每 2 周日光暴晒一次。建议由家长带回清洗。

（五）污染衣物的处置

图 3-5-140　放置塑料袋中扎紧

图 3-5-141　交由家长带回清洗

注意事项：①被吐泻物或分泌物污染的衣物应尽快替换，建议置于塑料袋中，交由儿童（学生）带回家清洗。②若无法带回家清洗，应将污染的衣物与毛巾等其他纺织品分开清洗。③不建议手工清洗，可以使用专用洗衣机（如传染病专用洗衣机）清洗污染的衣物，操作流程按本部分（九、毛巾、被褥、台布等纺织品）进行操作。④清洗后使用洗衣机专用清洁消毒剂对洗衣机进行消毒，洗衣机消毒方法参见本节“十、公用洗衣机”。

十、公用洗衣机

图 3-5-142　在洗衣机内加入洗衣槽专用清洁消毒剂

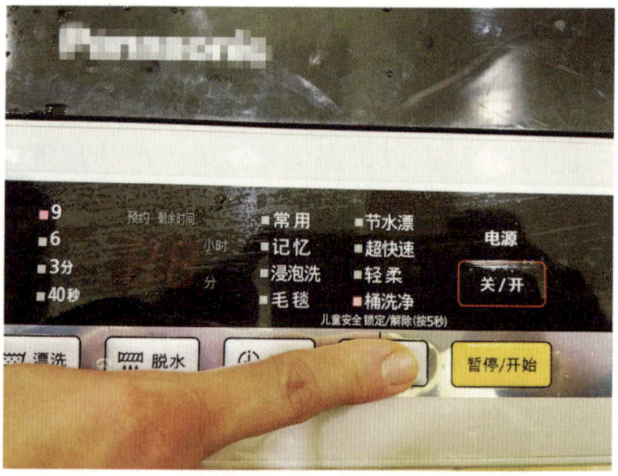

图 3-5-143　选择洗衣机“桶洗净”等自清洗功能

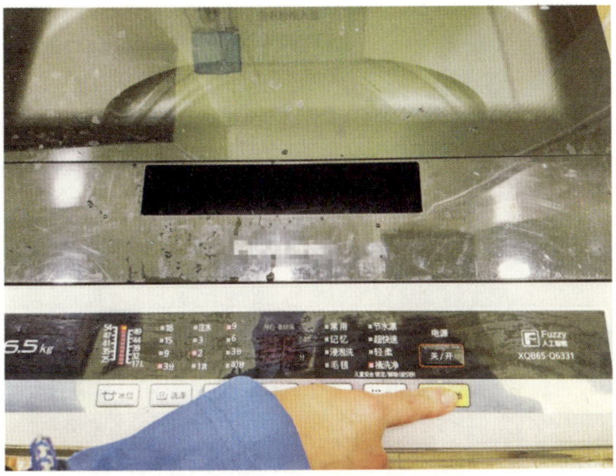

图 3-5-144　开启洗衣机清洗消毒洗衣机槽

注意事项：公用洗衣机不可用于清洗被吐泻物或分泌物污染的衣物。定期(如 1~2 次/月)使用洗衣机槽专用清洁消毒剂对洗衣机槽清洁消毒。

十一、拖鞋

A 使用清洁剂浸泡拖鞋去污　　B 清洁液中刷洗拖鞋正面　　C 清洁液中刷洗拖鞋反面

图 3-5-145　清洁拖鞋

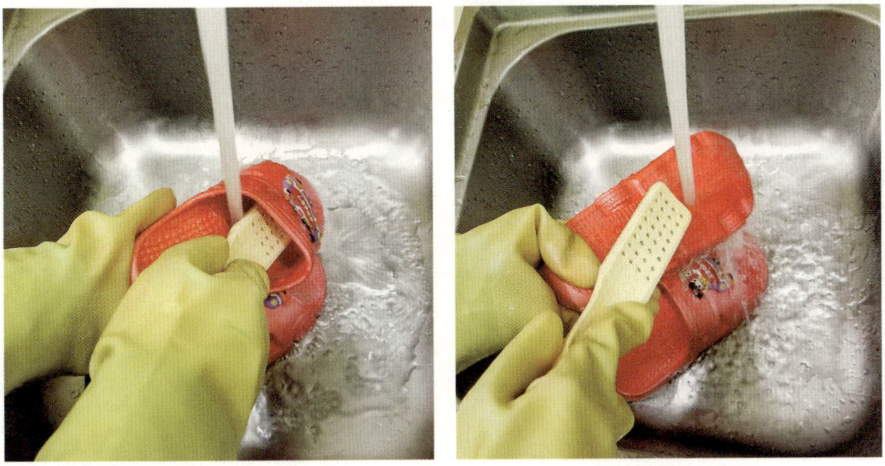

A 刷洗拖鞋正面　　B 刷洗拖鞋反面

图 3-5-146　流动水清除清洁剂

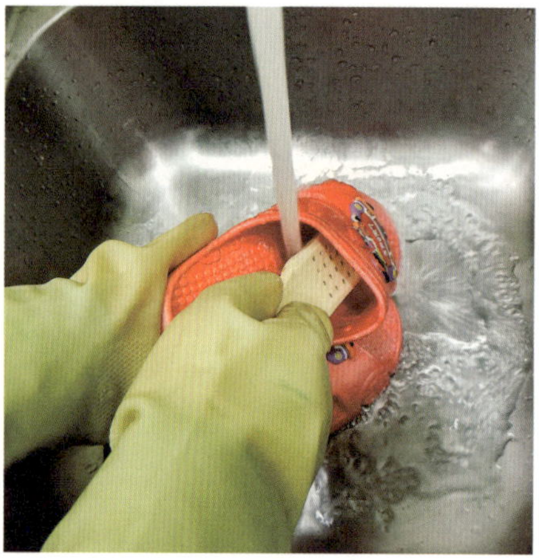

图 3-5-147 消毒液浸泡拖鞋后，流动水冲洗去除消毒剂残留

图 3-5-148 阳光暴晒拖鞋

注意事项：建议用自备拖鞋或专用，应根据使用频率定期进行清洁消毒，至少 1 次/周；有明显污渍或受到污染时应随时清洁消毒。

十二、文体活动用品和玩具

（一）浸泡消毒

图 3-5-149 适用对象：塑料、橡皮等类文体用品和小型玩具的浸泡消毒

A 使用流动水或温水清洗玩具

B 使用洗涤剂清洗玩具

图 3-5-150 清洗玩具

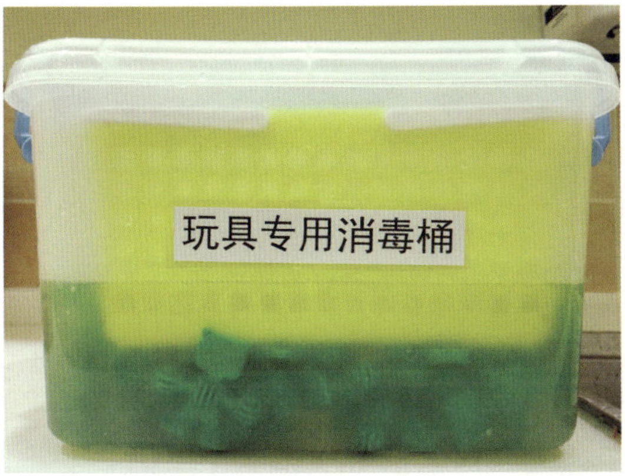

图 3-5-151　将沥干玩具放入专用消毒箱浸没于消毒液内，加盖作用 15~30 分钟

图 3-5-152　流动水冲洗去除消毒液残留

图 3-5-153　晾干或晒干备用

注意事项：日常以清洁为主，定期清洗消毒；文体用品及玩具如有污渍，应立即清洁消毒。建议每周预防性消毒处理 1 次。浸泡消毒时需使待消毒的物品完全浸没于消毒液中。

（二）擦拭消毒

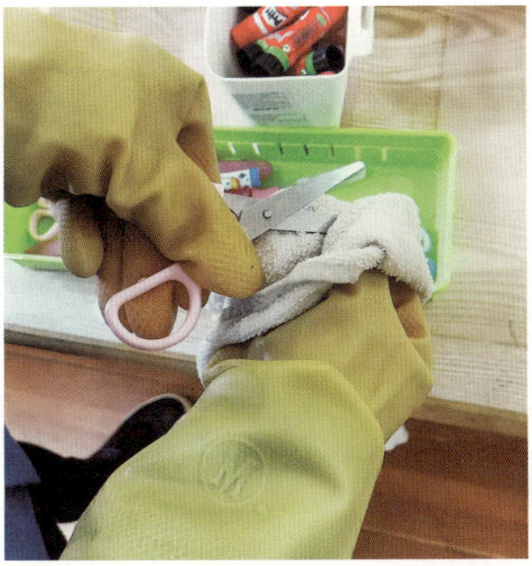

图 3-5-154　使用湿润或含有洗涤剂的抹布擦净玩具

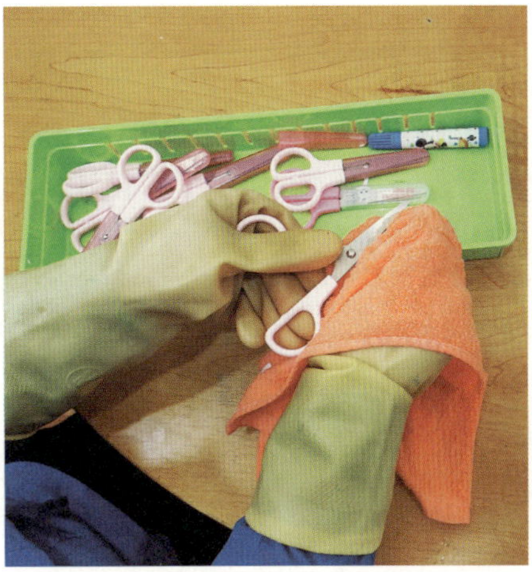

图 3-5-155　使用湿润的消毒抹布擦拭消毒玩具

图 3-5-156 保持玩具表面消毒液湿润，作用时间 15 分钟以上

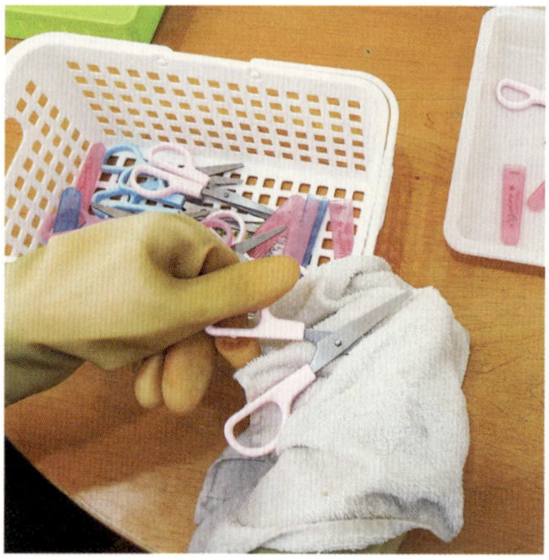

图 3-5-157 使用清水抹布擦拭玩具，去除消毒液残留

图 3-5-158 晾干或晒干备用

注意事项：①适用于不适合浸泡的玩具、金属及其他类文体用品。②日常以清洁为主，定期用清洗消毒，如有污渍应立即清洁消毒。建议每周预防性消毒处理 1 次。

（三）纸质、长毛绒类玩具

图 3-5-159 纸质类玩具不重叠放置，阳光暴晒 4 小时

图 3-5-160 长毛绒类不重叠放置，阳光暴晒 4 小时

注意事项：日常保持洁净不积灰尘。建议每周阳光暴晒消毒 1 次。

（四）大型玩具设施

注意事项：室外大型玩具一般情况下以清洁为主。室内大型玩具、室外大型玩具在传染病高发季节需要定期开展预防性消毒，建议每 1~2 周消毒一次。消毒方法参考本部分“四、一般物体表面”。

十三、电话机、传真机、打印机、电脑键盘、鼠标、小件办公用品

A 使用消毒湿巾进行擦拭消毒

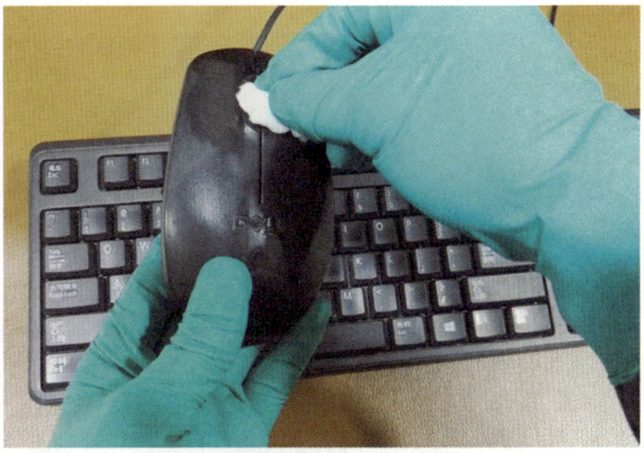

B 使用75%酒精棉球进行擦拭消毒

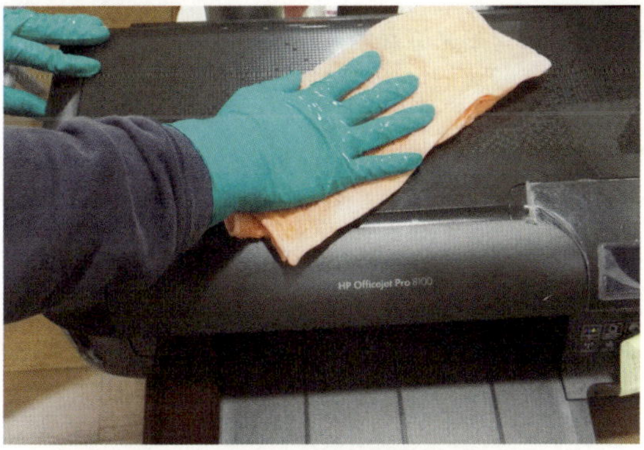

C 使用含有消毒液的消毒抹布进行擦拭消毒

图 3-5-161　对小件办公用品擦拭消毒（A~C）

图 3-5-162　消毒抹布擦拭消毒后，应使用清水抹布擦拭去除消毒液残留

注意事项：以日常清洗清洁为主，建议定期（1 次/周）进行预防性消毒。如怀疑其可能被污染时，可立即使用进行擦拭消毒。

十四、纸质书籍

图 3-5-163　翻开纸质书籍置阳光下暴晒 4 小时

图 3-5-164　使用文件消毒柜对书籍进行消毒

注意事项：使用文件消毒柜消毒时需按照说明书操作。公用纸质书籍根据使用频率，建议每 2 周暴晒消毒 1 次。

十五、听诊器、压舌板、体温表等诊疗用品

（一）听诊器

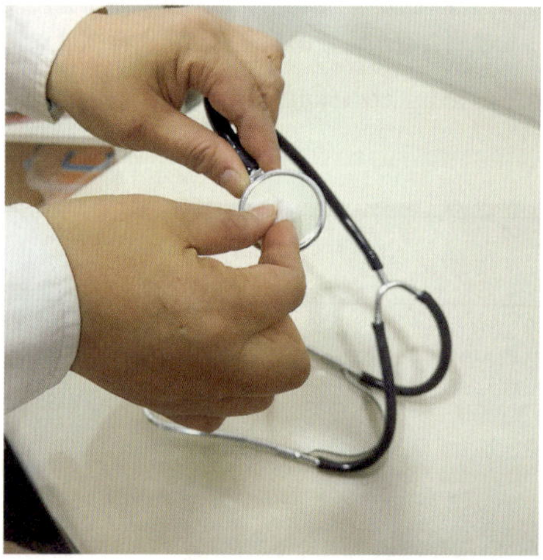

图 3-5-165　使用 75%酒精棉球、棉片或消毒湿巾进行擦拭消毒

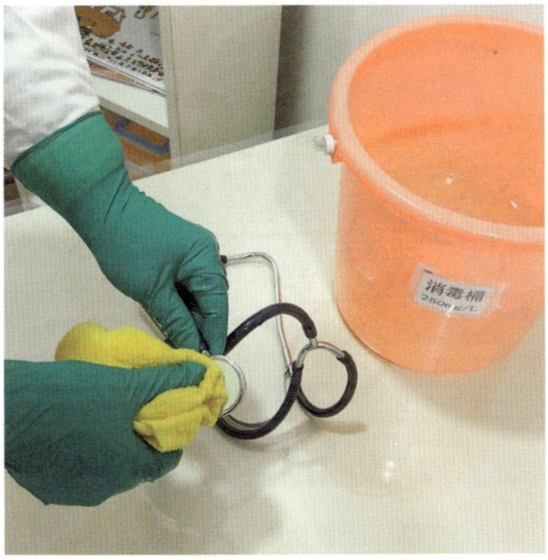

图 3-5-166　怀疑有污染时使用 1 000～2 000 毫克/升的含氯（溴）消毒液进行擦拭消毒

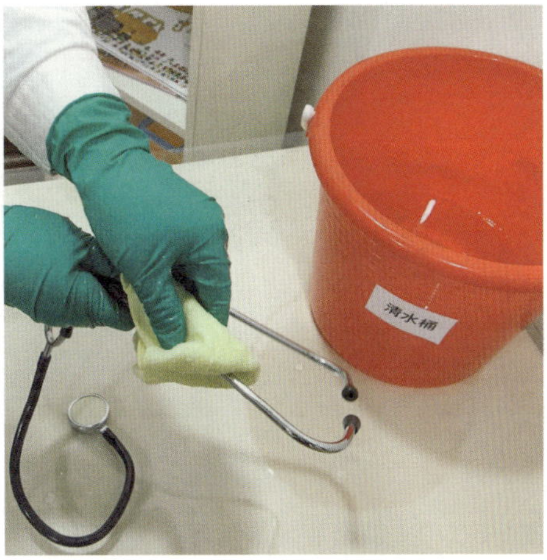

图 3-5-167　作用 15 分钟后，用清水抹布擦拭去除消毒液残留

注意事项：每位学生（儿童）使用后立即进行消毒。

（二）压舌板

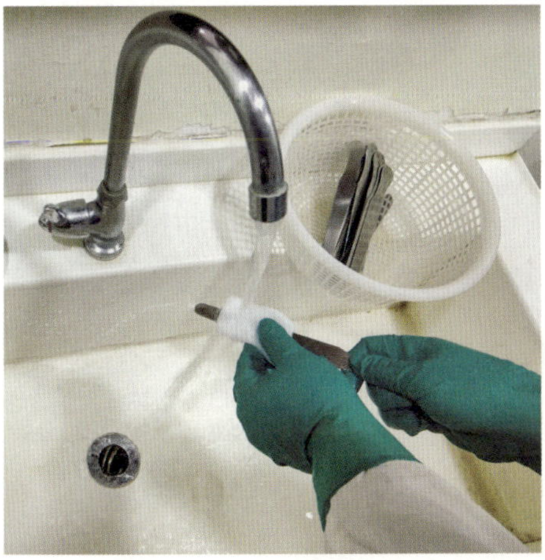

图 3-5-168　流动水冲洗洗净压舌板

A 放入沸水内煮沸消毒压舌板

B 放入蒸箱流动蒸汽消毒压舌板

C 消毒液浸泡消毒压舌板

图 3-5-169　消毒压舌板

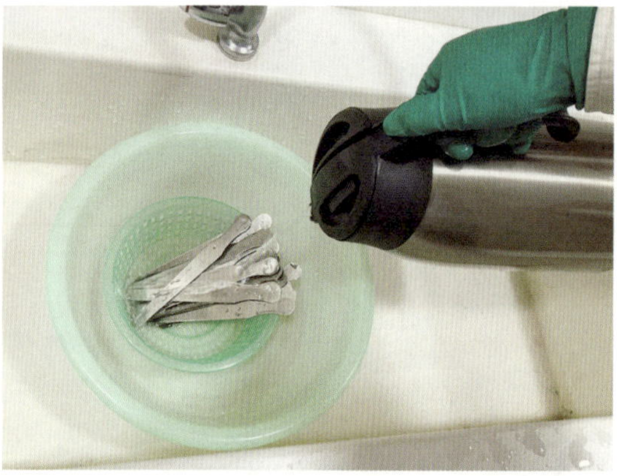

图 3-5-170　消毒液浸泡消毒后需用开水冲洗去除消毒液残留

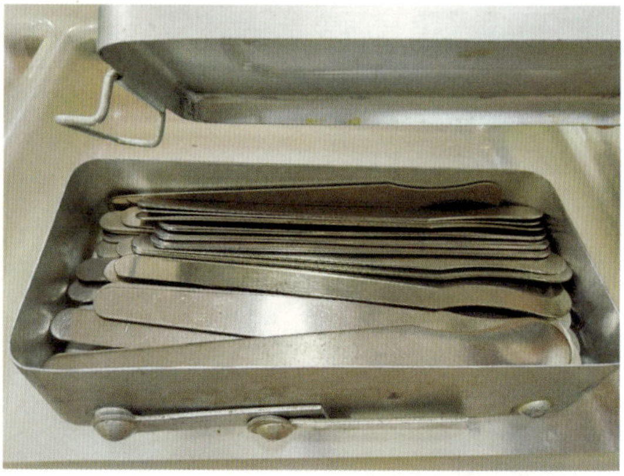

图 3-5-171　压舌板晾干后干燥保存备用

注意事项：尽量使用一次性压舌板，重复使用的压舌板应一人一用一清洗消毒。首选物理消毒方法，流通蒸汽 100 摄氏度作用 20~30 分钟，或煮沸消毒作用 15~30 分钟，也可清洗后采用消毒液浸泡消毒 15~30 分钟。

（三）体温表

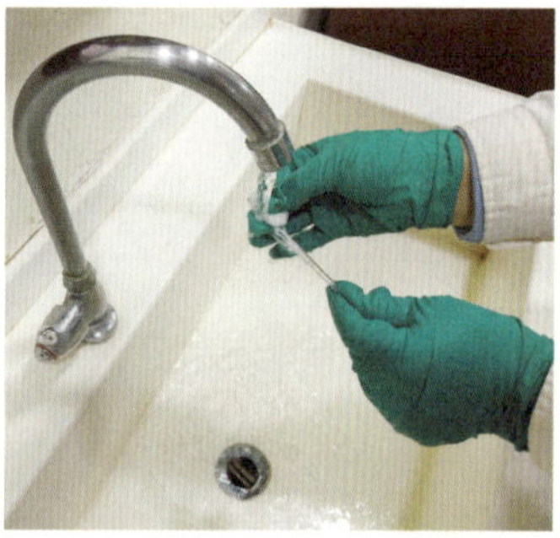

A 用流动水清洗干净并擦干

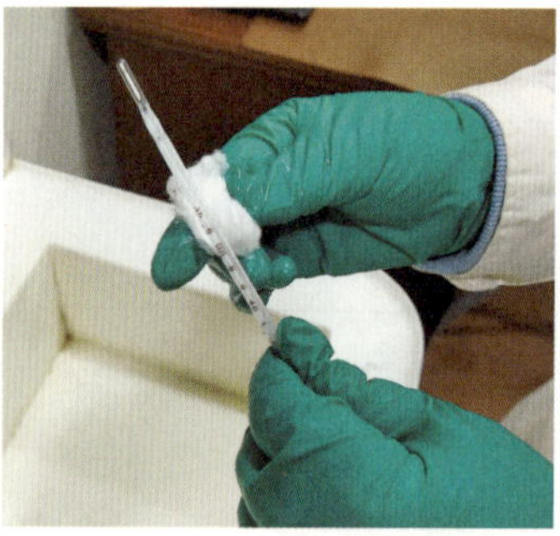

B 用酒精棉球擦净体温表

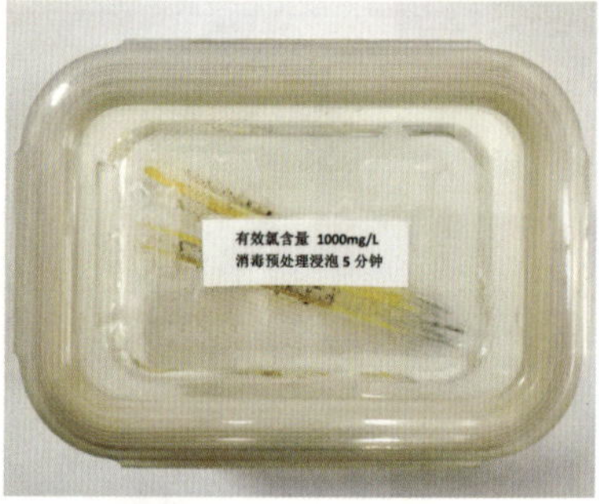

C 体温表直接放入消毒液中预处理浸泡消毒5分钟

图 3-5-172　清洁体温表（A~C）

图 3-5-173　不同类别体温表分别放入各自专用消毒容器中浸泡消毒 30 分钟

A 使用冷开水冲洗干净并擦干　　B 使用酒精棉球擦干净

图 3-5-174　去除体温表消毒剂残留

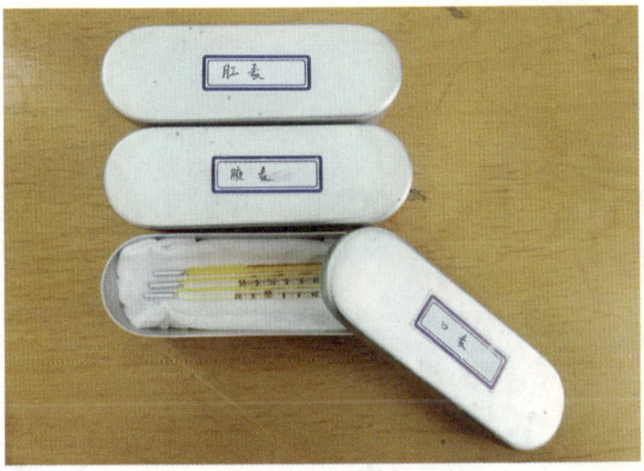

图 3-5-175　不同类型体温表分别干燥保存备用

注意事项：体温表应一人一用一消毒；肛表、腋表与口表应放入不同容器内消毒与保存。

十六、清洁用具

（一）拖把、抹布

幼儿毛巾	颜色	粉红 ● 黄色 ●	橘红 ●	玫红 ●	青色 ●	浅蓝 ●	保育员毛巾	橘红 ●	深蓝 ●	西瓜红 ●
	用途	来园前洗手	餐点前洗手	餐点后擦嘴	户外活动	机动		清洁毛巾	消毒毛巾	洗杯毛巾
拖把	颜色	绿色 ●	蓝色 ●				盥洗室毛巾	浅蓝 ●	淡绿 ●	玫红 ●
	用途	教室	盥洗室					生活区清洁、消毒	马桶水箱、便池开关清洁、消毒	马桶专用清洁、消毒

图 3-5-176　清洁消毒抹布、拖把（地巾）分色管理（以上颜色仅供参考）

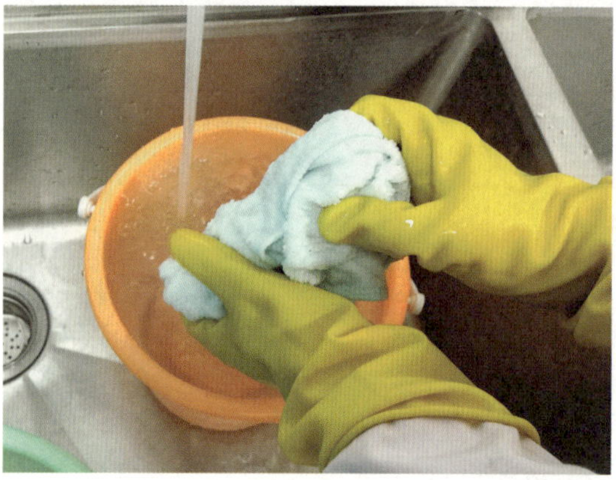

A1 手动清洗抹布

A2 手动清洗拖把

A 手动清洗抹布、拖把

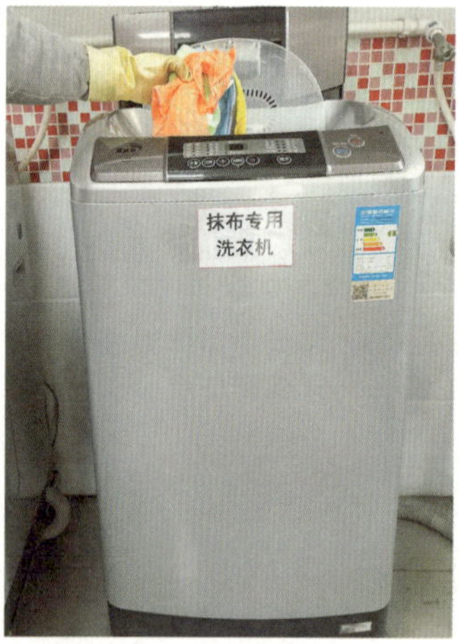

B1 机洗抹布

B2 机洗可脱卸的拖把头(地巾)

B 使用专用洗衣机清洗抹布、拖把

图 3-5-177　清洁抹布、拖把

A 浸泡消毒抹布

B 浸泡消毒拖把

图 3-5-178　必要时，使用消毒液浸泡消毒，消毒后清水冲洗去除消毒剂残留

A 抹布

B 拖把

图 3-5-179　抹布和拖把阳光下暴晒悬挂晾干

图 3-5-180　有条件的使用烘干设备烘干

A 抹布

B 拖把

消毒篇

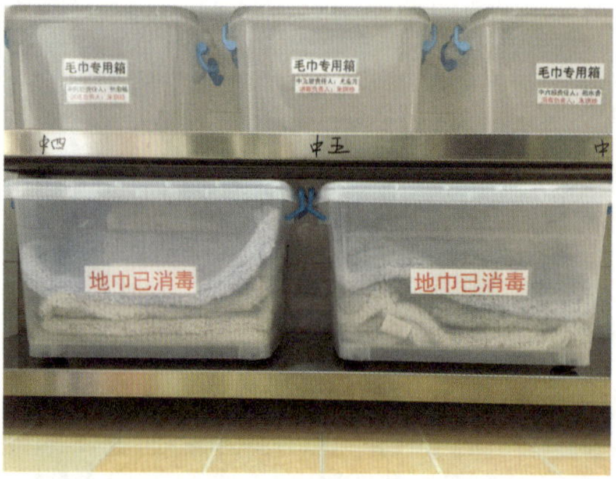

C 地巾

图 3-5-181 分类悬挂、干燥保存抹布、拖把、地巾

操作要点及注意事项：不同的区域使用不同的拖布和抹布，营养室、盥洗室的拖布、抹布应专用；推荐针对不同区域（如营养室、盥洗室）用不同的颜色编码清洁用具。可定期（1~2 次/日）用消毒液浸泡消毒，或用清洗消毒剂、含二氧化氯的消毒洗衣粉对拖布和抹布浸泡洗涤消毒。

（二）清洁桶

A 流动水冲洗清洁桶内外桶壁

B 清洁剂洗净清洁桶内外桶壁

图 3-5-182 清洗清洁桶

A 在清洁桶内放入混匀的足够浓度消毒液浸泡消毒

B 浸泡消毒足够时间

图 3-5-183 消毒清洁桶

图 3-5-184　消毒完成后倒置清洁桶沥干水或在阳光下晒干

图 3-5-185　清洁桶干燥保存备用

注意事项：清洁桶每次使用后用温水和清洁剂清洗，充分干燥后倒置储存。

十七、餐桌、餐茶具、熟食盛具

（一）餐桌

图 3-5-186　准备餐桌消毒工具：消毒桶、清水桶、专用消毒抹布、专用清水抹布

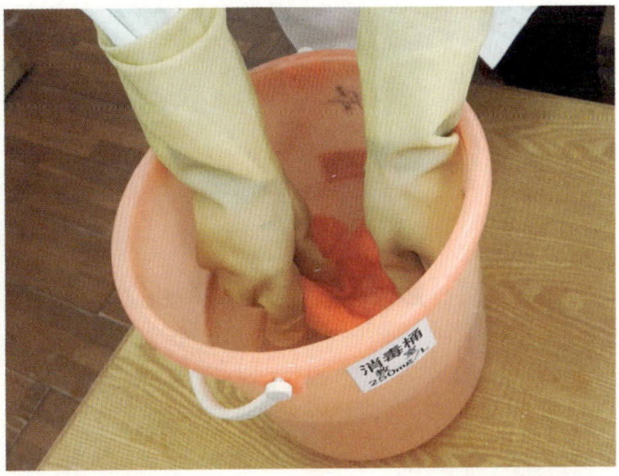

图 3-5-187　专用消毒抹布浸入配制好的消毒液内

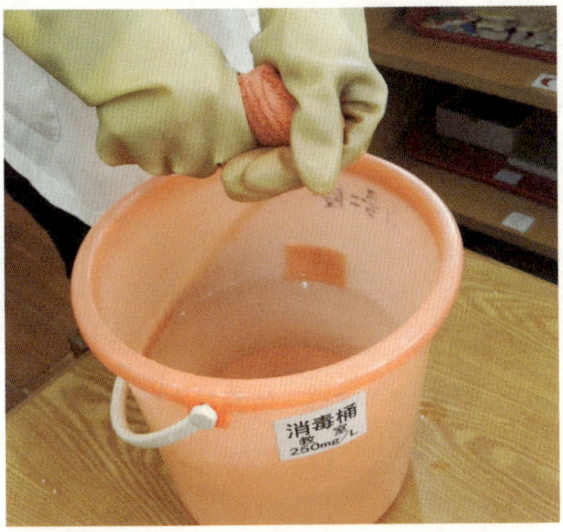

图 3-5-188　适当拧干专用消毒抹布（以抹布不滴液为度）

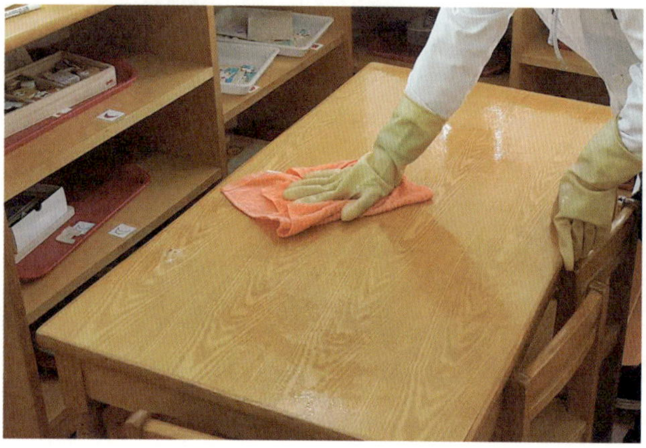

图 3-5-189　按顺序（从上到下、从左到右）擦拭消毒桌面

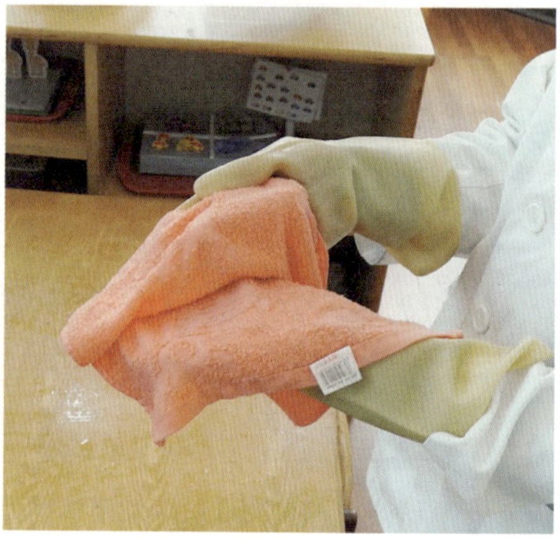

图 3-5-190　消毒抹布翻面对折

图 3-5-191　按顺序擦拭消毒桌面四边四角

图 3-5-192　桌面保湿消毒液湿润作用足够时间

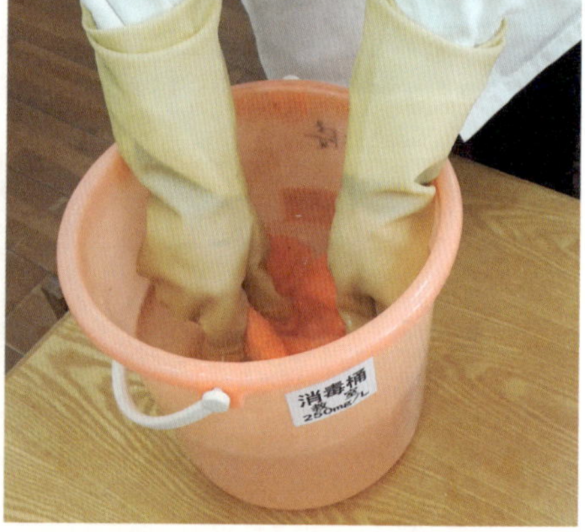

图 3-5-193　消毒抹布放入消毒桶内搓洗

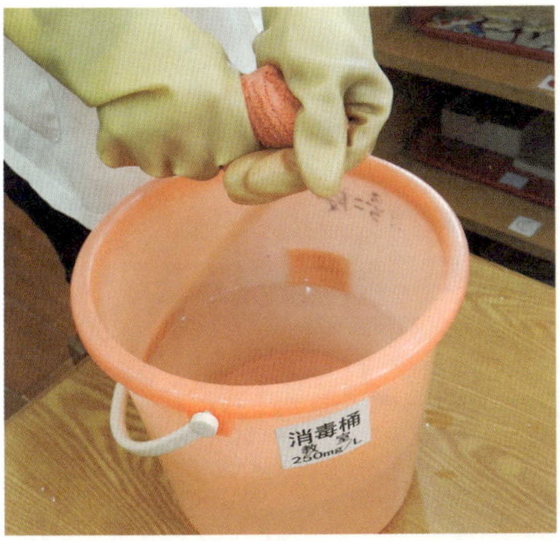

图 3-5-194　适当拧干消毒抹布

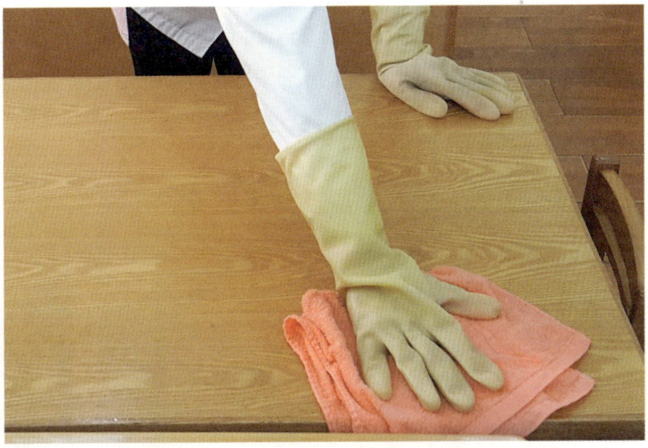

图 3-5-195　擦拭消毒下一张桌面

A 专用清水抹布浸入清水桶内

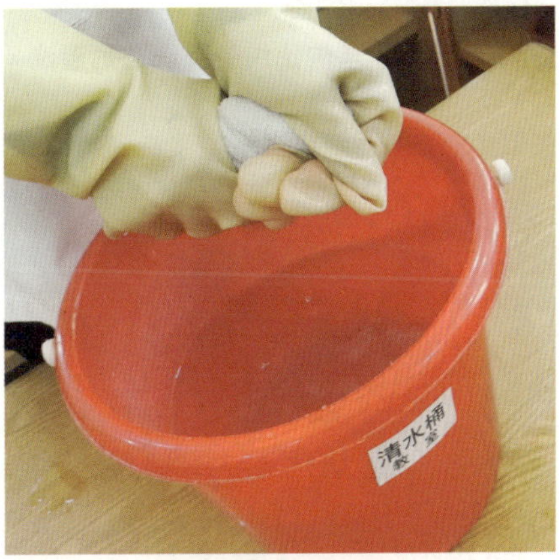

B 拧干专用清水抹布

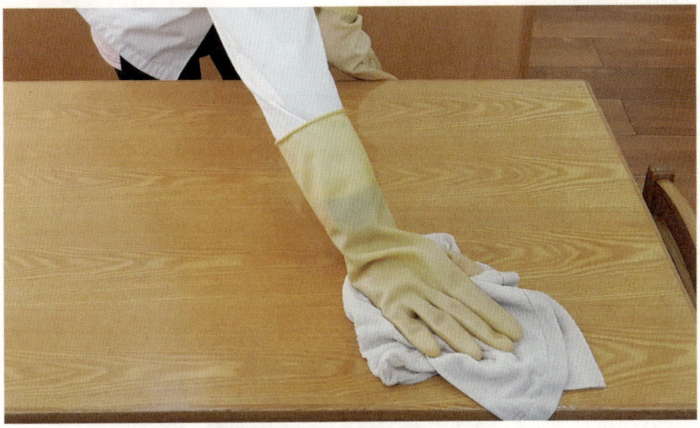

C 专用清水抹布擦拭去除消毒液残留

图 3-5-196　去除消毒液残留

注意事项：餐桌在使用前30分钟进行清洁消毒。用400～1 000毫克/升季铵盐类消毒液或250毫克/升含氯（溴）消毒液擦拭消毒，作用时间15～20分钟后，用清水去除消毒液残留。与活动、教学合用的餐桌，或有污渍的餐桌，按照“清洁-消毒-清洁”的程序进行。专用消毒（清水）抹布建议一擦拭一翻面，消毒（清洁）一桌一搓洗。

（二）餐茶具、熟食盛具

图3-5-197　在专用水槽内使用餐具洗洁剂清洗

图3-5-198　使用流动水冲洗去洗洁剂残留

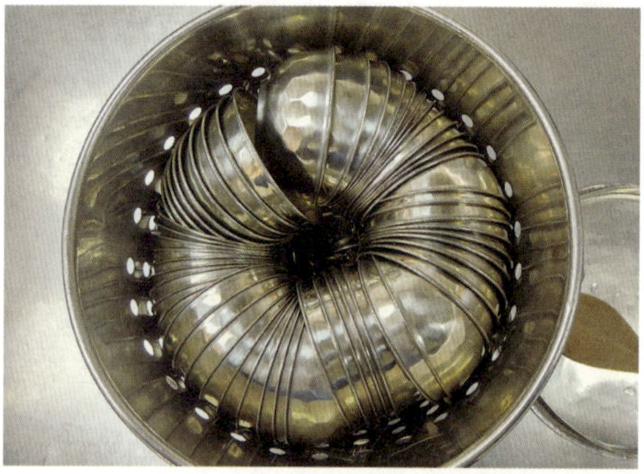

图3-5-199　松散盘放在专用筐内沥干

图3-5-200　专用筐加盖

A 放入蒸箱进行流通蒸汽消毒

B 放入煮水桶煮沸消毒

图3-5-201　蒸汽或煮沸消毒

图 3-5-202　消毒后干燥保存

注意事项：餐茶具和熟食盛具应专用或一人一用一清洗消毒，严格执行“一洗二冲三消毒四保洁”制度。

十八、手

（一）流动水洗手

图 3-5-203　淋湿双手

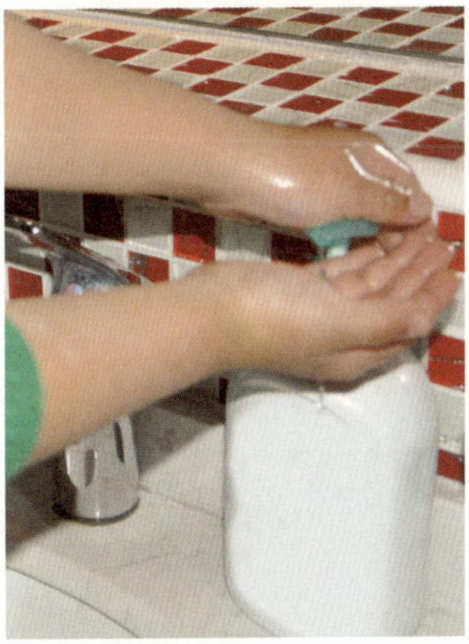

图 3-5-204　使用洗手液或肥皂

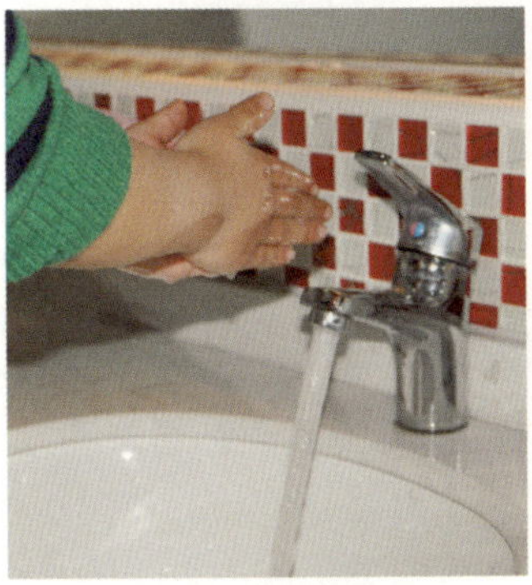

A 掌心相对揉搓

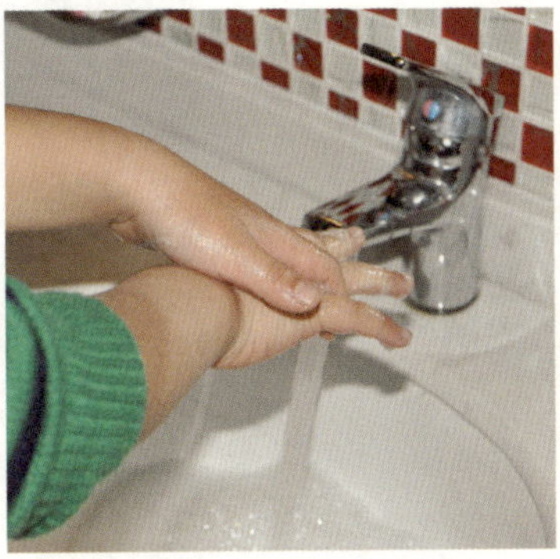

B 手指交叉，掌心对手背揉搓

C 手指交叉，掌心相对揉搓

D 弯曲手指关节,在另一手掌心揉搓

E 拇指在掌中揉搓

F 指尖在掌心揉搓

G 搓洗手腕

图 3-5-205　揉搓双手至少 15 秒(A~G)

图 3-5-206　用清水把手冲洗干净

图 3-5-207　用清水将水龙头冲洗干净,再关闭水龙头

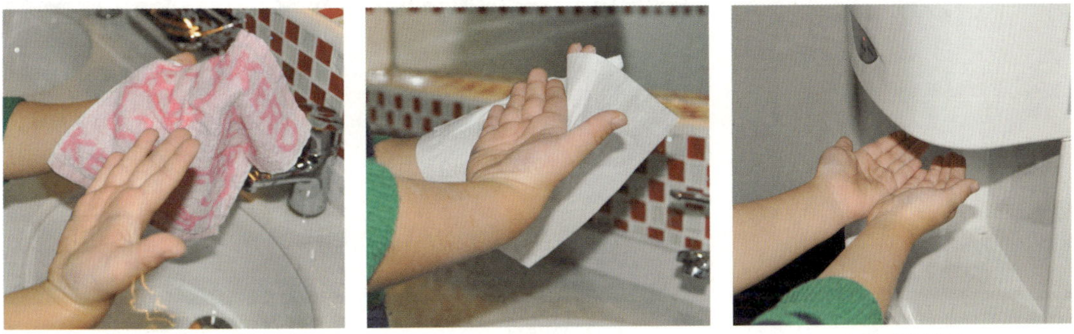

A 毛巾擦干　　B 纸巾擦干　　C 烘干机烘干

图 3-5-208　用干净的毛巾/纸巾擦干或烘干机烘干

注意事项：儿童（学生）入园（校）时、用餐前、如厕后、接触公共设施后、体育课后、做好卫生后和接触了鼻涕、唾液后等均应及时洗手；晨检人员、保育员和营养员在开始工作前，分餐人员在分餐工作开始前应及时洗手；晨检人员、保育员和营养员在接触可疑感染儿童（学生）及其污染物品后应立即洗手。一般情况下采用流动水和洗手液即可，搓手应充分，时间不少于 15 秒。

（二）速干免洗手消毒剂消毒

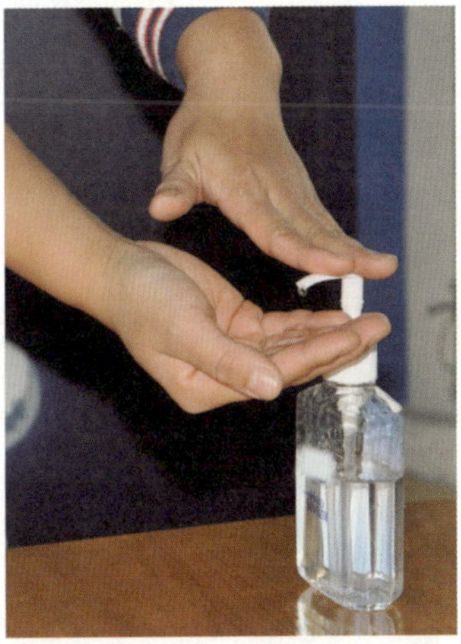

图 3-5-209　取适量的速干免洗手消毒剂于掌心，并涂满表面

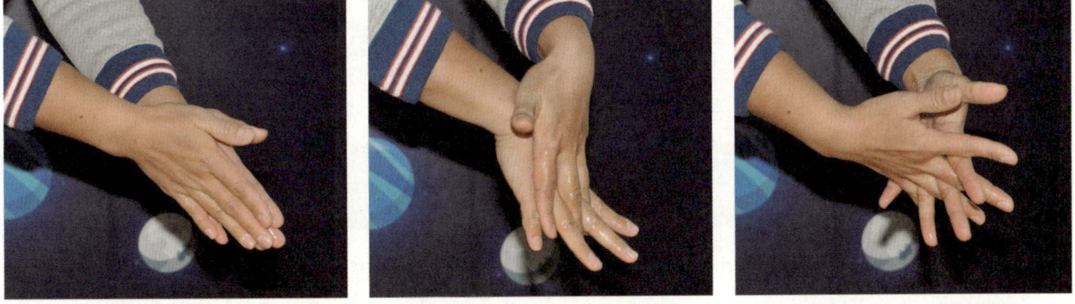

A 掌心相对揉搓　　B 手指交叉，掌心对手背揉搓　　C 手指交叉，掌心相对揉搓

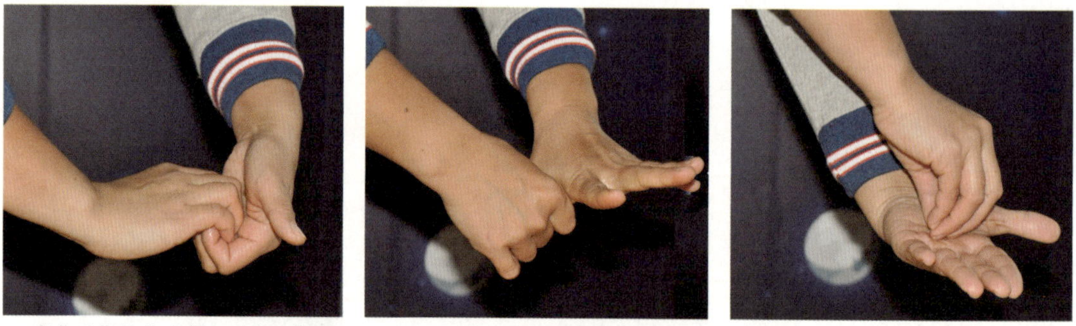

D 弯曲手指关节,在另一手掌心揉搓　　E 拇指在掌中揉搓　　F 指尖在掌心揉搓

图 3-5-210　“六步洗手法”充分搓揉双手消毒(A~F)

注意事项:认真搓揉双手 15 秒以上,直至消毒剂挥发干。在保健老师晨检等不方便流动水洗手、传染病医学观察隔离班及传染病高发季节等必要时,可用合格的速干免洗手消毒剂消毒。不建议托幼机构儿童随意使用含醇类的手消毒剂,若儿童必须使用含醇类的手消毒剂时(如无法使用洗手设施),须有成年人监督用量并帮助儿童搓揉双手每个部位。

十九、吐泻物、分泌物

图 3-5-211　使用含过氧乙酸等高效消毒因子的干巾覆盖呕吐物

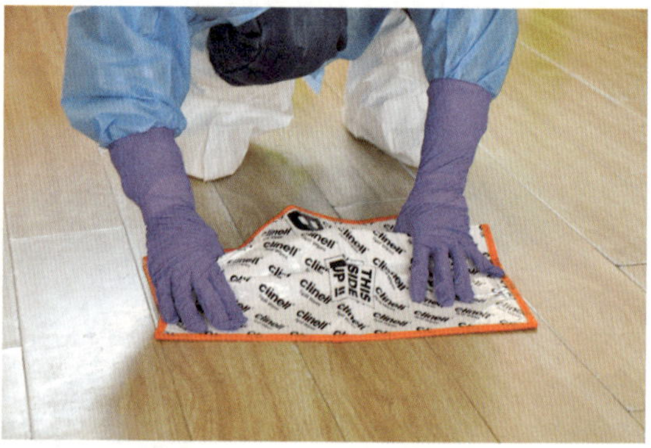

图 3-5-212　摁压干巾,使消毒粉剂与呕吐物充分接触

图 3-5-213　将吸附污物的干巾收入密封袋

图 3-5-214　使用含过氧乙酸或过氧化氢或含氯消毒剂等高水平消毒因子的湿巾擦拭呕吐物残留及周围区域

图 3-5-215　呕吐现场各环节擦拭消毒，消毒半径不小于 2 米

图 3-5-216　呕吐现场地面消毒

图 3-5-217　消毒完成后，清洁用品浸泡消毒

注意事项：学生（儿童）发生呕吐后，当班老师或保育员老师应立即有序疏散周围学生。使用一次性呕吐物应急处置包清理和处置呕吐物或腹泻物，不可使用拖布或抹布直接清理污物。呕吐腹泻物处置应由老师或工作人员执行，并做好个人防护，不可由学生操作。

二十、通风设备

（一）可拆卸壁扇（或排风扇）

A 拆卸防护网罩　　B 流动水冲洗

图 3-5-218　拆下壁扇防护网罩，流动水冲洗积灰，洗涤剂清洗污垢

图 3-5-219　擦洗风扇叶面去污

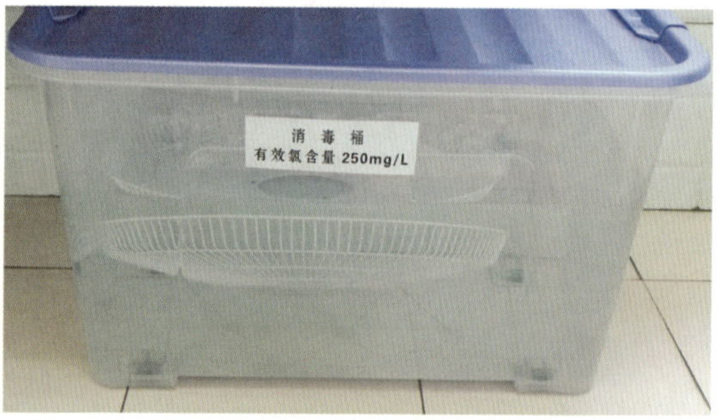

图 3-5-220　擦拭、浸泡消毒防护网罩

图 3-5-221　擦拭消毒风扇

图 3-5-222　清水冲洗防护网罩去除消毒液残留

图 3-5-223　清水抹布擦拭风扇叶面去除消毒液残留

图 3-5-224　晾干防护网罩装回壁扇，完成清洗消毒

注意事项：可拆卸壁扇、排风扇等机械通风设备根据使用频率定期进行清洁消毒，建议使用期间消毒频率为 2~4 次/月。

（二）不可拆卸排风扇

图 3-5-225　使用湿润的清水或清洁剂抹布擦拭清洁挡板上的积灰和污物

图 3-5-226　擦拭消毒排风扇挡板表面，保持湿润，作用 30 分钟

图 3-5-227　清水抹布擦拭排风扇挡板表面，去除消毒液残留，完成清洁消毒

注意事项：不可拆卸排风扇等机械通风设备，根据使用频率定期进行清洁消毒，建议使用期间消毒频率为 2~4 次/月。

（三）分体式空调滤网

图 3-5-228　拆下空调滤网

图 3-5-229　流动水冲洗滤网积灰，洗涤剂清洗污垢

A 消毒液冲洗消毒空调滤网

B 喷雾消毒空调滤网

图 3-5-230　消毒空调滤网

图 3-5-231　30 分钟后，清水冲洗空调滤网去除消毒液残留

图 3-5-232　晾干或太阳下晒干空调滤网

A 空调进风口　　B 空调出风口

图 3-5-233　湿式擦拭空调进出风口

A 擦拭空调进风口　B 擦拭空调出风口

图 3-5-234　擦拭消毒空调进出风口

A 清水去除空调进风口消毒液残留　　B 清水去除空调出风口消毒液残留

图 3-5-235　清水抹布擦拭去除消毒液残留

图 3-5-236　完成消毒后，装回空调滤网

注意事项：分体空调设备每次换季使用前应清洗过滤网和过滤器，使用过程中每月至少清洗一次过滤网和过滤器，必要时消毒。

（四）中央空调

注意事项：集中空调系统应由具有清洗消毒资质的专业机构，按照相关规范和要求，定期进行检查、检测和维护、清洗消毒。

二十一、游泳池、戏水池水

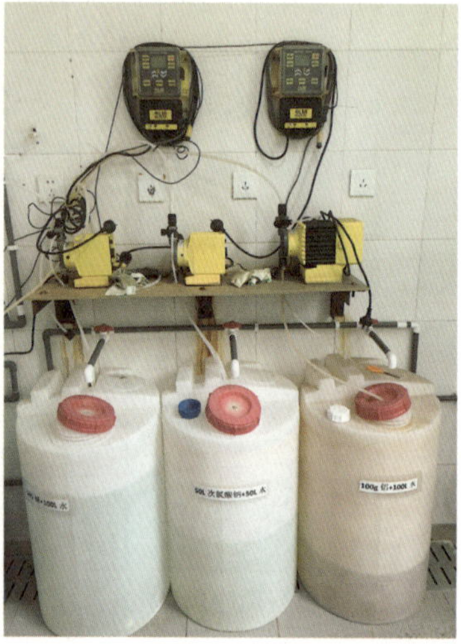

图 3-5-237　连续消毒法对游泳池水进行消毒

注意事项：使用中应每日补充新水，保持清洁无异味，池水应每日消毒，保证池水水质卫生良好。可采用连续消毒法或间歇消毒法，也可将对眼睛无刺激性的化学消毒剂加入池水中进行消毒。

（唐毅　马立人　沙天宇　林建海　罗春燕）

第六节　常见传染病消毒

一、呼吸道传染病

学校（幼儿园）常见呼吸道传染病包括水痘、流行性感冒、猩红热、流行性腮腺炎等；学校内发生流感样病例（发热伴咳嗽或咽痛）聚集性疫情时亦可参照本节要求来执行。

患儿在校（园）期间所处场所的空气消毒为终末消毒的重点，患儿所处教室、活动室、餐厅、卧室、盥洗室等场所的物体表面等也需要加强消毒。学校应在做好日常预防性消毒等工作的基础上，针对以下重点环节，适当增加消毒液浓度、消毒作用时间。

图 3-6-1　开窗通风

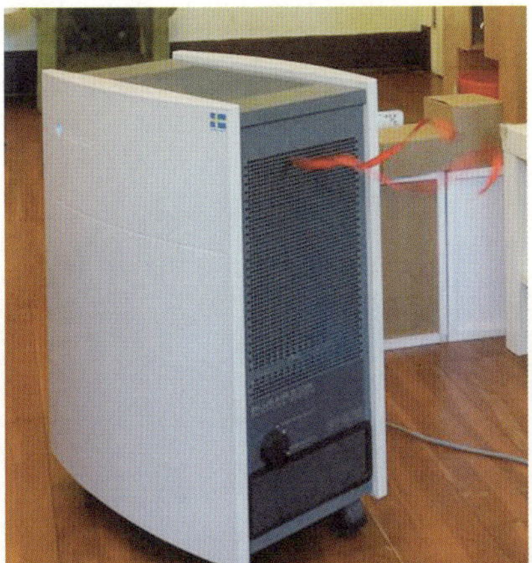

A 空气消毒机

B 气溶胶喷雾器

图 3-6-2　必要时使用空气消毒机或气溶胶喷雾消毒

图 3-6-3　教室桌面消毒

图 3-6-4　教室座椅消毒

图 3-6-5　教室玩具柜消毒

图 3-6-6　教室地面消毒

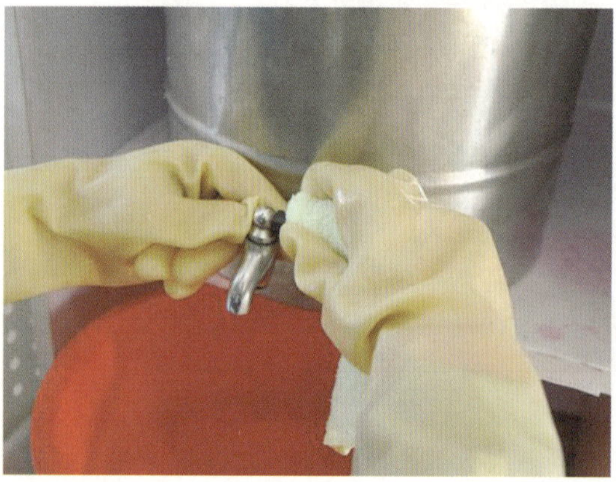

图 3-6-7　保温桶龙头消毒

图 3-6-8　用餐桌面消毒

A1 消毒液浸泡餐饮具

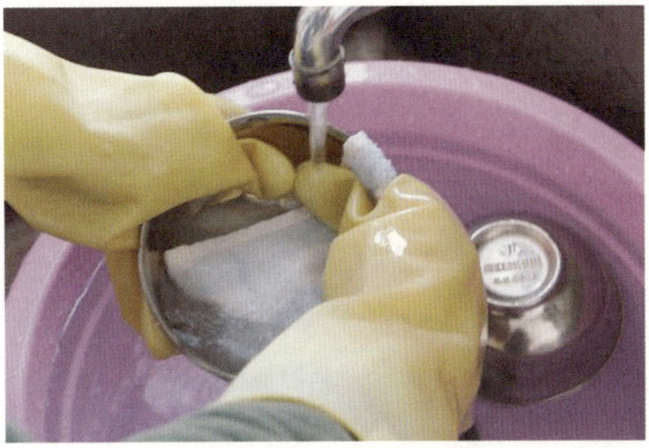

A2 消毒液浸泡后流动水清洗

B1 蒸汽消毒的摆放

B2 蒸汽消毒

图 3-6-9　餐饮具消毒

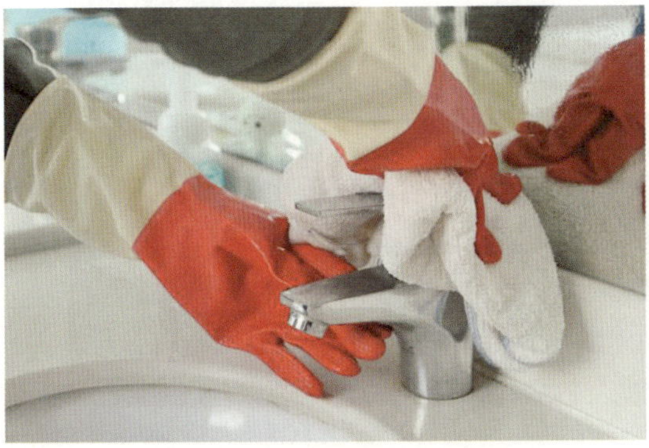

图 3-6-10　盥洗室水龙头消毒

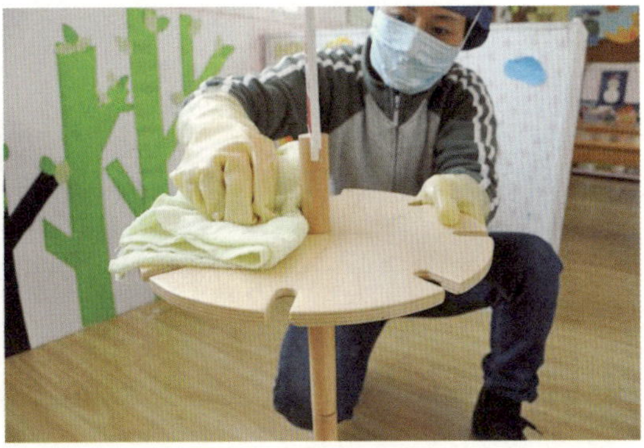

图 3-6-11　木质玩具消毒

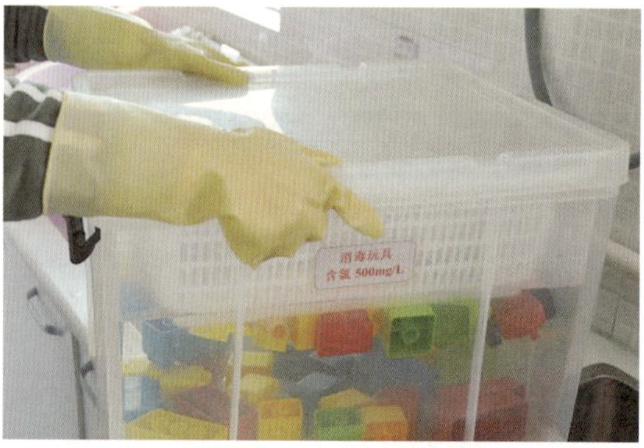

图 3-6-12　塑料玩具消毒

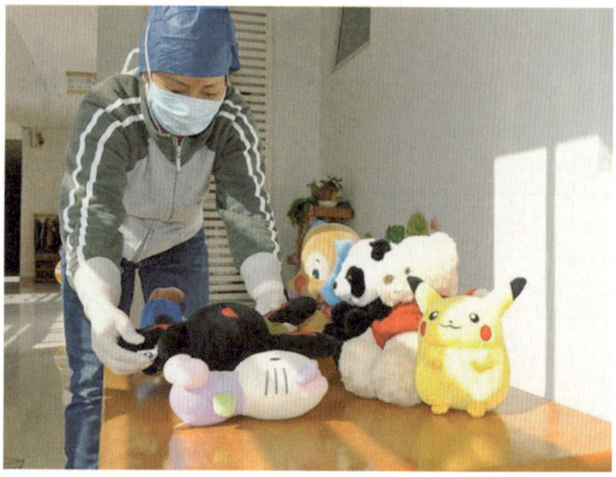
图 3-6-13　毛绒玩具消毒

图 3-6-14　课本书籍消毒

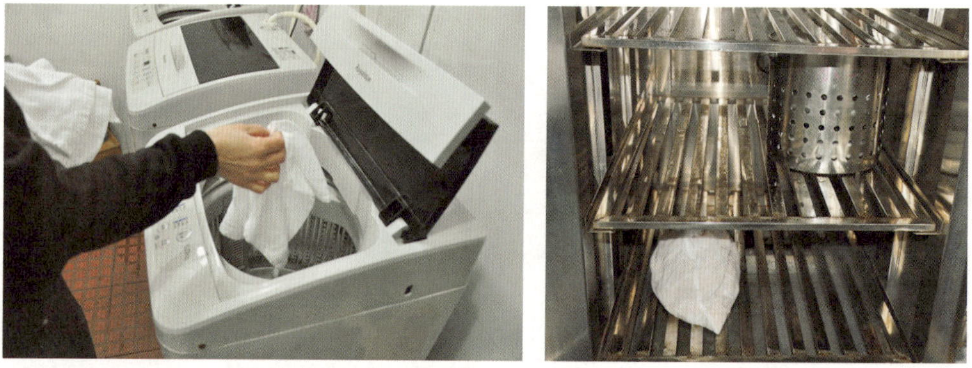
A 毛巾清洗

B 流通蒸汽消毒

图 3-6-15　毛巾消毒

二、肠道传染病

学校常见肠道传染病包括诺如病毒感染性腹泻、细菌性痢疾等，参照本节方法执行。学校内发生聚集性呕吐、腹泻疫情时，亦可参照本节要求来执行。手足口病和疱疹性咽峡炎的终末消毒见下文“（三）手足口病和疱疹性咽峡炎的消毒处置”。

肠道病毒一般为无包膜病毒，因为没有脂质包膜，乙醇和季铵盐等中低水平消毒剂不能快速将其杀灭，含氯（溴）、过氧化氢、二氧化氯等消毒剂和高温能灭活病毒。

患儿在学校（园）期间接触过的所有物品均为终末消毒的对象，包括患儿所在的教室、活动室、餐厅、卧室、盥洗室等场所内的各种物体表面，特别要注意患儿的被褥、玩具、餐饮具、盥洗室中的物品等，一般不用进行空气消毒。

学校应在做好日常预防性消毒等工作的基础上，针对以下重点环节，适当增加消毒液浓度、消毒作用时间。

（一）肠道传染病终末消毒

图 3-6-16　教室桌面消毒

图 3-6-17　教室座椅消毒

图 3-6-18　教室玩具柜消毒

图 3-6-19　教室地面消毒

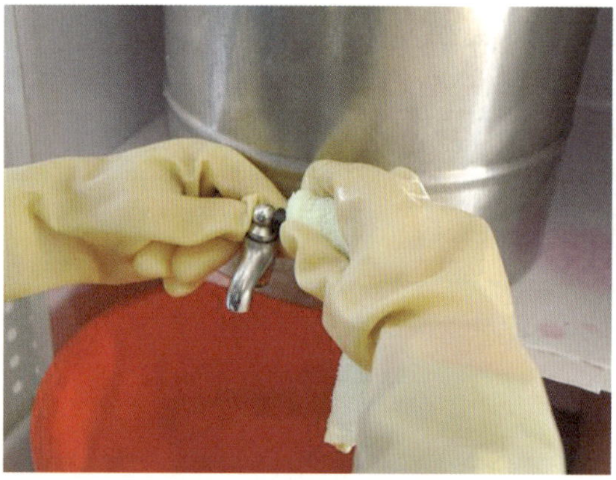

图 3-6-20　保温桶龙头消毒

图 3-6-21　餐厅消毒

A1 消毒液浸泡餐饮具

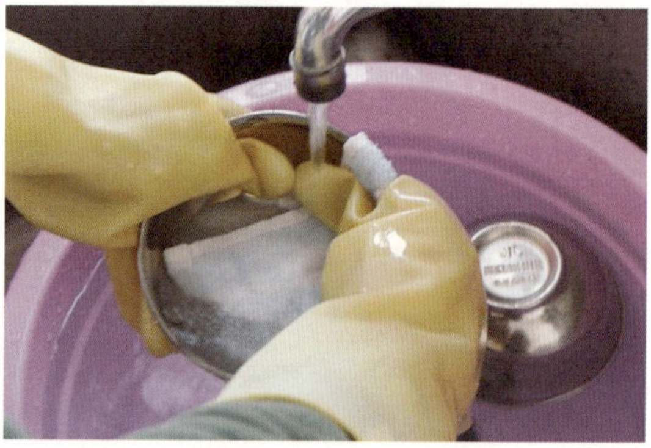

A2 消毒液浸泡后流动水清洗

B1 蒸汽消毒的摆放

B2 蒸汽消毒

图 3-6-22　餐饮具消毒

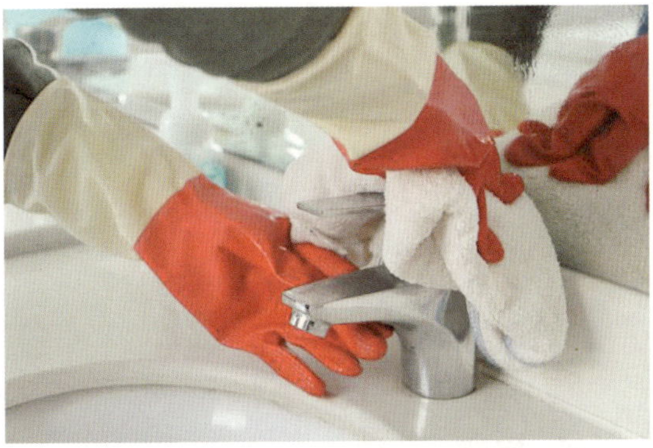

图 3-6-23　盥洗室水龙头消毒

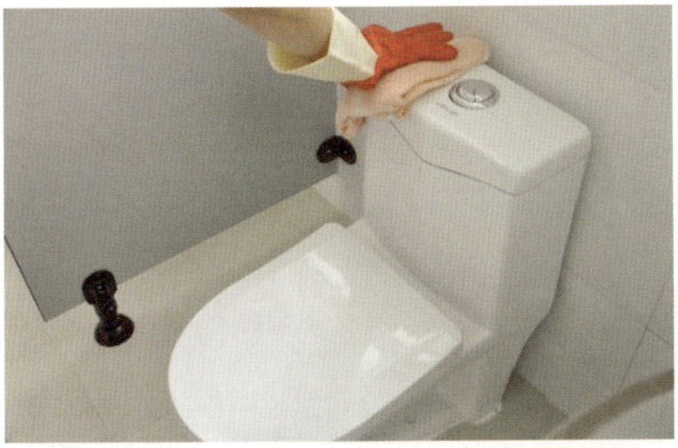

A 水箱消毒

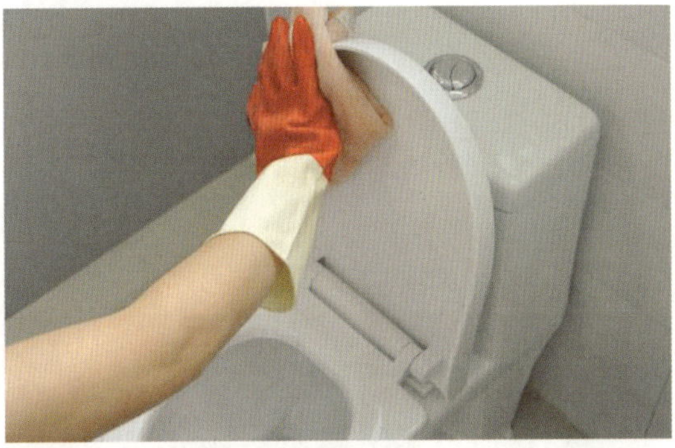

B 马桶盖消毒

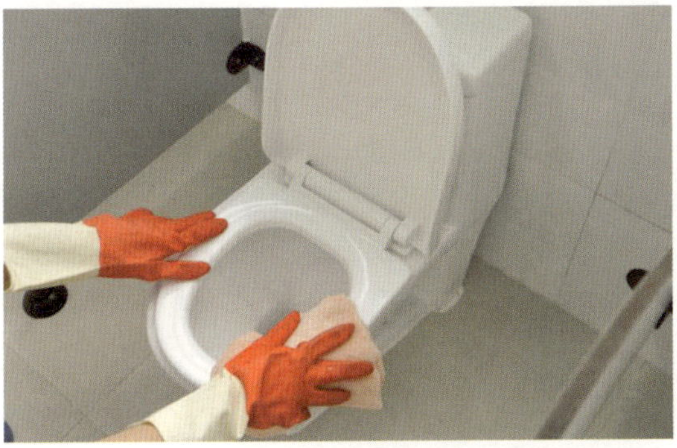

C 坐圈消毒

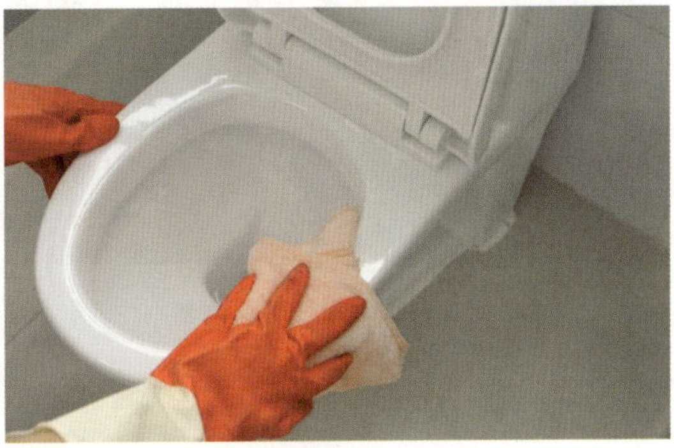

D 马桶底座消毒

E 消毒液冲刷马桶内槽消毒

图 3-6-24　坐便器消毒

图 3-6-25　盥洗室地面消毒

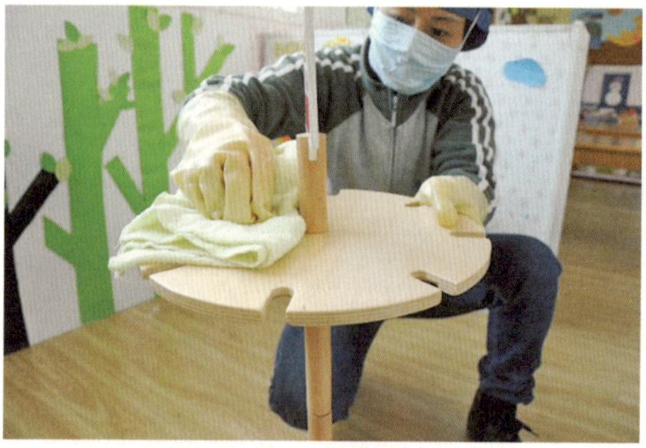

图 3-6-26　木质玩具消毒

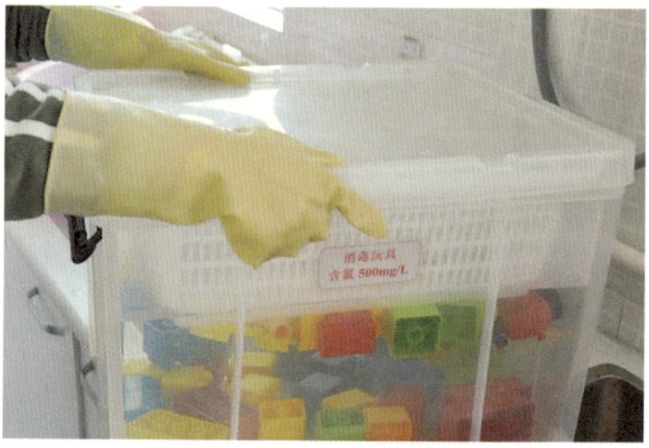

图 3-6-27　塑料玩具消毒

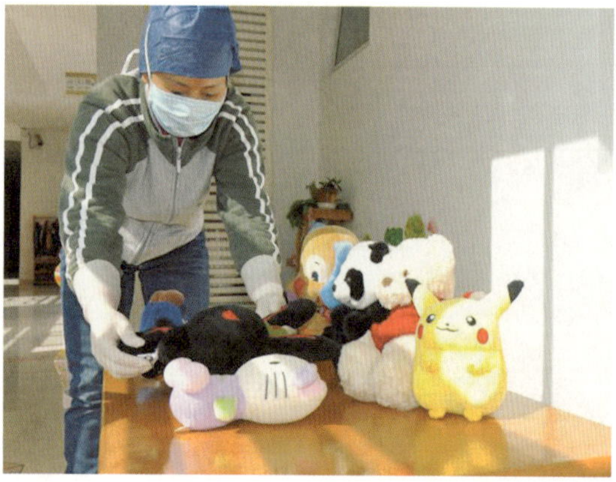

图 3-6-28　毛绒玩具消毒

图 3-6-29　课本书籍消毒

A 毛巾清洗

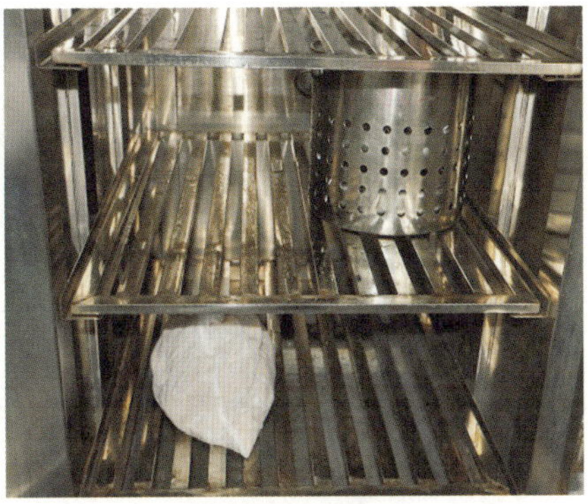

B 流通蒸汽消毒

图 3-6-30　毛巾消毒

（二）呕吐物污染现场的消毒处置

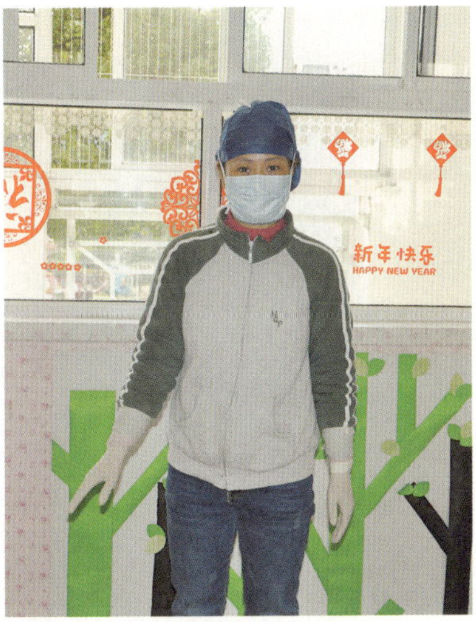

图 3-6-31　覆盖消毒干巾的个人防护

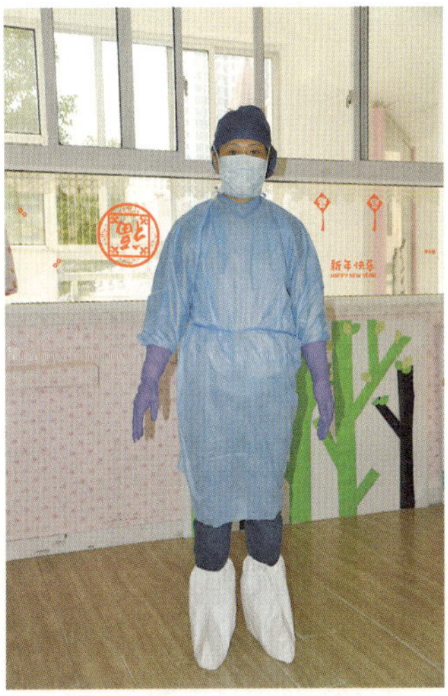

图 3-6-32　呕吐现场消毒处置过程中的个人防护

图 3-6-33　使用含过氧乙酸等高效消毒剂的干巾覆盖呕吐物

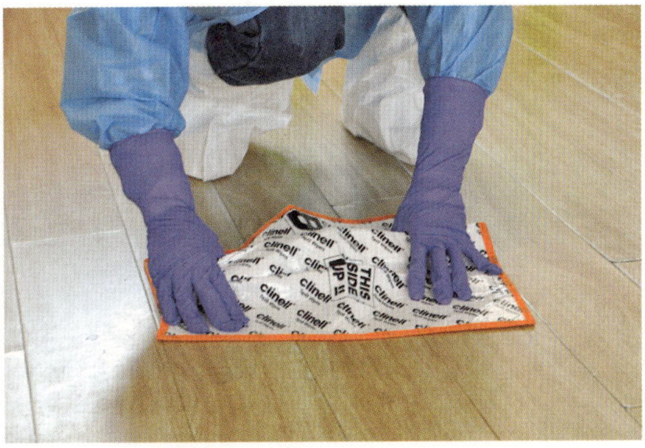

图 3-6-34　摁压干巾，使消毒粉剂与呕吐物充分接触

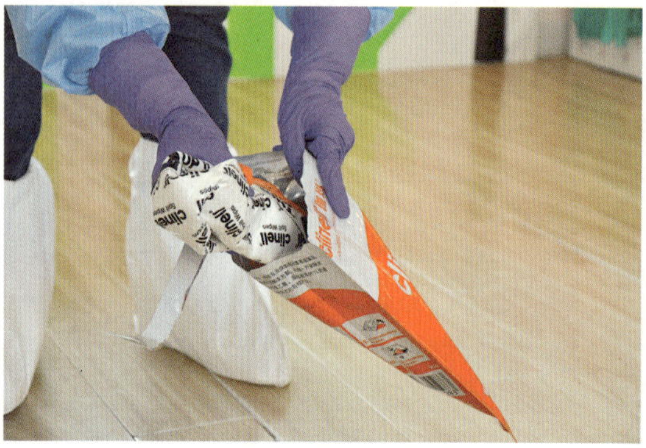

图 3-6-35　将吸附污物的干巾收入密封袋

图 3-6-36　使用含过氧化氢或过氧乙酸或含氯消毒剂等高水平消毒因子的湿巾擦拭呕吐物残留及周围

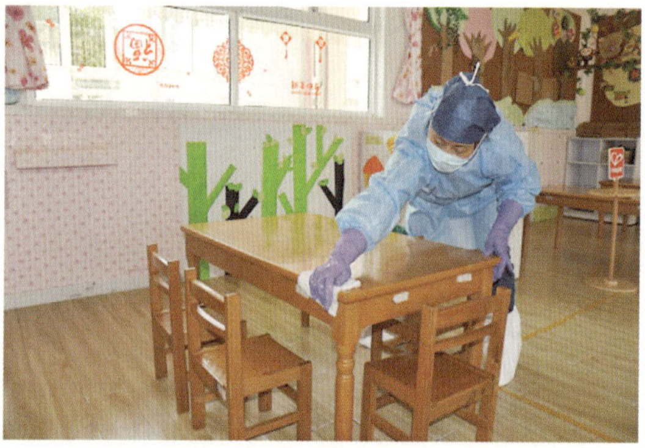

图 3-6-37　呕吐现场各环节擦拭消毒

图 3-6-38　呕吐现场地面消毒

图 3-6-39　消毒完成后，清洁用品浸泡消毒

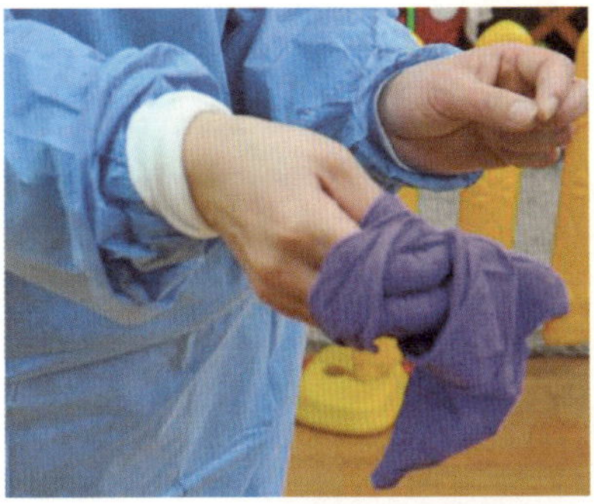

A 脱手套

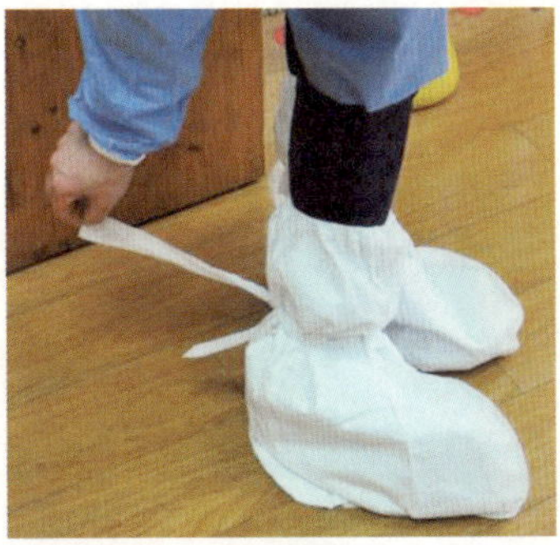

B 脱鞋套

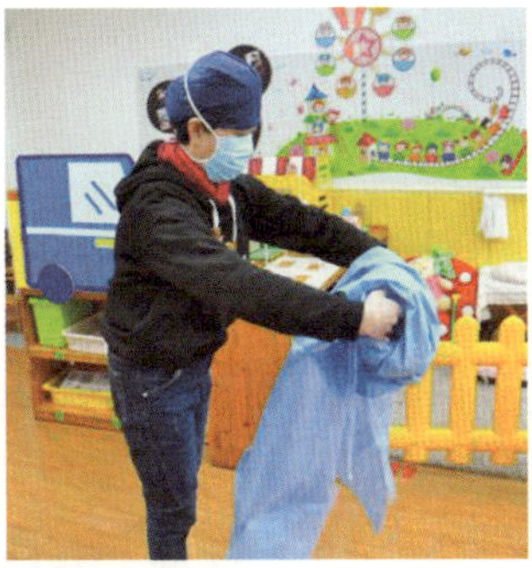

C 脱隔离衣

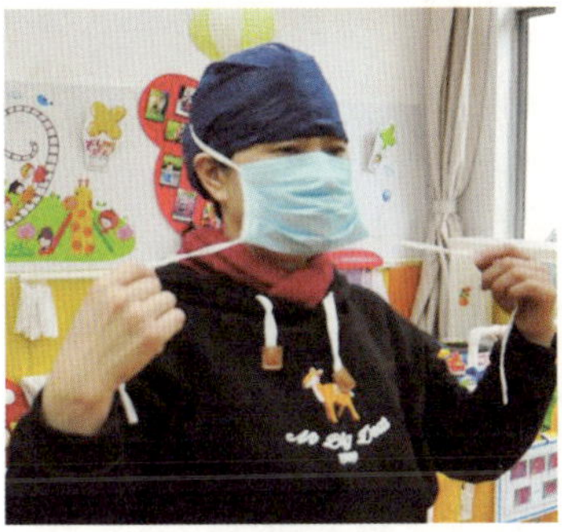

D 脱口罩

E 脱帽子

图 3-6-40　脱去个人防护用品(A~E)(注意每个步骤之间的手卫生)

图 3-6-41　一次性使用物品丢入垃圾袋后,洒上消毒液

图 3-6-42　扎紧袋口

注意事项：呕吐现场消毒，消毒范围为呕吐物周围 2 米，建议消毒 2 次；消毒作用时间为 30 分钟，期间，学生（幼儿）不可进入该房间。

个人防护用品脱去顺序：脱去乳胶手套-消毒双手-脱去一次性鞋套-消毒双手-脱去一次性隔离衣-消毒双手-脱去一次性口罩-消毒双手-脱去一次性帽子-消毒双手。脱卸时，尽量避免双手接触到防护用品的外表面，可采用速干免洗手消毒剂进行手消毒。

（三）手足口病和疱疹性咽峡炎的消毒处置

消毒应选择高水平消毒剂如含氯（溴）、过氧化氢等消毒剂进行消毒，并尽量避免破坏消毒对象的使用价值和造成环境的污染。

患儿在学校（园）期间接触的所有环境和物品均为终末消毒对象，包括患儿所在的教室、活动室、餐厅、卧室、盥洗室等场所的空气、场所内的各种物体表面，特别要注意患儿的被褥、玩具、餐饮具、盥洗室等。学校在做好日常预防性消毒等工作的基础上，针对以下重点环节，适当增加消毒液浓度、消毒作用时间。

图 3-6-43　开窗通风

图 3-6-44　教室桌面消毒

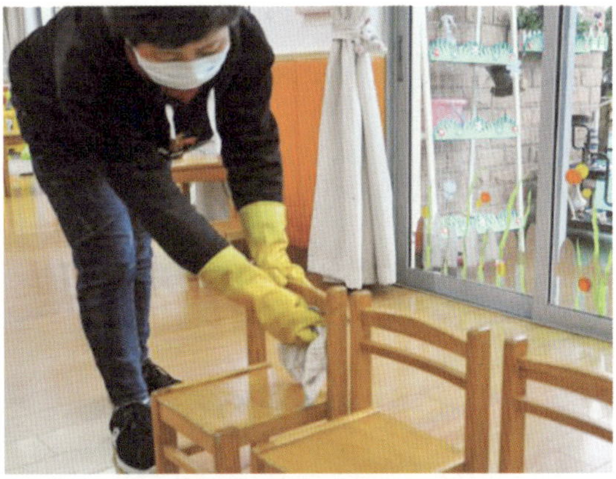

图 3-6-45　教室座椅消毒

图 3-6-46　教室玩具柜消毒

图 3-6-47　教室地面消毒

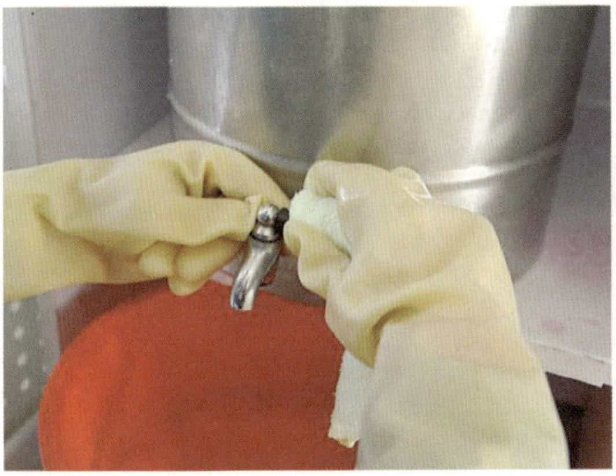

图 3-6-48　保温桶龙头消毒

图 3-6-49　餐厅消毒

A1 消毒液浸泡餐饮具

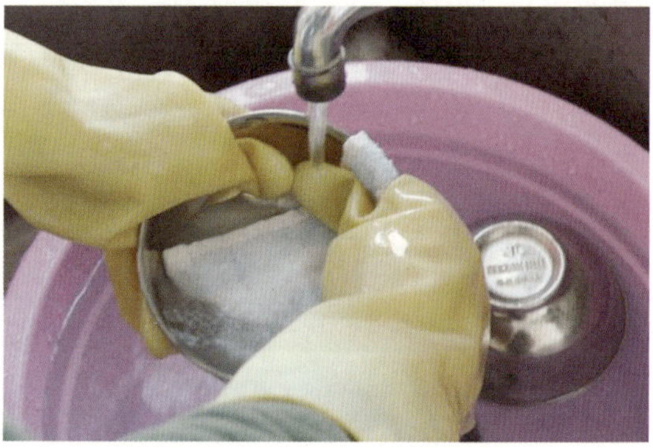

A2 消毒液浸泡后流动水清洗

B1 蒸汽消毒的摆放

B2 蒸汽消毒

图 3-6-50　餐饮具消毒

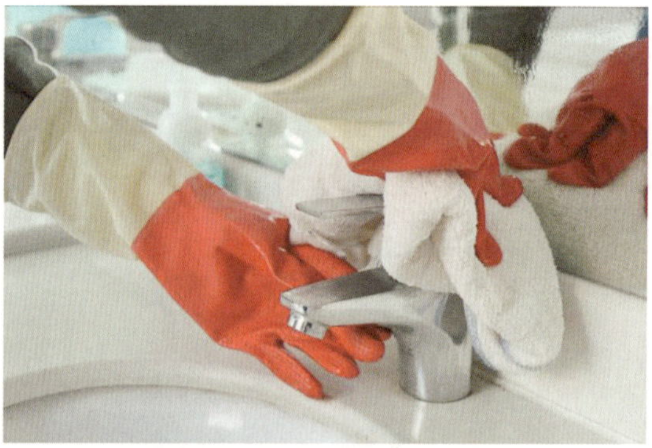

图 3-6-51　盥洗室水龙头消毒

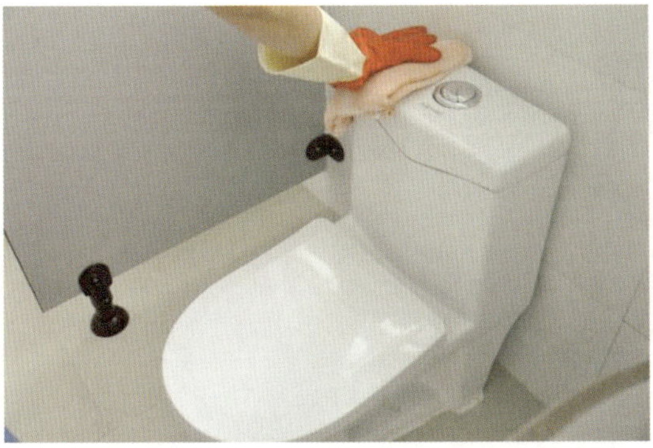

A 水箱消毒

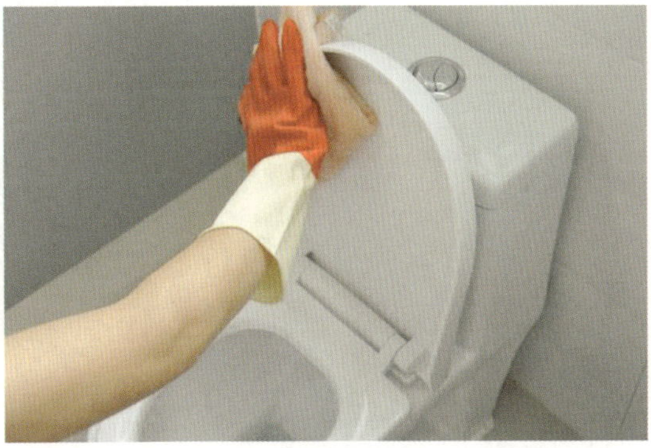

B 马桶盖消毒

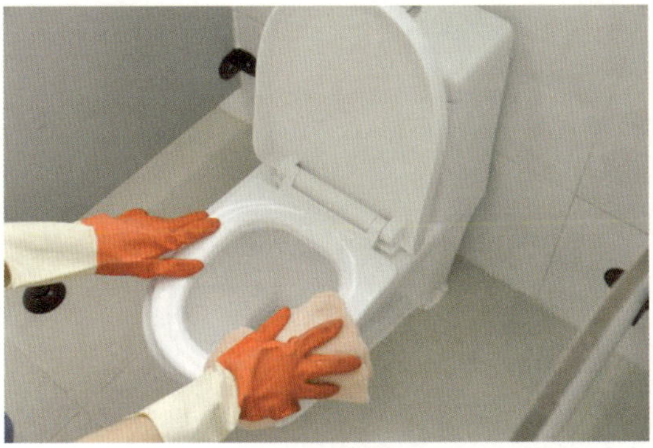

C 坐圈消毒

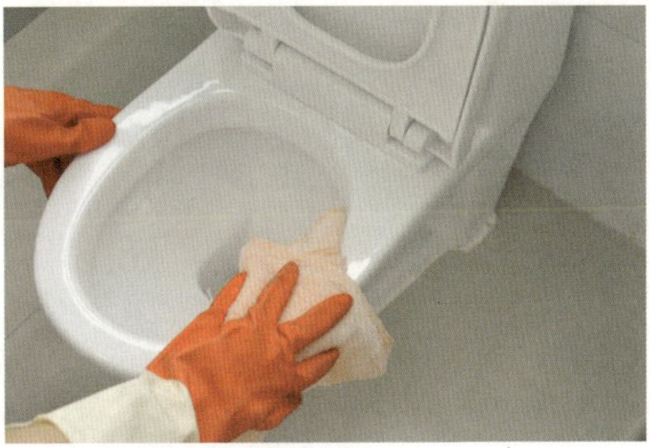

D 马桶底座消毒

E 消毒液冲刷马桶内槽消毒

图 3-6-52　坐便器消毒

图 3-6-53　盥洗室地面消毒

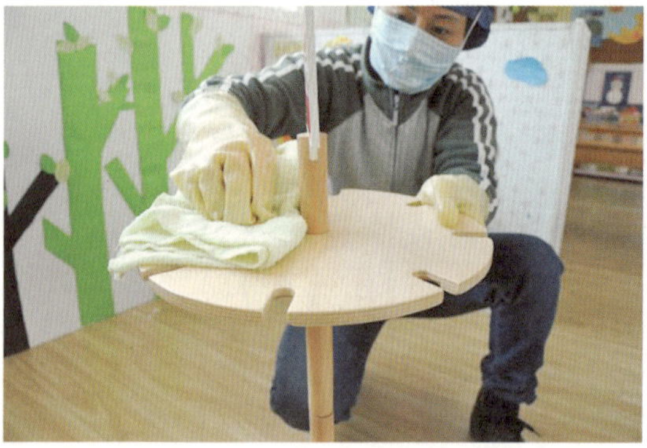

图 3-6-54　木质玩具消毒

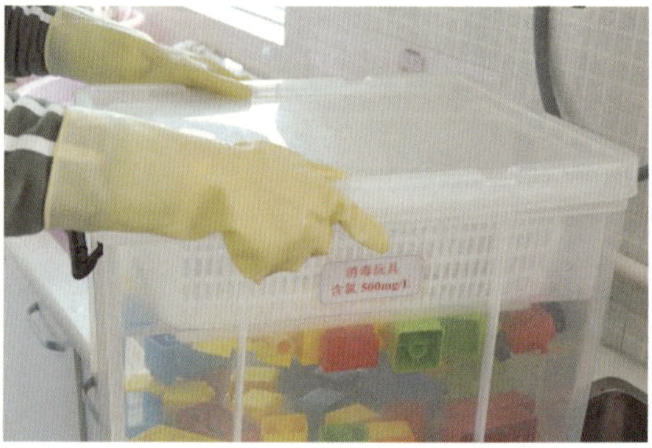

图 3-6-55　塑料玩具消毒

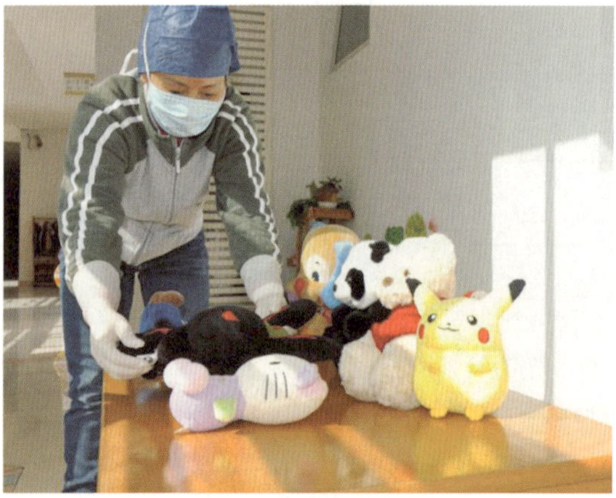

图 3-6-56　毛绒玩具消毒

图 3-6-57　课本书籍消毒

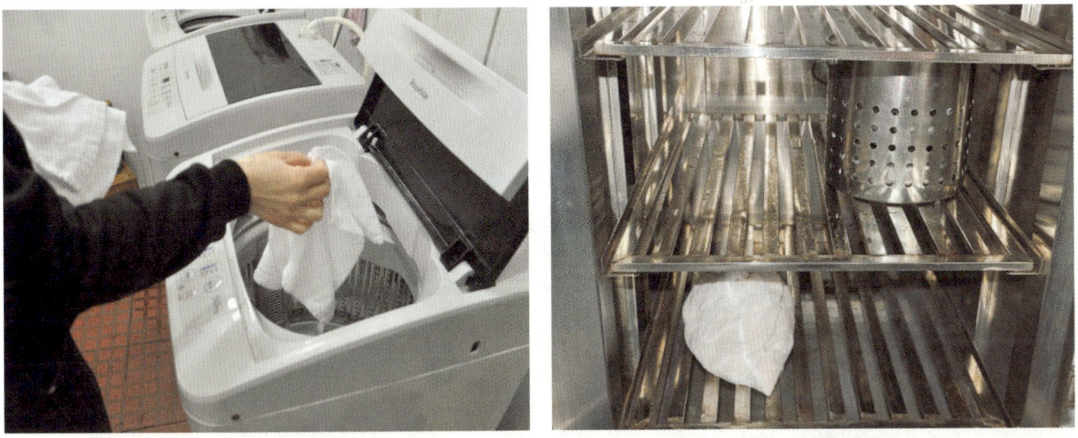

A 毛巾清洗　　B 流通蒸汽消毒

图 3-6-58　毛巾消毒

三、其他传染病

（一）急性出血性结膜炎

主要通过易感者与感染者之间的直接接触或与被污染物品的接触而传播。患儿在学校期间所接触的各环节为终末消毒的重点对象，患儿使用过的毛巾尤其需要加强消毒。急性出血性结膜炎流行期间，物品须减少交叉使用，尽量避免使用毛绒玩具、课本书籍等不方便消毒的物品。

学校在做好日常预防性消毒等工作的基础上，针对以下重点环节，适当增加消毒液浓度、消毒作用时间。

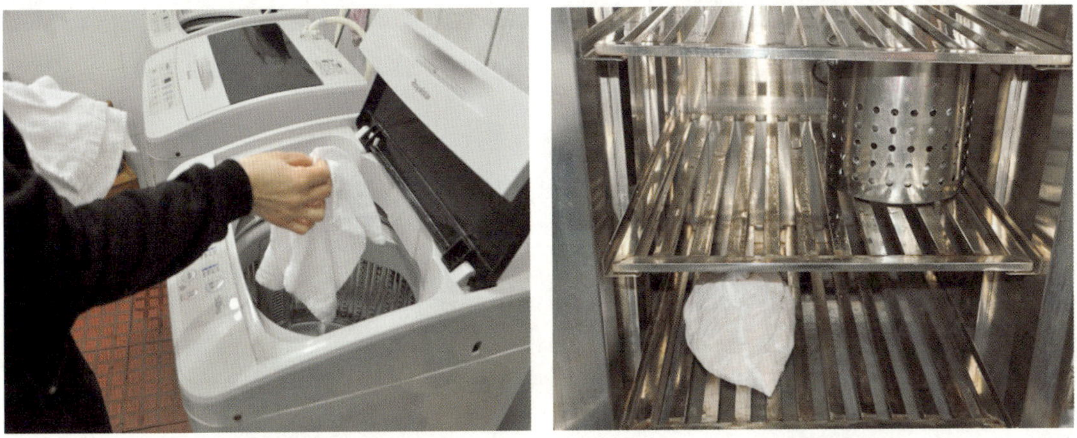

A 毛巾清洗　　B 流通蒸汽消毒

图 3-6-59　毛巾消毒

图 3-6-60　教室桌面消毒

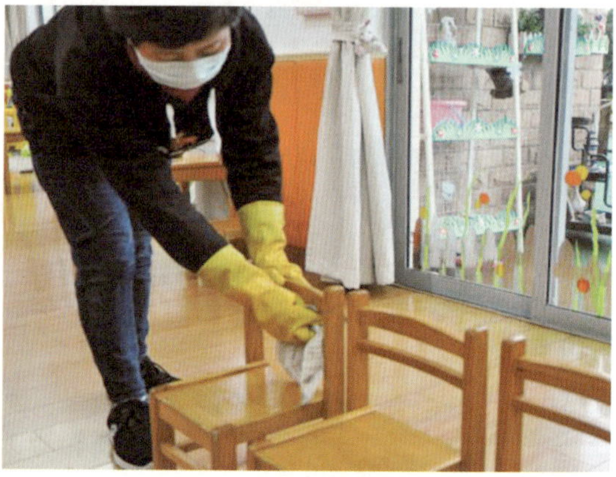

图 3-6-61　教室座椅消毒

图 3-6-62　教室玩具柜消毒

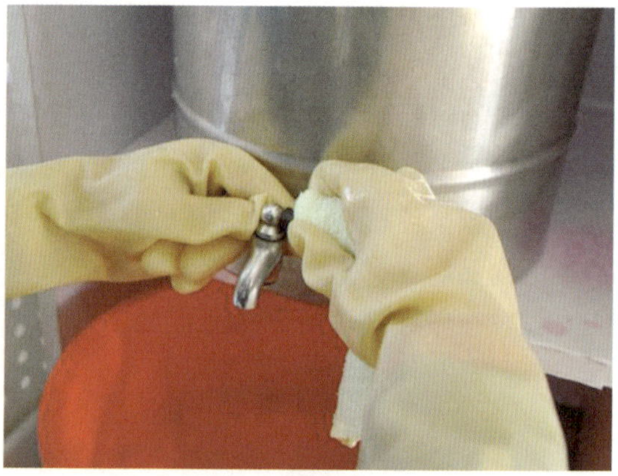

图 3-6-63　保温桶龙头消毒

图 3-6-64　餐厅消毒

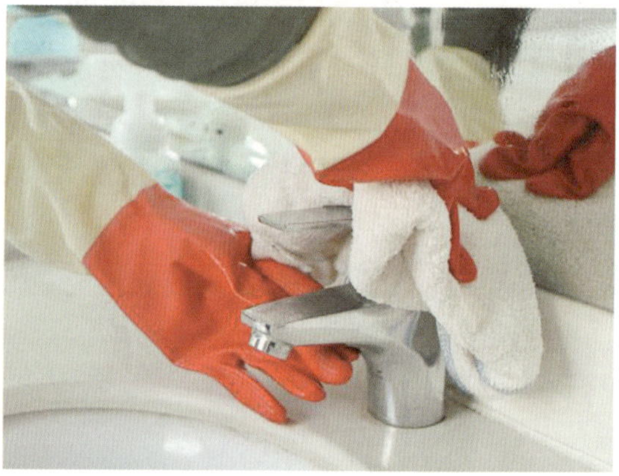

图 3-6-65　盥洗室水龙头消毒

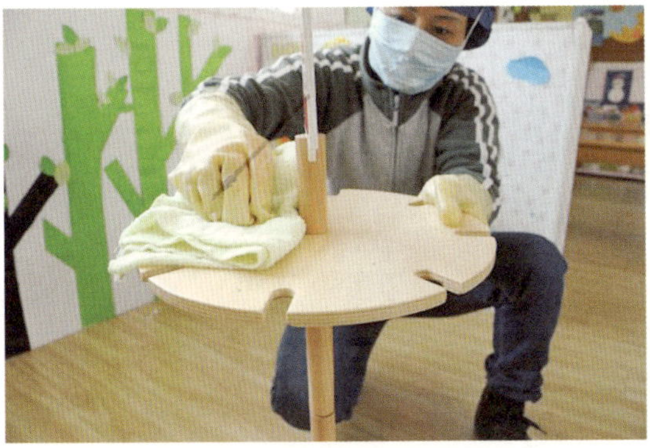

图 3-6-66　木质玩具消毒

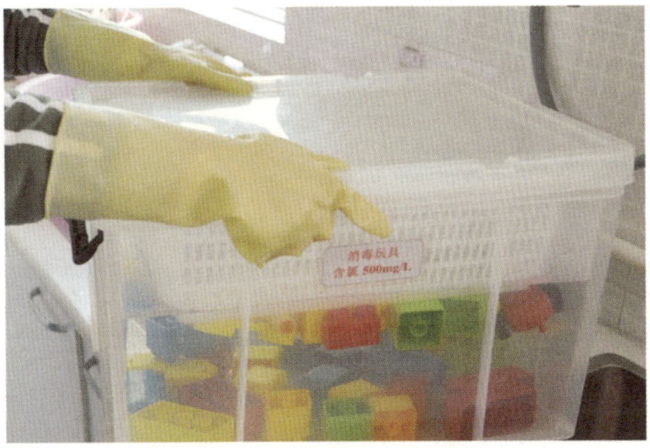

图 3-6-67　塑料玩具消毒

（二）病毒性肝炎

病毒性肝炎是由肝炎病毒引起的以肝脏病变为主的一种传染病，是我国法定报告乙类传染病，主要分为甲、乙、丙、丁、戊五型。

甲型和戊型肝炎病毒主要经消化道途径传播，冬春季为发病高峰，潜伏期为 15~60 天，病程大多自限。学校在做好日常预防性消毒等工作的基础上，参考本节“二、肠道传染病”消毒的重点环节，适当增加消毒液浓度、消毒作用时间。

乙型、丙型和丁型肝炎主要经血液、母婴及性接触途径传播，其中丁型仅在与乙型重叠感染后才会致病，发病无季节性，潜伏期为 30~180 天。学校在做好日常预防性消毒等工作的基础上，针对散播在环境中的血液、体液的重点环节，适当增加消毒液浓度、消毒作用时间。

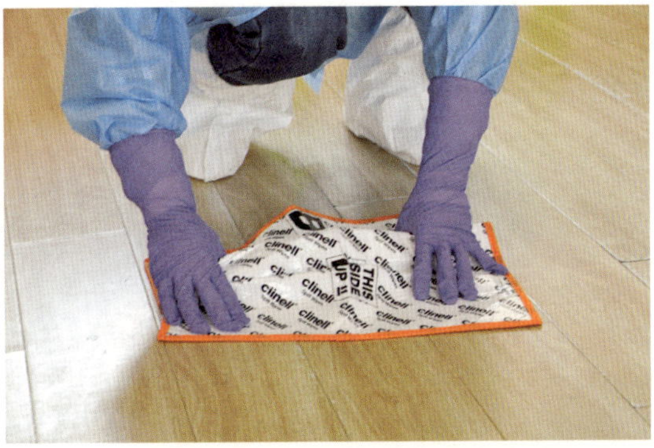

图 3-6-68　使用消毒干巾摁压吸附血液、体液、分泌物

（王　琰）

监 测 篇

第一节　消毒因子强度（浓度）测定

一、温度测定

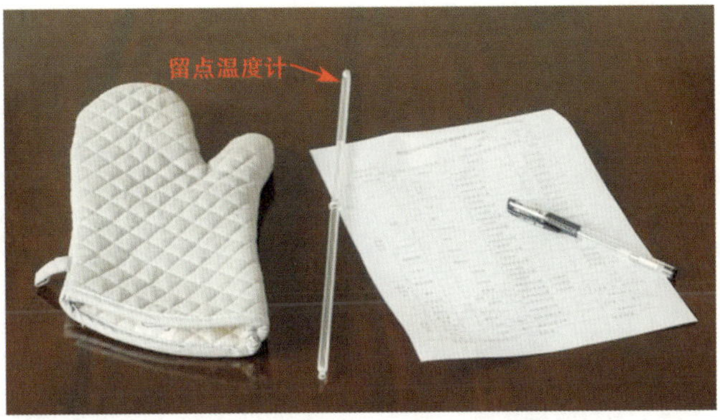

图 4-1-1　准备物品：留点温度计、防烫手套、记录用表等

图 4-1-2　温度计与物品一起消毒

图 4-1-3　消毒后读数

注意事项：关注留点温度计的量程范围，操作时注意防止烫伤。

二、紫外线强度测定

（一）紫外线强度照射指示卡测定法

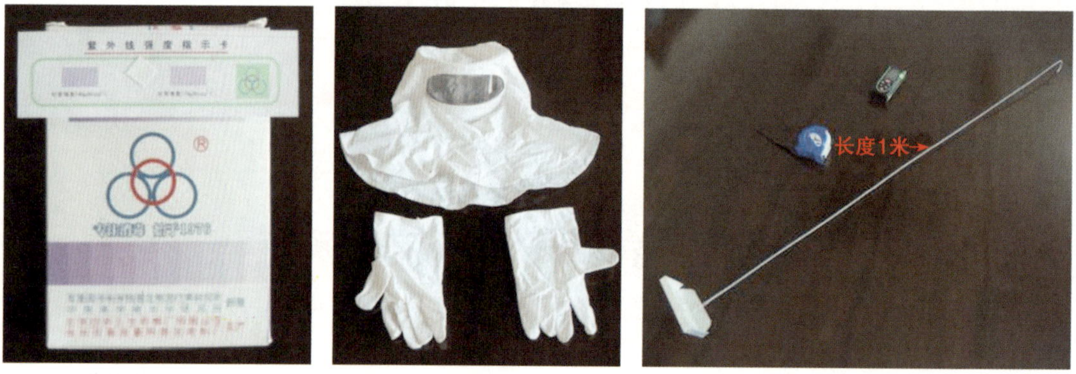

A 紫外线强度指示卡　　B 个人防护用品　　C 定距(1米)工具

图 4-1-4　准备物品

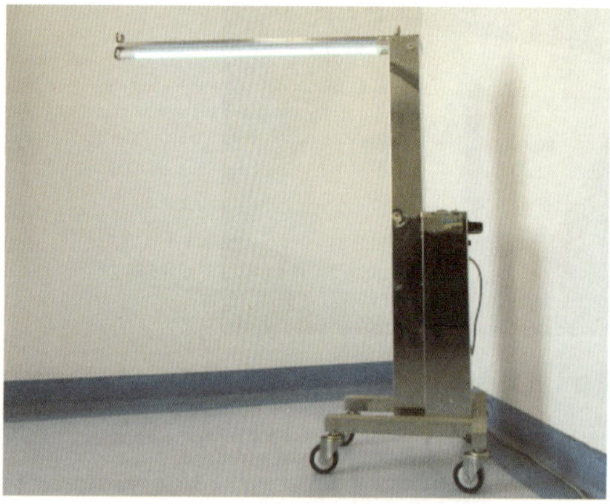

图 4-1-5　开启紫外线灯 5 分钟

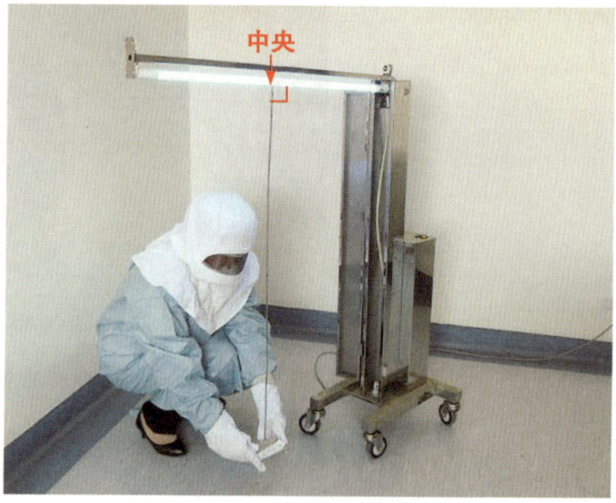

图 4-1-6　放置指示卡

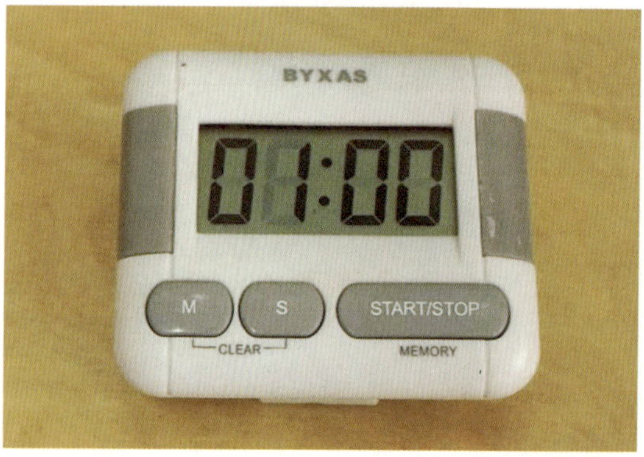

图 4-1-7　使用计时工具，设定时间照射 1 分钟

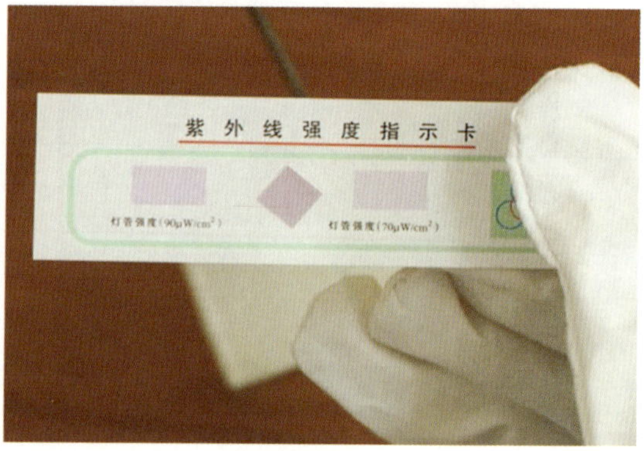

图 4-1-8　比色

注意事项：紫外线强度照射指示卡应符合相关规定，避光保存，并在有效期内使用；使用时按照产品说明书操作。

（二）紫外线辐照计测定法

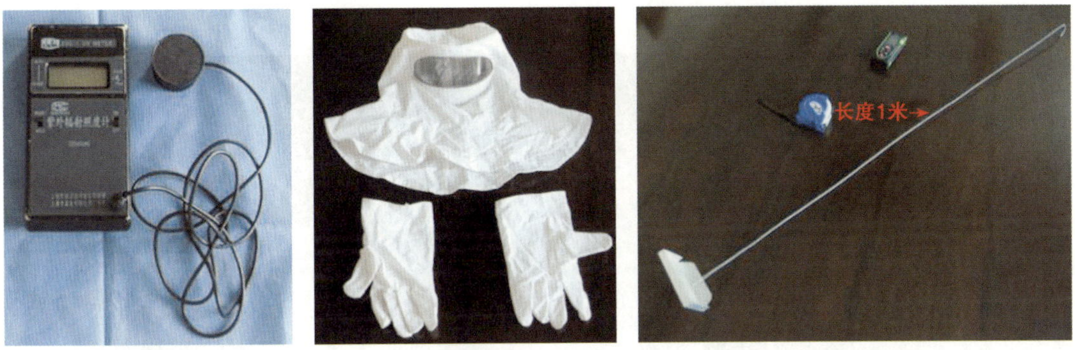

A 紫外辐射照度计　　B 个人防护用品　　C 定距(1米)工具

图 4-1-9　准备所需物品

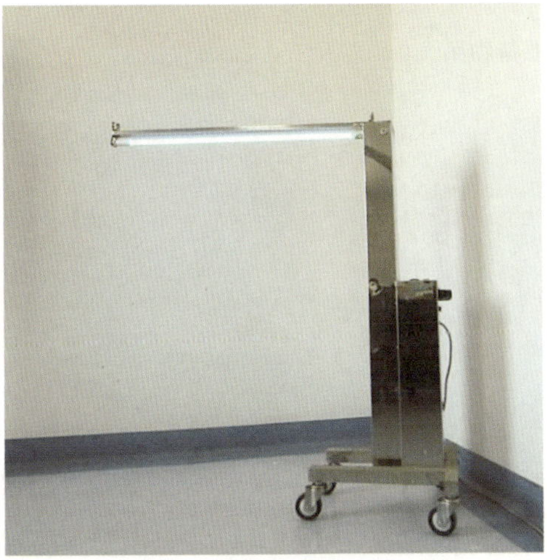

图 4-1-10　开启紫外线灯 5 分钟

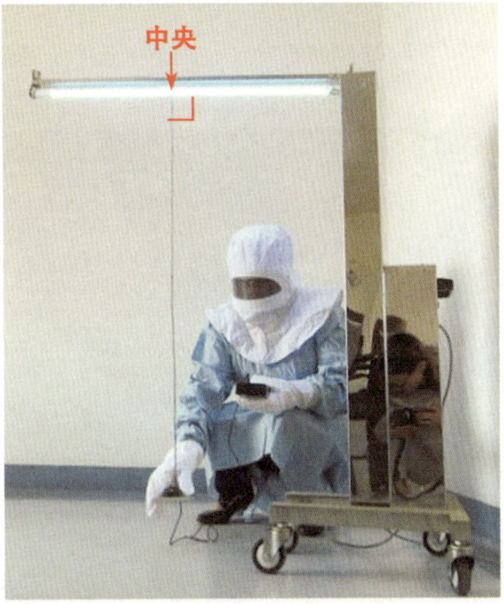

图 4-1-11　将探头置于灯下垂直 1 米处

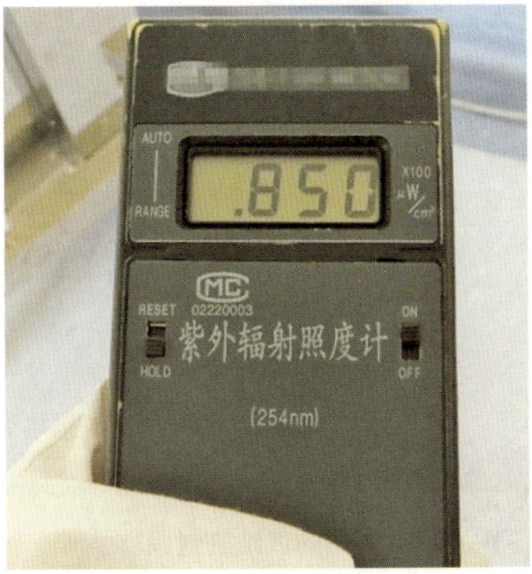

图 4-1-12　读数（检测值）

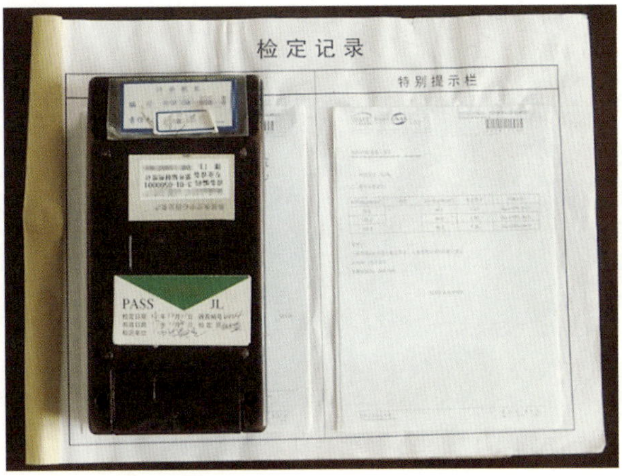

图 4-1-13　实测值＝检测值×修正因子

注意事项：紫外辐射照度计应在检定有效期内使用；使用时按照产品说明书操作。

三、有效氯(溴)测定

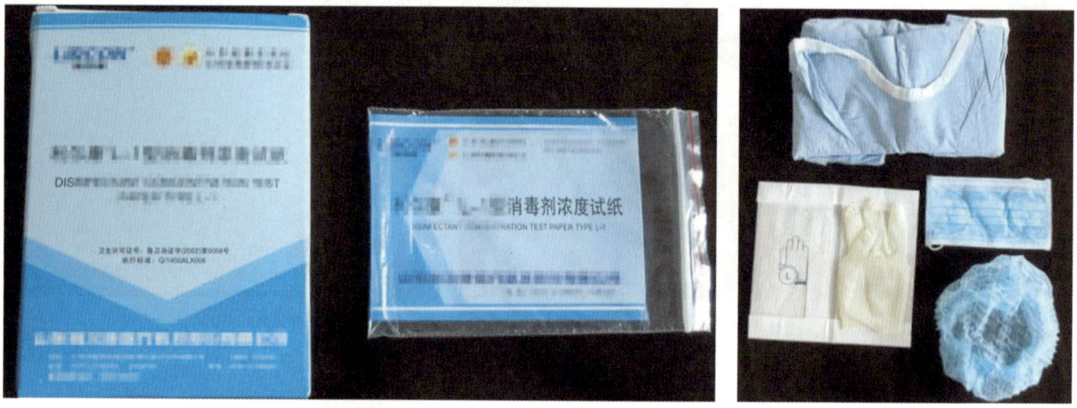

A 消毒剂浓度测试纸　　B 个人防护用品

图 4-1-14　准备物品

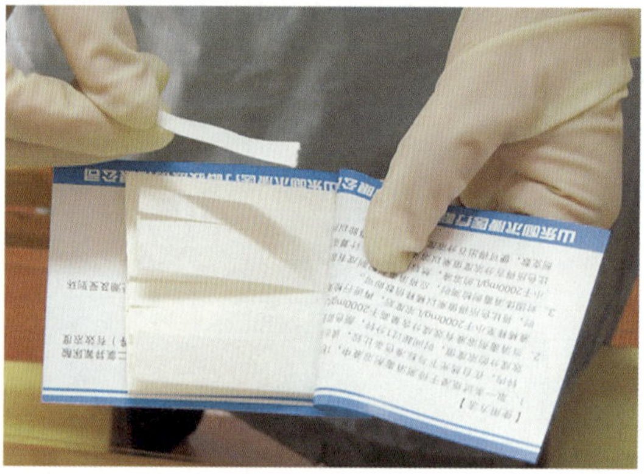

图 4-1-15　取一张测试纸

图 4-1-16　浸入待测溶液中 1 秒

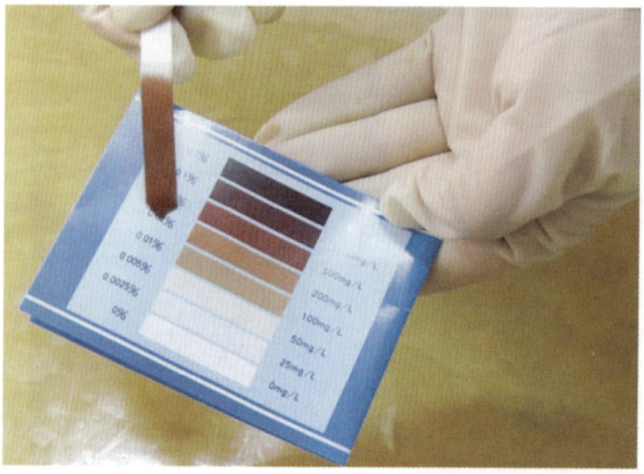

图 4-1-17　半分钟内与标准色块比较

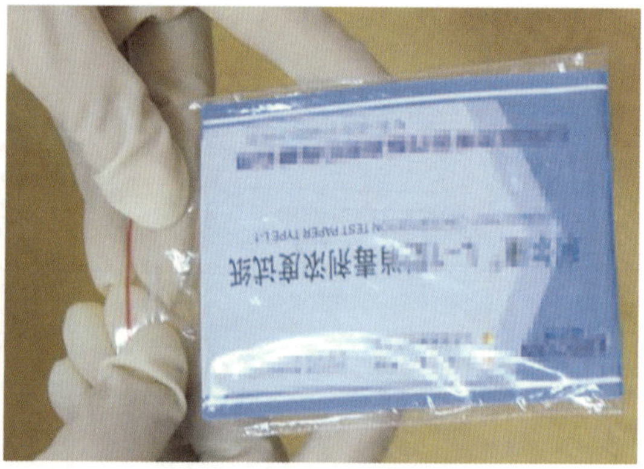

图 4-1-18　未用的试纸密封保存

注意事项：测试纸应在有效期内使用，使用时按照产品说明书操作。

第二节 空气监测

一、颗粒物(PM 2.5)

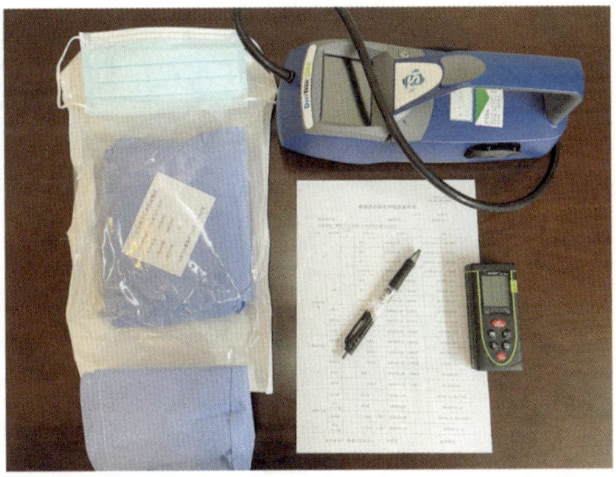

图 4-2-1 物品准备:尘埃粒子测试仪、个人防护用品、测距工具、记录表单、笔等

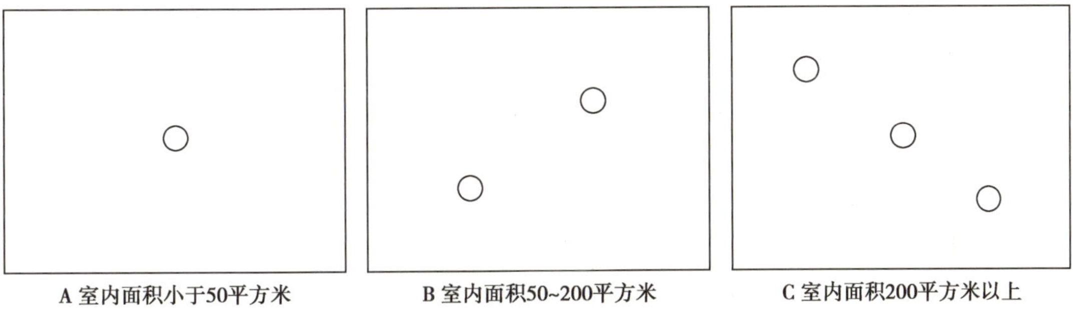

图 4-2-2 测量房间面积,根据房间面积布点

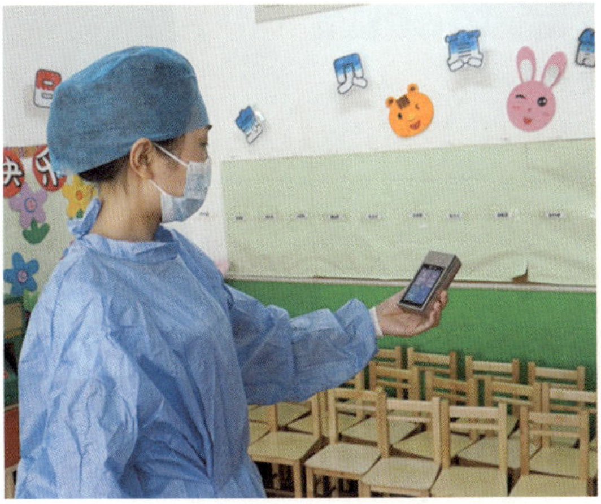

图 4-2-3 检测、读数(重复 5 次)

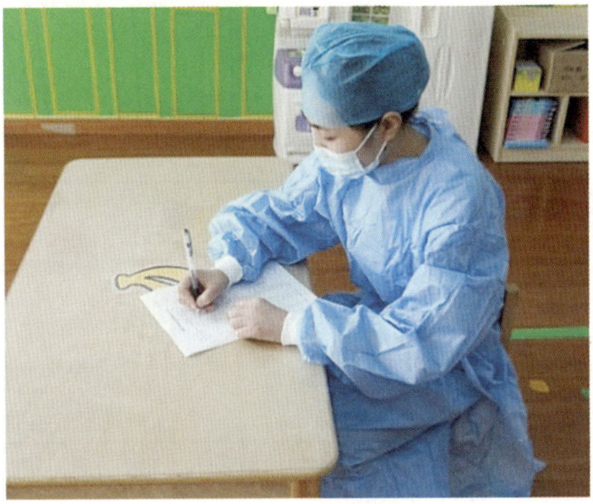

图 4-2-4 填写记录单

注意事项：采样点应避开通风口、通风道等，离墙壁距离应大于 0.5 米，相对高度为 1~1.5 米。

二、空气中菌落总数的监测

（一）沉降法

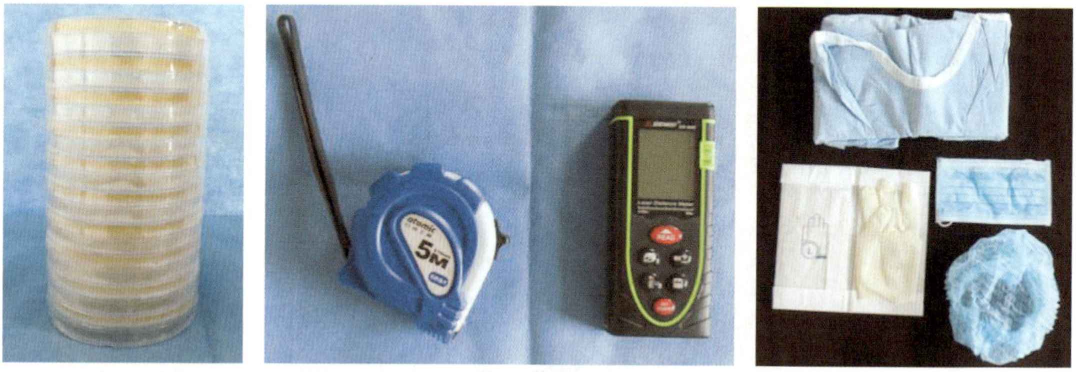

A 普通营养琼脂平皿　　B 测距工具　　C 个人防护用品

图 4-2-5　准备物品

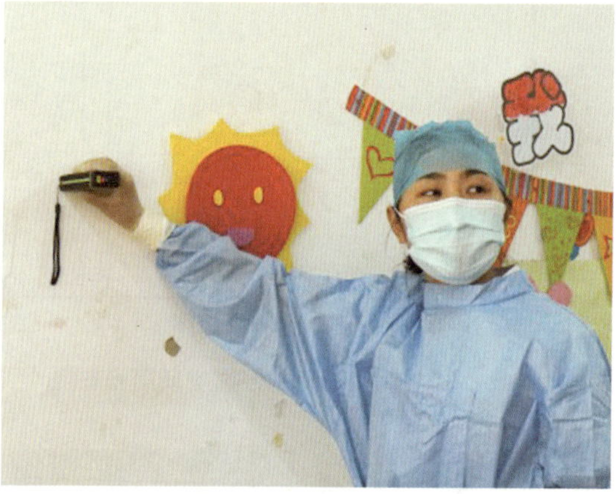

图 4-2-6　测量室内面积

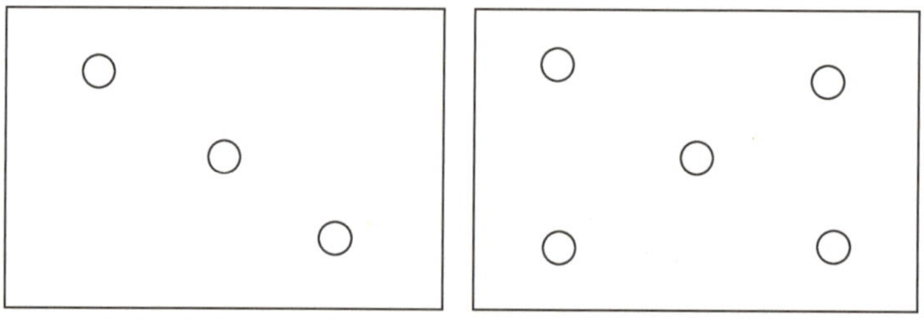

A 室内面积小于30平方米　　B 室内面积大于等于30平方米

图 4-2-7　布点

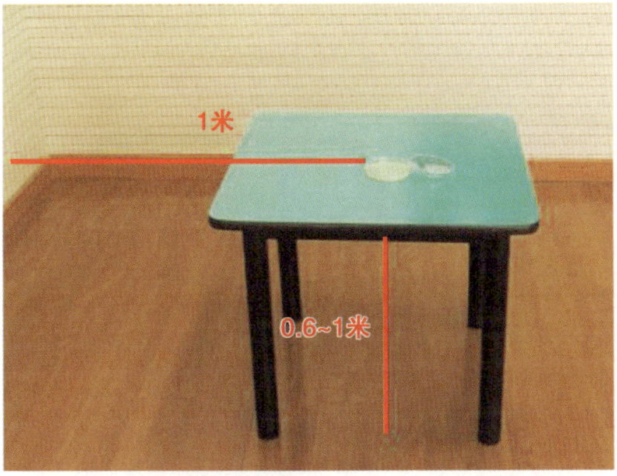

图 4-2-8　采样点高度 0.6~1 米，距墙 1 米

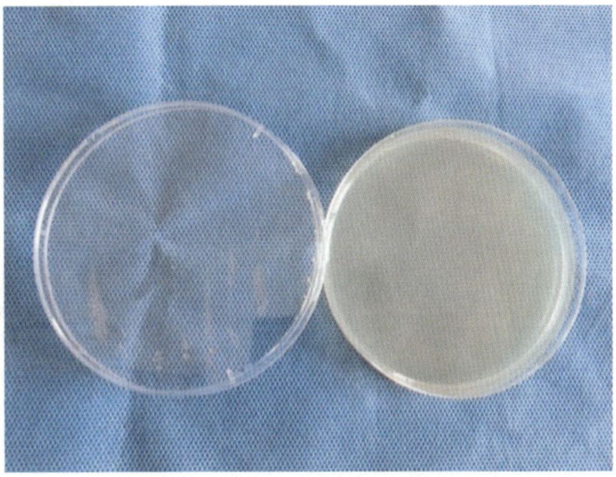

图 4-2-9　打开平皿盖

图 4-2-10　平皿暴露 5 分钟

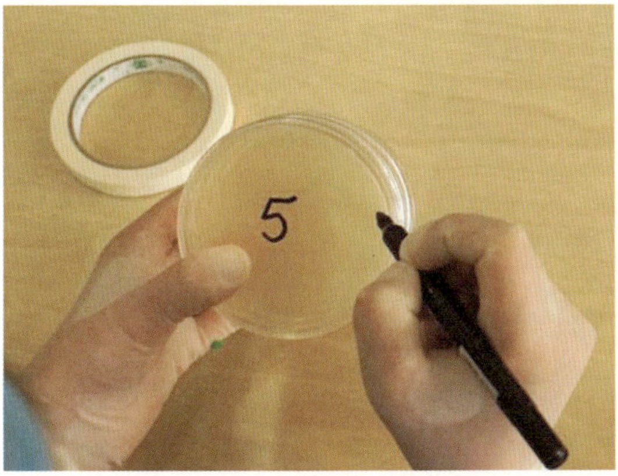

图 4-2-11　合上平皿、反转、编号

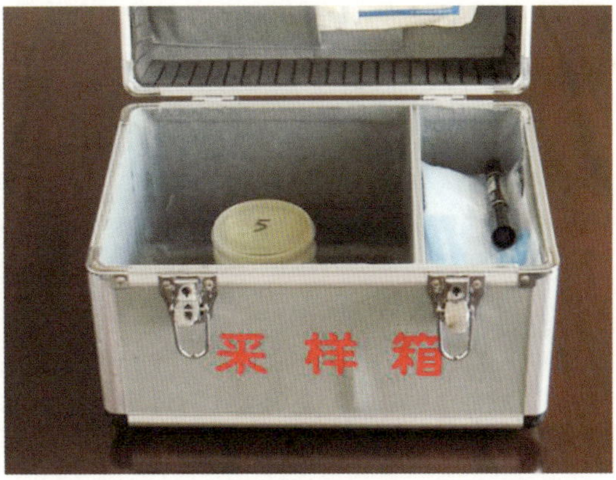

图 4-2-12　及时送检

（二）撞击法

A 普通营养琼脂平皿

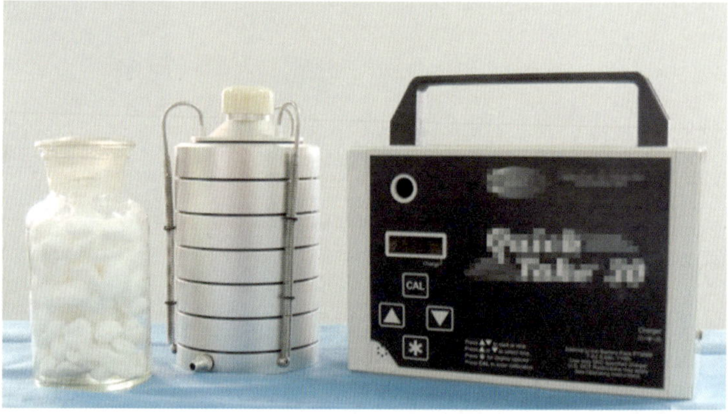

B 六级空气撞击式采样器

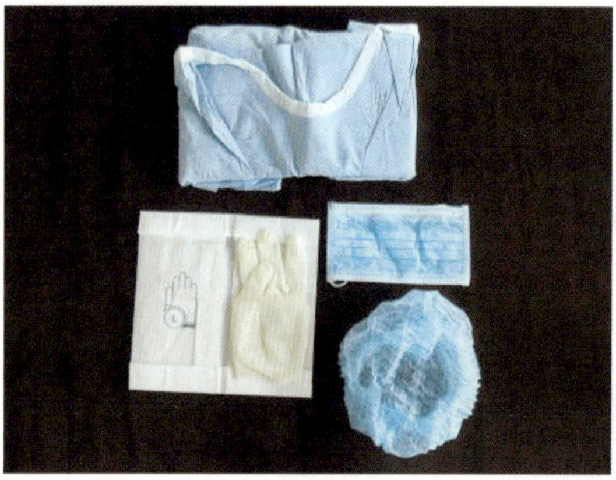

C 个人防护用品

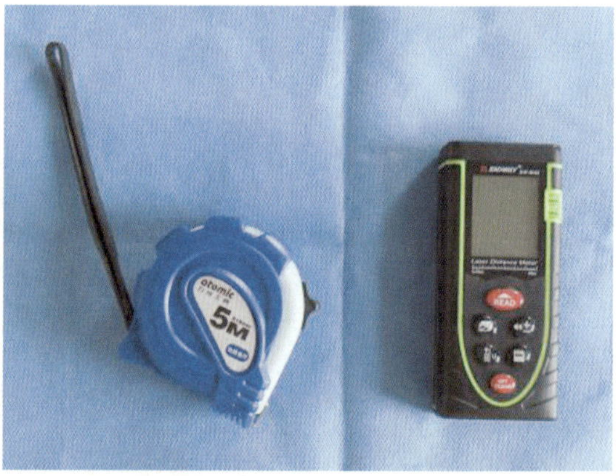

D 测距工具

图 4-2-13　准备物品

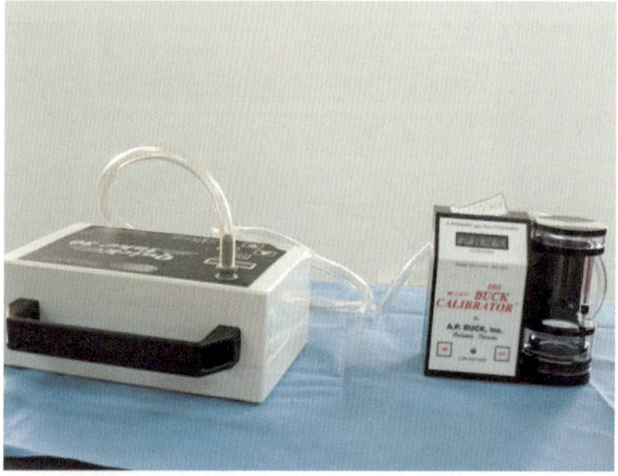

图 4-2-14　校准流量至 28.3 升/分钟

图 4-2-15　打开六级空气撞击式采样器

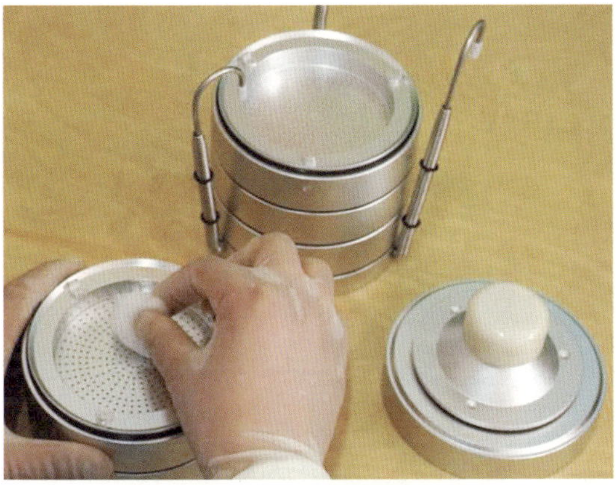

图 4-2-16　酒精棉球消毒采样器

图 4-2-17　移除平皿盖，放入采样器

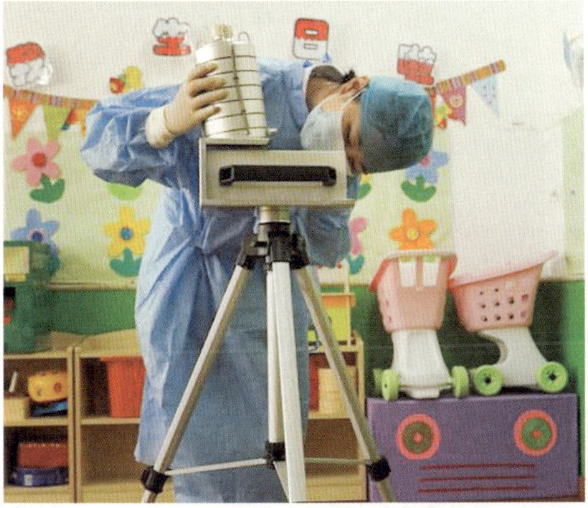

图 4-2-18　安装空气采样器

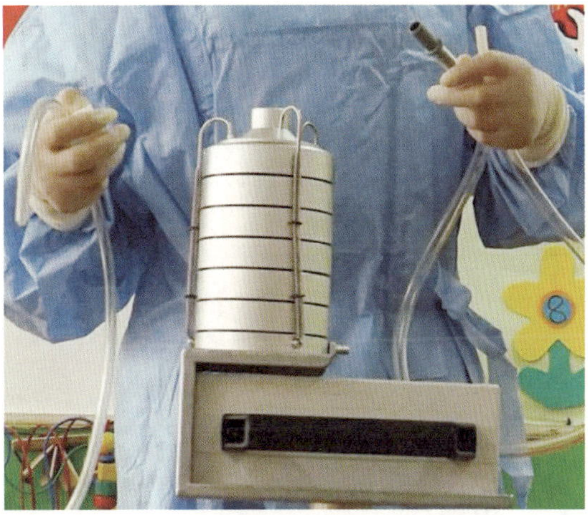

图 4-2-19　连接采样器与空气泵

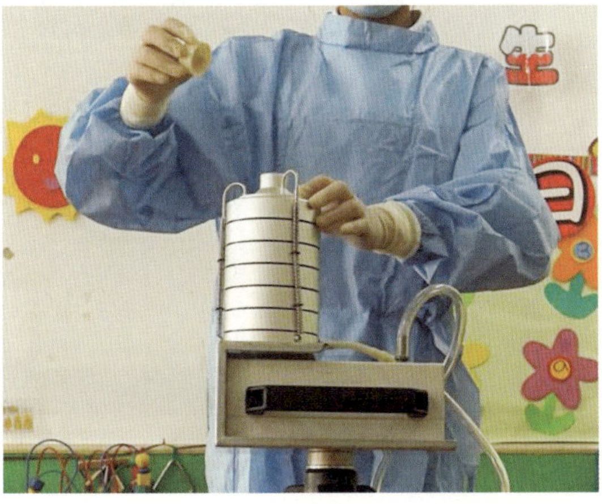

图 4-2-20　打开采样器进气口

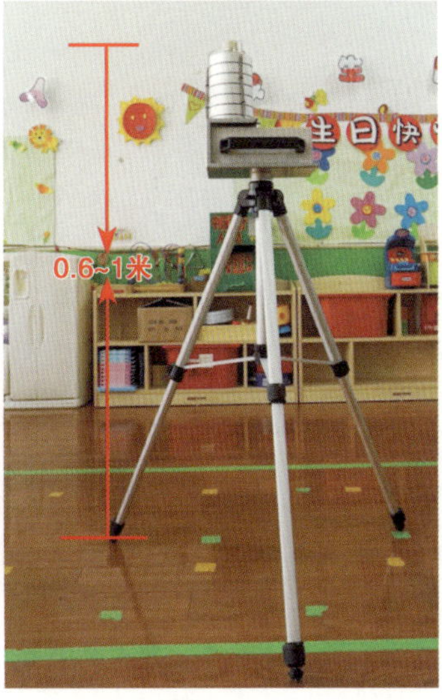

图 4-2-21　采样点 0.6~1 米高度

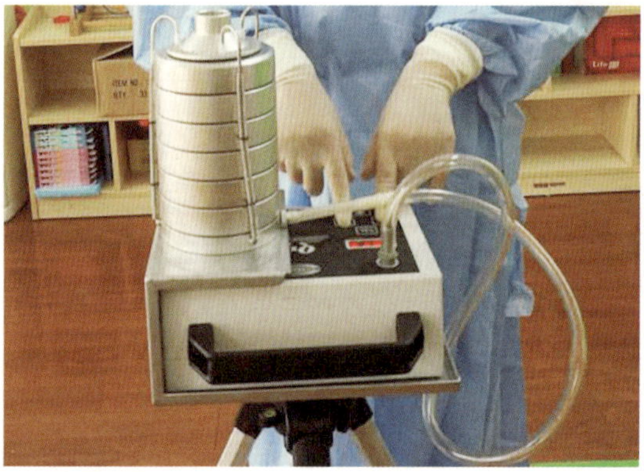

图 4-2-22　启动空气泵

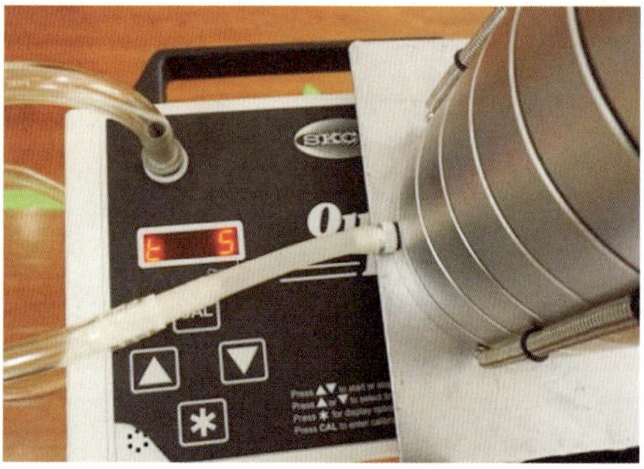

图 4-2-23　采样 5 分钟

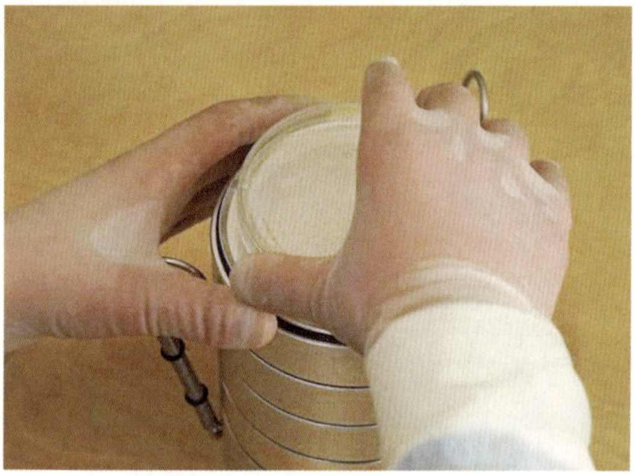

图 4-2-24　取下采样器，取出平皿

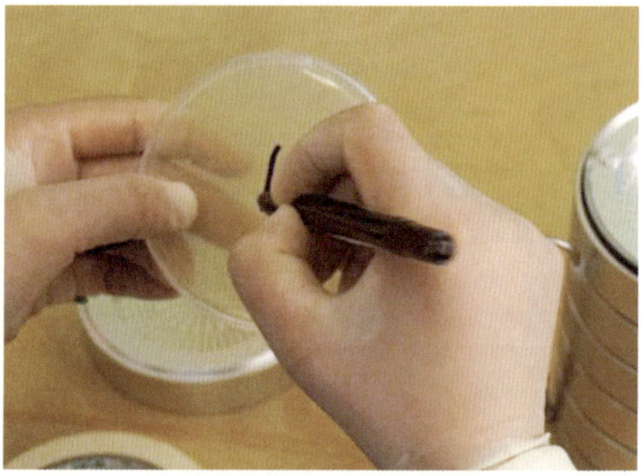

图 4-2-25　合上盖子、反转、编号

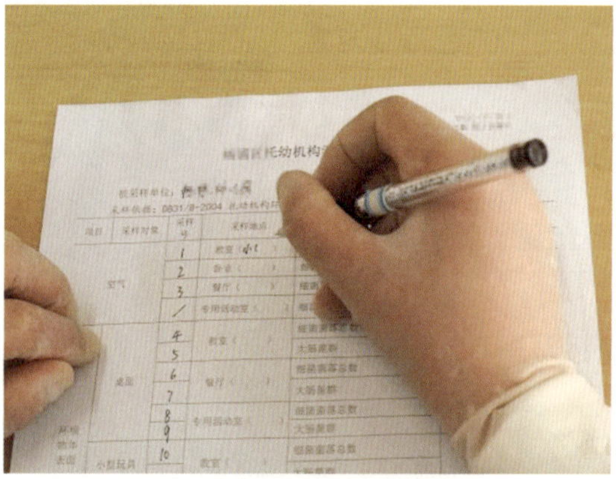

图 4-2-26　填写采样单

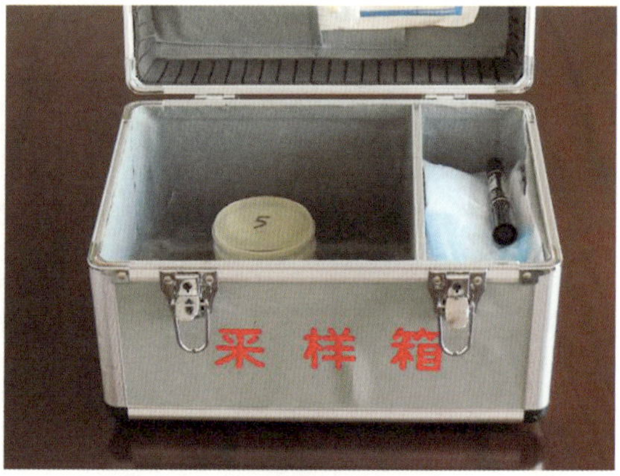

图 4-2-27　及时送检

第三节　手　监　测

一、监测物品准备

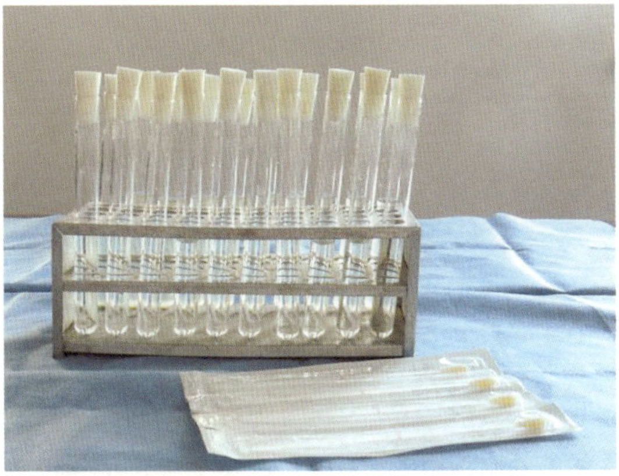

图 4-3-1　含 10 毫升采样液的试管和采样拭子

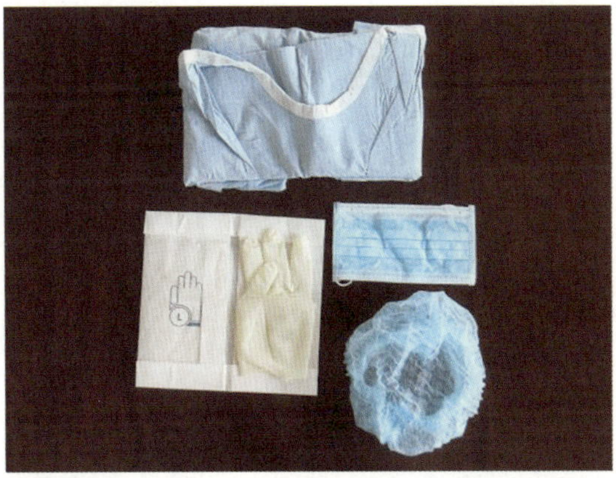

图 4-3-2　个人防护用品

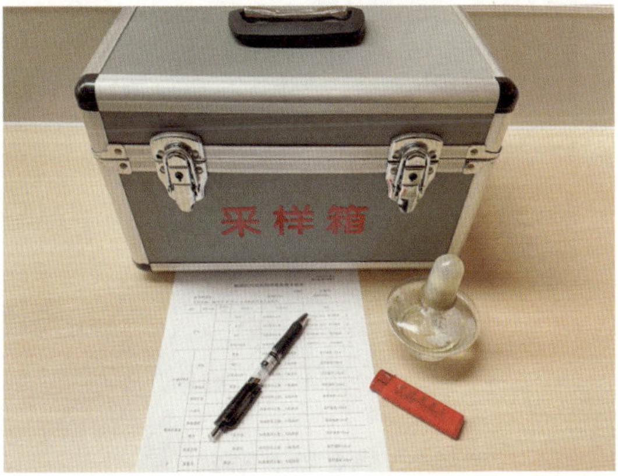

图 4-3-3　酒精灯、打火机、记录表单、笔、采样箱

二、采样操作

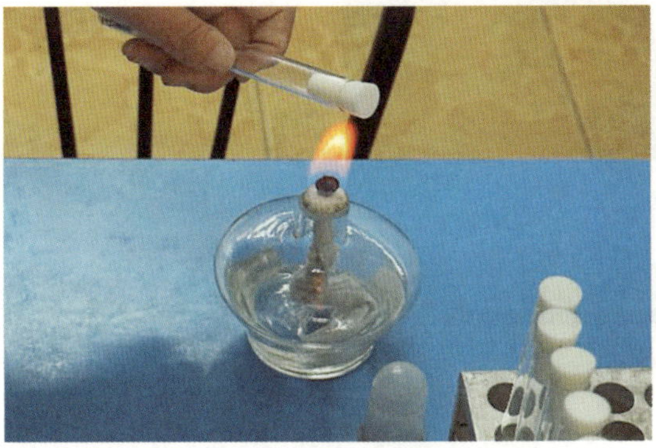

图 4-3-4　点燃酒精灯烧灼试管口

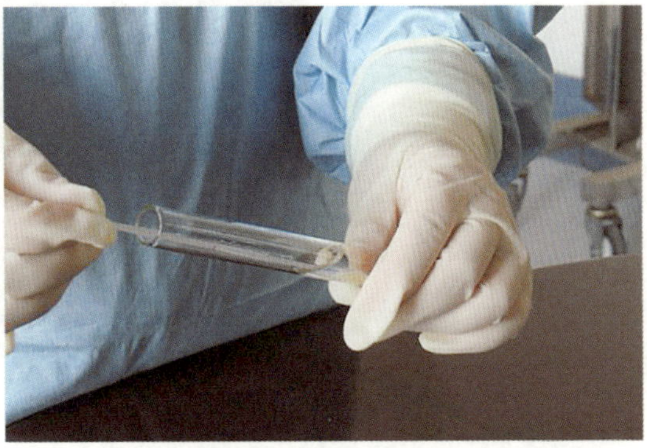

图 4-3-5　浸湿采样拭子

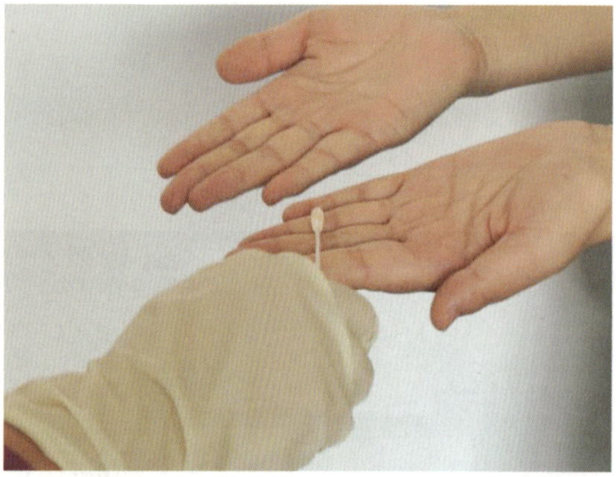

图 4-3-6　双手五指并拢，涂擦（从指根到指端）

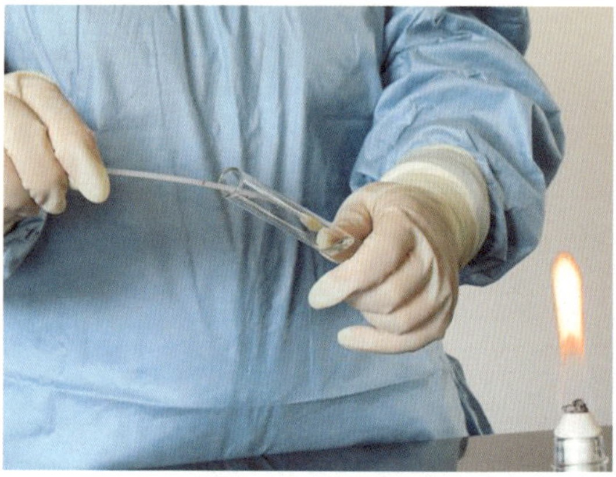

图 4-3-7　折去手接触部分

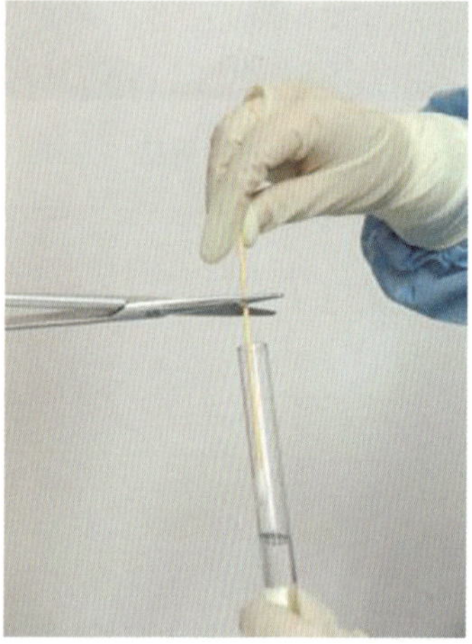

图 4-3-8　剪去手接触部分

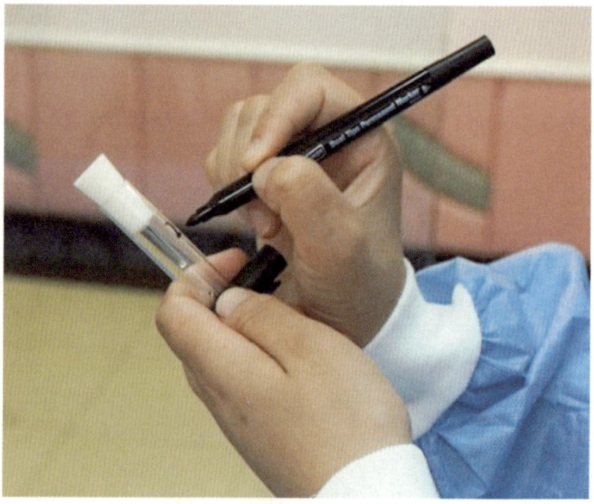

图 4-3-9　编号

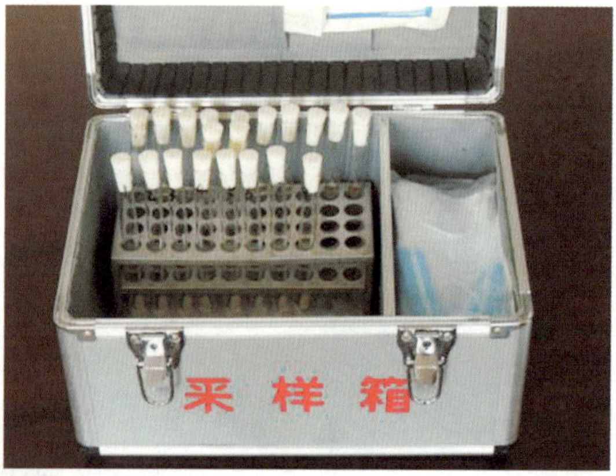

图 4-3-10　及时送检

注意事项：采样液为无菌生理盐水；若消毒因子为化学消毒剂，采样液中加入足量相应的中和剂。

第四节　物体表面监测

一、监测物品准备

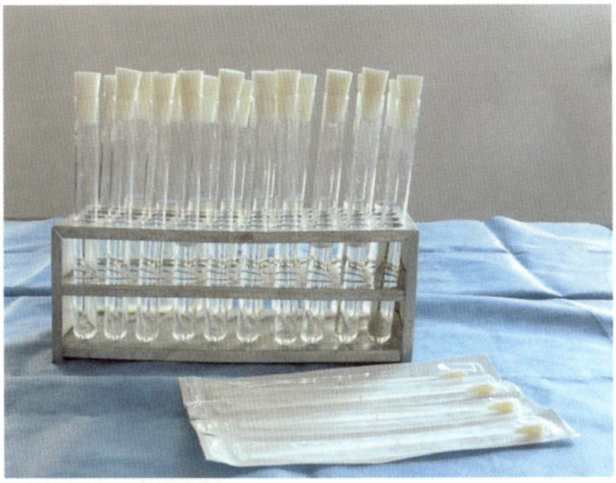

图 4-4-1　含 10 毫升采样液的试管和采样拭子

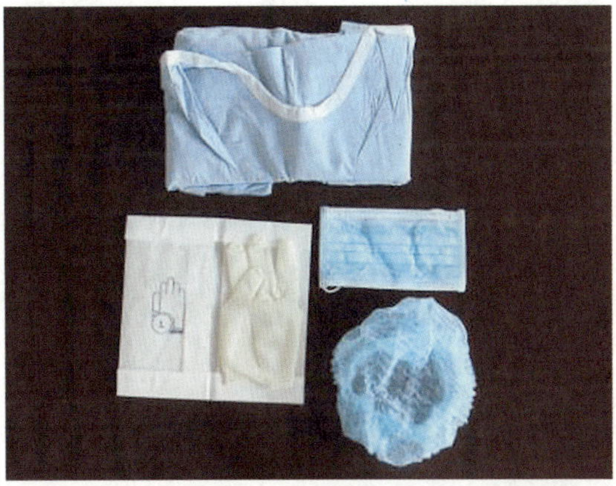

图 4-4-2　个人防护用品

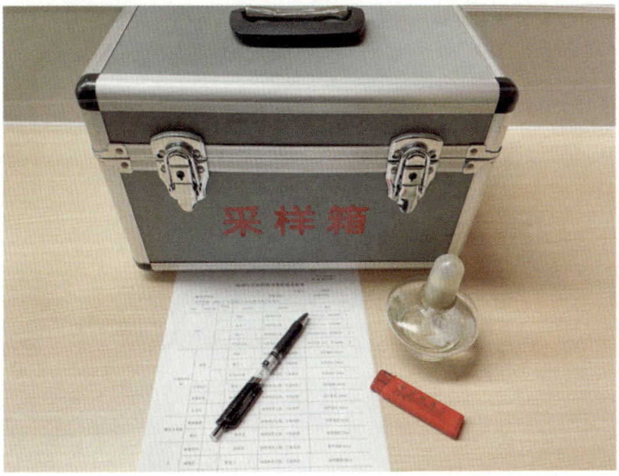

图 4-4-3　酒精灯、打火机、记录表单、笔、采样箱等

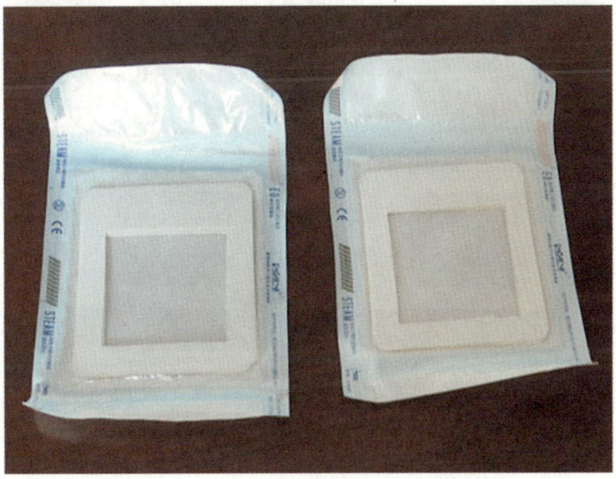

图 4-4-4　5 厘米×5 厘米无菌规格板

二、采样操作

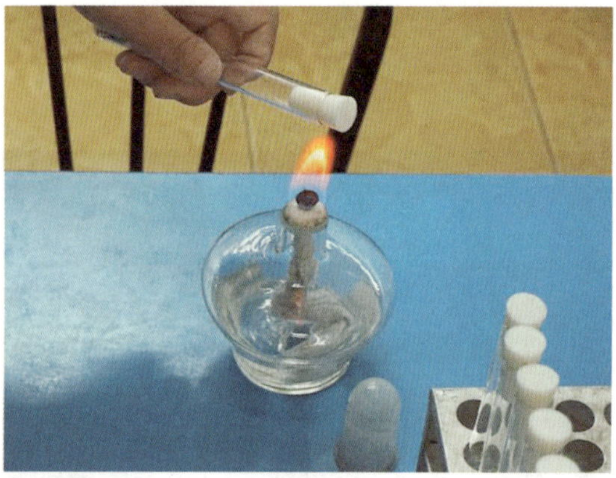

图 4-4-5　点燃酒精灯烧灼试管口

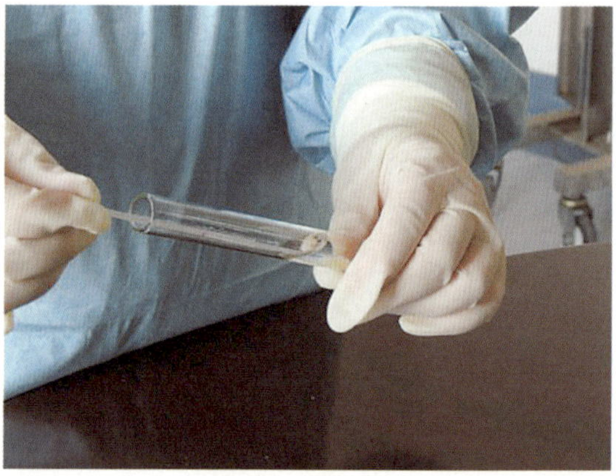

图 4-4-6　浸湿采样拭子

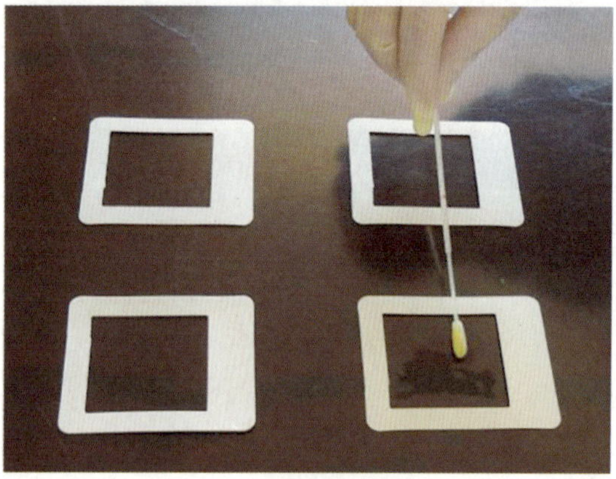

图 4-4-7　在规格板内横竖往返各涂擦 5 次

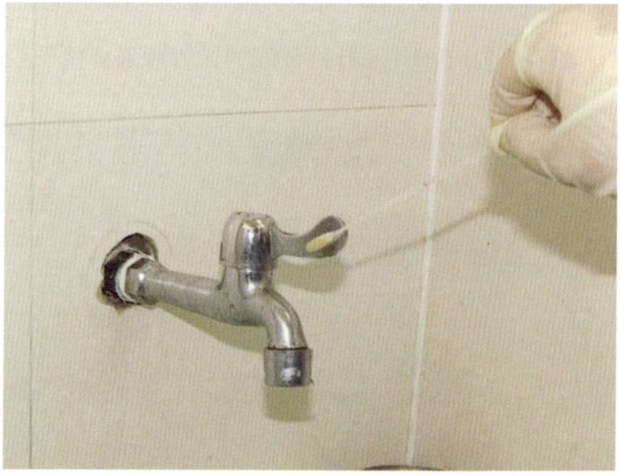

图 4-4-8　不规则物品采样

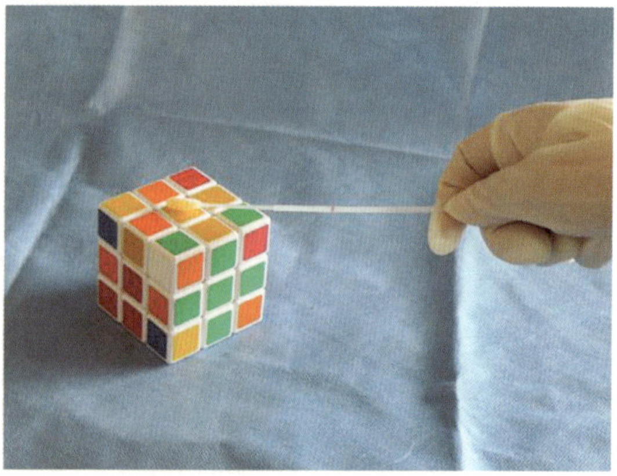

图 4-4-9　小件物品采样

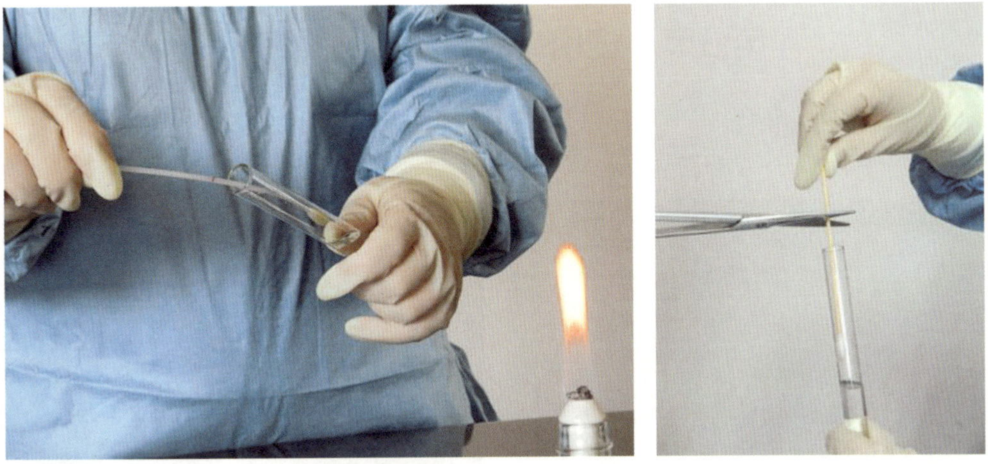

A 折去手接触部分　　B 剪去手接触部分

图 4-4-10　折去或剪去手接触部分

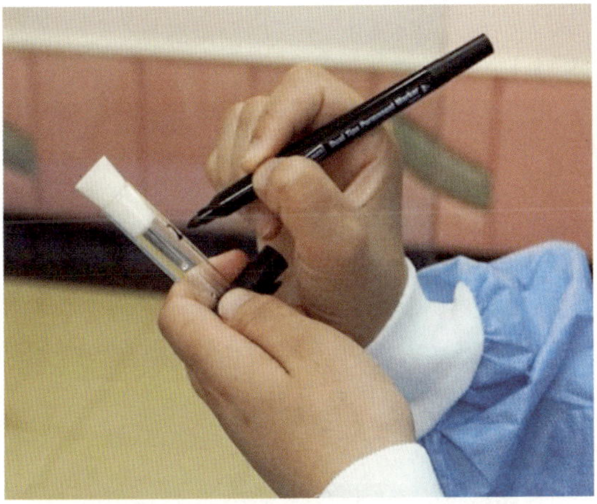

图 4-4-11　编号

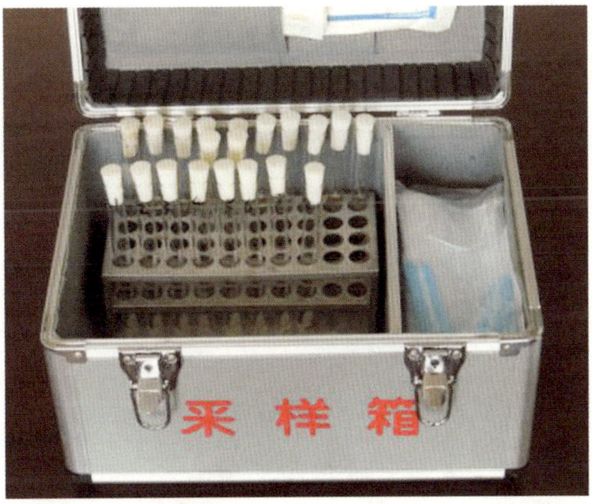

图 4-4-12　及时送检

注意事项:采样液为无菌生理盐水;若消毒因子为化学消毒剂,采样液中加入足量相应的中和剂。记录采样面积,一般而言,规则的大件物品连续采样 4 个规格板面积,共采集 100 平方厘米,不足 100 平方厘米则全部采集;门把手等小型或不规则物体采用棉拭子直接涂抹物体的方法,估算采样面积。

第五节　使用中消毒液染菌量监测

一、监测物品准备

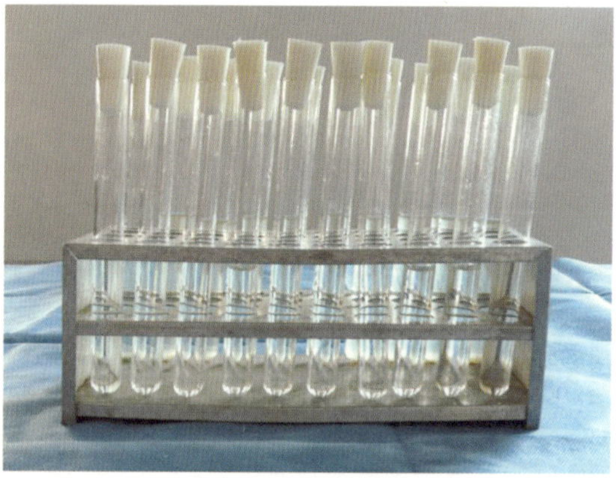

图 4-5-1　含 9 毫升无菌中和剂的试管

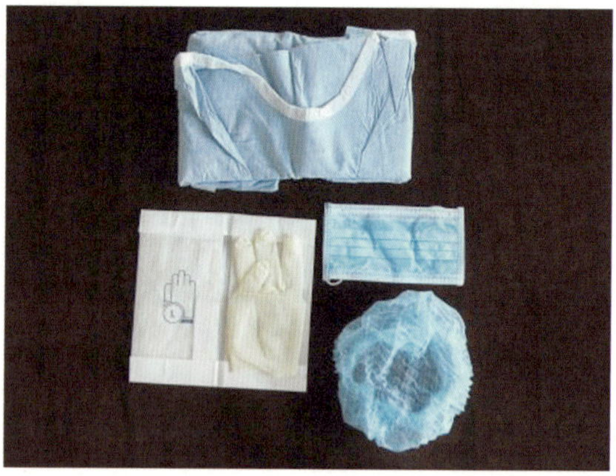

图 4-5-2　个人防护用品

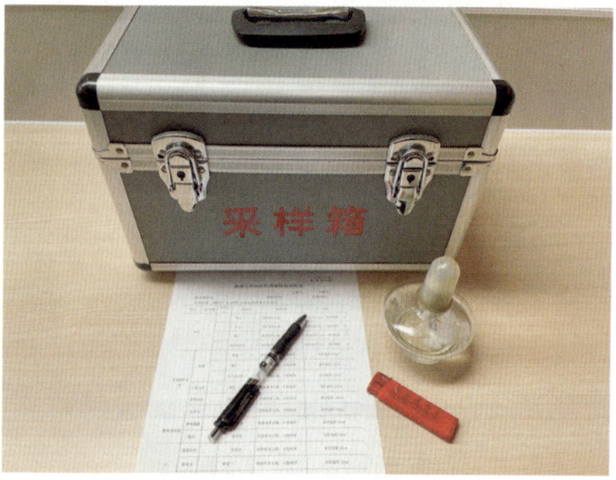

图 4-5-3　酒精灯、打火机、记录表单、笔、采样箱

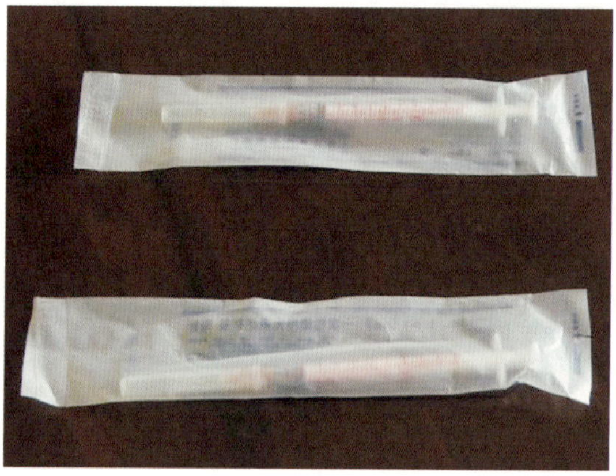

图 4-5-4　一次性使用无菌注射器(1 毫升)

二、采样操作

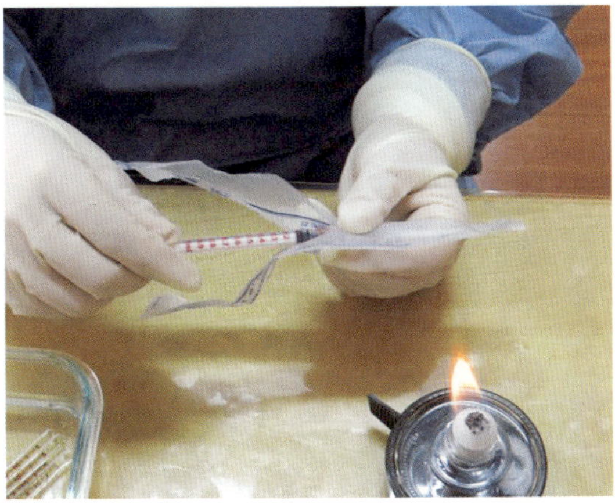

图 4-5-5　无菌取出一次性注射器

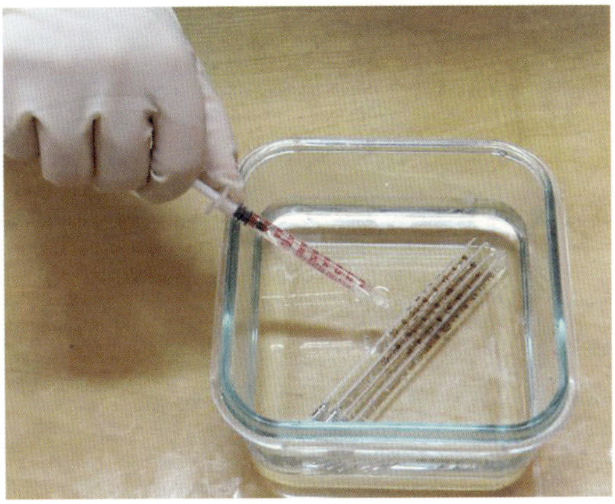

图 4-5-6　吸取 1.0 毫升被检消毒液

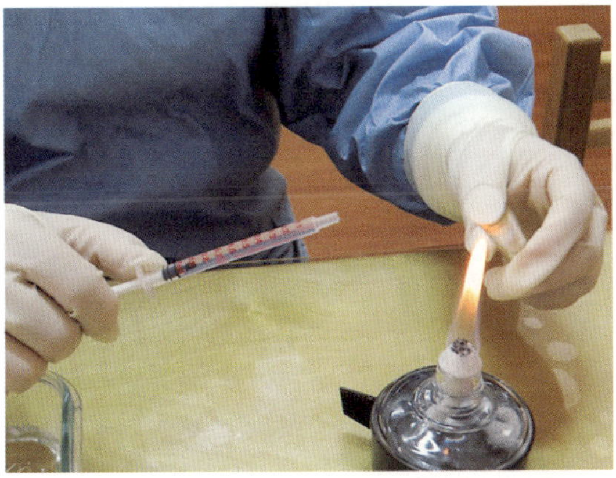

图 4-5-7　烧灼含 9 毫升中和剂的试管口

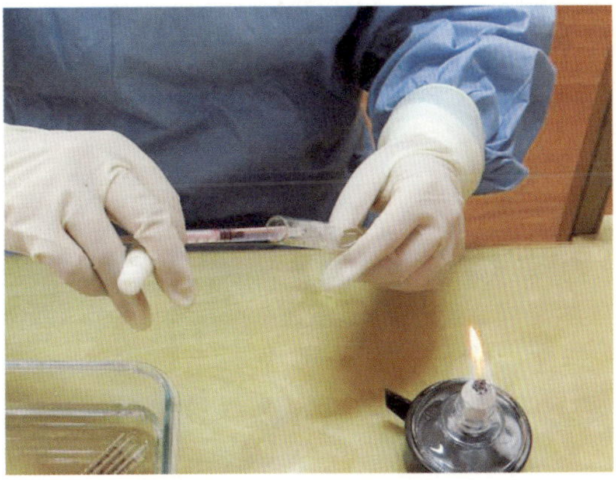

图 4-5-8　注入 1.0 毫升被检消毒液

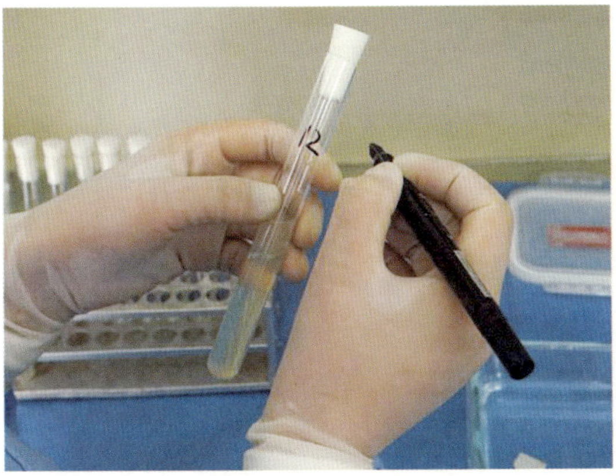

图 4-5-9　编号

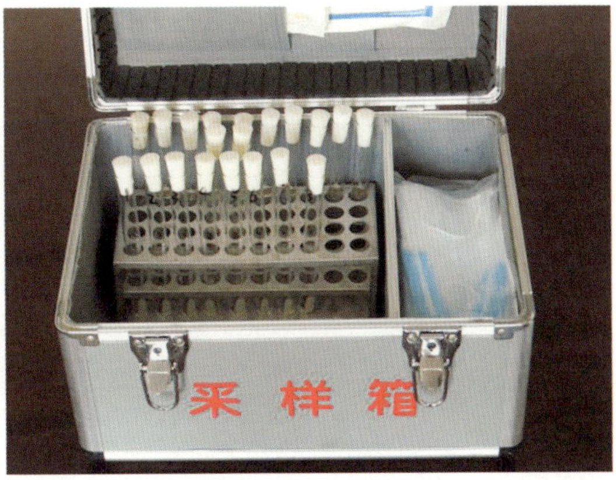

图 4-5-10　及时送检

中和剂的选择:通过该消毒剂中和剂鉴定试验来确定相应的中和剂,一般情况下:①醇类与酚类消毒剂用普通营养肉汤中和;②含氯消毒剂、含碘消毒剂和过氧化物消毒剂用含0.1%硫代硫酸钠中和剂;③氯己定、季铵盐类消毒剂用含0.3%吐温80和0.3%卵磷脂中和剂;④醛类消毒剂用含0.3%甘氨酸中和剂;⑤含表面活性剂的各种复方消毒剂可在中和剂中加入吐温80至3%。

(陆晓燕　徐湘)

参考文献

[1] WHO. WHO guidelines on hand hygiene in health care[Z]. 2009.
[2] Healthcare Infection Control Practices Advisory Committee. 2007 guideline for isolation precautions: preventing transmission of infectious agents in healthcare settings[Z]. 2007.
[3] Department of Health and Ageing, Australian Government. Infection control guidelines for the prevention of transmission of infectious diseases in the health care settings[Z]. 2004.
[4] World Health Organization. Infection prevention and control of epidemic-and pandemic-prone acute respiratory diseases in health care[Z]. 2007.
[5] 上海市卫生和计划生育委员会. 上海市托幼机构和中小学校消毒隔离工作要求[Z]. 2017.
[6] 上海市疾病预防控制中心. 上海市托幼机构和中小学校消毒技术规范[Z]. 2017.
[7] 上海市卫生和计划生育委员会. 关于进一步加强本市学校传染病防控和食品安全管理工作的通知[Z]. 2018.
[8] 中华人民共和国卫生部. 手足口病预防控制指南(2009 版)[Z]. 2018.
[9] 上海市疾病预防控制中心. 上海市诺如病毒感染性腹泻消毒技术规范(2019 版)[Z]. 2019.
[10] 中华人民共和国卫生部. 医务人员手卫生规范: WS/T 313—2009[S/OL]. [2009-12-01]. https://www. doc88. com/p-1826421295631. html? r=1.
[11] 中华人民共和国卫生部. 医院隔离技术规范: WS/T 311—2009[S/OL]. [2009-12-01]. https://www. doc88. com/p-1106054973391. html.
[12] 上海市市场监督管理局. 托幼机构消毒卫生规范: DB31/T 8-2020[S/OL]. [2020-09-01]. http://www. doc88. com/p-73047396906879. html.
[13] 中华人民共和国国家卫生和计划生育委员会. 医疗机构环境表面清洁与消毒管理规范: WS/T 512—2016[S/OL]. [2017-06-01]. http://www. doc88. com/p-1826405866743. html.
[14] 中华人民共和国国家卫生和计划生育委员会. 医疗卫生机构常用消毒剂现场快速检测方法: WS/T 535—2017[S/OL]. [2018-02-01]. https://www. docin. com/p-2001872920. html.
[15] 中华人民共和国国家卫生和计划生育委员会. 公共场所卫生检验方法第 2 部分: 化学污染物: GB/T 18204. 2—2014[S/OL]. [2014-12-01]. https://max. book118. com/html/2018/0830/6135215031001214. shtm.
[16] 中华人民共和国卫生部. 医院消毒卫生标准: GB 15982—2012[S/OL]. [2012-11-01]. https://www. doc88. com/p-1055943525009. html.
[17] 中华人民共和国住房和城乡建设部. 托儿所、幼儿园建筑设计规范(2019 版): JGJ 39—2016[S/OL]. [2020-02-16]. http://wsjkwyh. xxz. gov. cn/zwgk_157/fdzdgknr/tzgg/

202002/t20200216_1573817. html.
[18] 中华人民共和国卫生部. 消毒技术规范[S/OL]. [2002-11-15]. http://www. nhc. gov. cn/zhjcj/s9139/200804/86d017920ad84e64a90806717719624f. shtml.
[19] 中华人民共和国卫生部. 托儿所幼儿园卫生保健工作规范[S/OL]. [2012-05-09]. http://www. nhc. gov. cn/fys/s3585/201205/694181ca80584fe387836d5a2348055d. shtml.
[20] 中国疾病预防控制中心. 诺如病毒感染暴发调查和预防控制技术指南(2015 版)[J]. 传染病专报,2015,3(37):2-43.